Die Zukunft der beruflichen Bildung

Winfried Heusinger

Die Zukunft der beruflichen Bildung

Vorteile dualer Konzepte in Zeiten globaler Digitalisierung

Winfried Heusinger
Stadtlauringen, Deutschland

ISBN 978-3-658-33871-8   ISBN 978-3-658-33872-5 (eBook)
https://doi.org/10.1007/978-3-658-33872-5

Die Deutsche Nationalbibliothek verzeichnet diese Publikation in der Deutschen Nationalbibliografie;
detaillierte bibliografische Daten sind im Internet über http://dnb.d-nb.de abrufbar.

© Der/die Herausgeber bzw. der/die Autor(en), exklusiv lizenziert durch Springer Fachmedien Wiesbaden GmbH, ein Teil von Springer Nature 2021
Das Werk einschließlich aller seiner Teile ist urheberrechtlich geschützt. Jede Verwertung, die nicht ausdrücklich vom Urheberrechtsgesetz zugelassen ist, bedarf der vorherigen Zustimmung der Verlage. Das gilt insbesondere für Vervielfältigungen, Bearbeitungen, Übersetzungen, Mikroverfilmungen und die Einspeicherung und Verarbeitung in elektronischen Systemen.
Die Wiedergabe von allgemein beschreibenden Bezeichnungen, Marken, Unternehmensnamen etc. in diesem Werk bedeutet nicht, dass diese frei durch jedermann benutzt werden dürfen. Die Berechtigung zur Benutzung unterliegt, auch ohne gesonderten Hinweis hierzu, den Regeln des Markenrechts. Die Rechte des jeweiligen Zeicheninhabers sind zu beachten.
Der Verlag, die Autoren und die Herausgeber gehen davon aus, dass die Angaben und Informationen in diesem Werk zum Zeitpunkt der Veröffentlichung vollständig und korrekt sind. Weder der Verlag, noch die Autoren oder die Herausgeber übernehmen, ausdrücklich oder implizit, Gewähr für den Inhalt des Werkes, etwaige Fehler oder Äußerungen. Der Verlag bleibt im Hinblick auf geografische Zuordnungen und Gebietsbezeichnungen in veröffentlichten Karten und Institutionsadressen neutral.

© Fotonachweis Umschlag: © stock.adobe.com_217550482
Umschlaggestaltung: deblik Berlin

Planung/Lektorat: Irene Buttkus
Springer ist ein Imprint der eingetragenen Gesellschaft Springer Fachmedien Wiesbaden GmbH und ist ein Teil von Springer Nature.
Die Anschrift der Gesellschaft ist: Abraham-Lincoln-Str. 46, 65189 Wiesbaden, Germany

Vorwort

Das Phänomen der Berufsbildung begleitet mich mein ganzes Leben lang, seit ich 1980 meine Lehre in einem Industriebetrieb begann. Die weiteren Stationen meines Lebens eröffneten mir die Chance, unser Bildungssystem aus allen Perspektiven aktiv durch eigene Erfahrungen kennenzulernen. Gerade das Studium, das ich erst nach meiner Berufsausbildung und etlichen Jahren des aktiven Arbeitslebens aufnahm, ermöglichte mir, die von den Universitäten gepflegten Paradigmen als isolierte Denkmuster zu erkennen. Nur durch diese Analyse wurde mir deutlich, wie sehr die Akademisierung der vergangenen Jahrzehnte unser Bildungssystem heute bestimmt. Schließlich wurde mir durch mein langjähriges Engagement in der internationalen Berufsbildungszusammenarbeit deutlich, dass die duale Berufsbildung im deutschsprachigen Raum mit der Vermittlung einer realen beruflichen Handlungskompetenz eine letzte Insel ist, die vom Meer der Beliebigkeit akademischer Abschlüsse noch nicht überflutet wurde.

Gerade die dramatischen globalen Entwicklungen durch die Covid-19-Pandemie seit dem Frühjahr 2020 zeigen deutlich, wie sehr der Veränderungsdruck auf dem Bildungssystem lastet. Ein Lernprozess, der ausschließlich auf eine spezifische Lehrperson zentriert ist, deren gesamte berufliche Erfahrung allein auf der akademischen Subkultur beruht, erhöht zwangsläufig die Gefahr der Synchronisierung von Denkmodellen und damit die Anfälligkeit für Manipulation. Ein Ruf nach digitalen Lösungen, die auf globalen Plattformen beruhen und die schon bald eingesetzte künstliche Intelligenz als individueller Lernbegleiter eröffnen zwar große Chancen, bergen jedoch gleichzeitig immense Risiken.

Das Beispiel der dualen Berufsbildung lehrt, dass gerade die Integration des Lernprozesses in die Zusammenhänge des realen Lebens dem Lernenden ermöglicht, die eigene Persönlichkeit zu entwickeln und kritisches Denken und Hinterfragen von Glaubenssätzen einzuüben. Es wachsen gefestigte Persönlichkeiten heran, die durch das professionelle eigene Tun Selbstbewusstsein entwickeln und sich nicht von den Vorgaben und Meinungen anderer abhängig machen. Dies ist der beste Nährboden für innovatives Handeln und Freude am eigenen Wirken und sorgt in der Folge für eine hohe Produktivität und Zufriedenheit beim Kunden.

Ohne Zweifel stehen wir gerade heute in der Zeit eines galoppierenden Wandels vor großen Entscheidungen, die das Leben der nachfolgenden Generationen bestimmen werden. Ein Schlüsselfaktor in dieser globalen Umgestaltung ist selbstverständlich die Bildung, da mit diesem System der Mensch geformt werden kann. Mit dem vorliegenden Buch lade ich die geschätzten Lesenden dazu ein, sich auf das Wesen der dualen Berufsbildung einzulassen und diese Bildungsphilosophie aus allen möglichen Blickwinkeln zu betrachten. Dabei möchte ich dazu inspirieren, das Prinzip des Lernens im tatsächlichen Tun als Wesen des Menschen zu begreifen und es dann auf alle Formen der Bildung zu übertragen. Die eingeprägten Strukturen, die uns aufgrund eigener Erfahrungen in scheinbar zementierten Vorstellungswelten von allgemeinbildender Schule, Berufsbildung und Studium einengen, können auf diese Weise vielleicht überwunden werden. Dies ist gerade deshalb notwendig, da wir heute entscheiden müssen, welche Chancen wir unseren Nachkommen auf ein selbstbestimmtes und kreatives Leben ermöglichen möchten.

Große Chancen sind grundsätzlich mit großen Risiken verbunden, die globale Digitalisierungsdämmerung führt uns dies plastisch vor Augen. Während sich die meisten Menschen von der rasant beschleunigten Veränderung der Bildungslandschaft als Getriebene fühlen, die hilflos zusehen, wie ein Sturm über sie hinwegfegt, sollte es jetzt vielmehr darum gehen, die Zusammenhänge zu verstehen, denn was jetzt entschieden wird, kann vielleicht nicht mehr rückgängig gemacht werden. Das System der Bildung, welches unsere Kinder heute formt und prägt, ist nicht etwas, das einfach so geschieht, vielmehr ist es die Aufgabe eines jeden einzelnen Menschen, es so zu gestalten, dass die Grundlagen für eine lebenswerte Gesellschaft gelegt werden. Dies wird nur gelingen, wenn sich immer mehr Menschen mit dieser entscheidenden Frage unserer Zukunft als Zivilisation auseinandersetzen und die wichtigen zu treffenden Entscheidungen nicht einigen wenigen Bürokraten oder gar Lobbyisten globaler Konzerne überlassen.

Dieses Buch lädt die Leserin und den Leser dazu ein, eine realistische, wenn auch fiktive Bildungswelt aus verschiedenen Perspektiven zu betrachten. Es öffnet zudem ein Fenster in eine mögliche und nicht mehr weit entfernte Zukunft, um zu verdeutlichen, dass wir heute entscheiden, wie die künftige Welt sein wird. Die Strukturen im Bildungsbereich, die wir heute schaffen, könnten durch die globale Digitalisierung zu einem sich selbst stabilisierenden Prozess werden, welcher sich allein an einer daraus resultierenden digitalen Logik orientiert. Diese Logik beruht ausschließlich darauf, identifizierte Verwaltungsprozesse immer weiter zu optimieren und zu automatisieren. Der Mensch wird innerhalb dieses Regelkreises zu einer Störgröße, also zu einem Faktor mit einer negativen Wirkung bezüglich der Stabilität des Systems. Diese Störgröße muss entsprechend der Systemlogik durch zielgerichtete Maßnahmen neutralisiert werden. Man könnte das System jedoch auch so ausrichten, dass das alleinige Ziel des Bildungshandelns darin besteht, den Menschen und sein individuelles Potenzial in das Zentrum aller Interventionen zu stellen.

Im Kontext dieser Überlegungen wird die Lehrlingsausbildung zu wesentlich mehr als lediglich zu einem Instrument für die Versorgung von Unternehmen mit den benötigten Fachkräften. Vielmehr handelt es sich um ein seit Jahrtausenden bewährtes Konzept zu unserer Weiterentwicklung, welches uns als Menschen ausmacht und in seiner Struktur ein Abbild unserer Natur darstellt. Schon in den nächsten

Jahren werden wir erleben, in welche Richtung sich das globale Bildungssystem entwickelt. Jeder hat es in der Hand, sich aktiv in die Gestaltung der Bildung der Kinder und Jugendlichen einzubringen; dies wird mitbestimmen, in welcher Welt sich unsere Nachkommen wiederfinden.

Mit den besten Wünschen für eine erkenntnisreiche und gewinnbringende Lektüre,

Stadtlauringen Ihr Winfried Heusinger
im Spätfrühjahr 2021

Inhaltsverzeichnis

1	**Einleitung**	1
2	**Vom Menschen zum Menschen**	5
	2.1 Weitergeben von Fähigkeiten und Fertigkeiten	7
	2.2 Der Mensch im Arbeitsprozess	13
	2.3 Der Ausbilder als Vorbild	22
3	**Vom Lernen zum Leben**	33
	3.1 Das Wesen der dualen Ausbildung	37
	3.2 Vorbereitung auf das Leben	43
	3.3 Das lebenslange Lernen	55
4	**Vom Lokalen zum Globalen**	61
	4.1 Die Berufsausbildung im internationalen Kontext	64
	4.2 Die internationale Berufsbildungszusammenarbeit	78
	4.3 Entwicklungszusammenarbeit und Berufsbildung	93
5	**Vom Heute zum Morgen**	107
	5.1 Bedeutung der Berufsbildung heute	111

5.2 Herausforderungen für die Zukunft 122
5.3 Zwei mögliche Szenarien 141

6 Schlussbemerkung 167

1

Einleitung

Im Saal ist es sehr ruhig, wenn man berücksichtigt, dass die großen runden Tische mit Gästen vollbesetzt sind. Es liegt eine gewisse, deutlich spürbare Spannung in der Luft, die dieses Ereignis zu etwas ganz Besonderem macht. Auf jedem Tisch gibt es eine hölzerne Halterung, an der eine mit geschwungener Schmuckschrift gestaltete Menükarte befestigt ist. Ein Gast hatte das Schriftstück gerade in die Hand genommen und nicht wieder ordnungsgemäß in der Halteklammer befestigt. Gabriele konnte genau sehen, dass die Menükarte drohte, herunterzufallen und der Suppenteller einer der Prüfungsgäste stand nicht weit von der Halterung entfernt. Es stieg etwas Unruhe in ihr auf, sie überlegte, wie sie sich nun verhalten sollte … Wurden etwa ihre Wangen gerade wieder rot? Sie spürte die Hitze aufsteigen; dieses biologisch bedingte Phänomen konnte sie in solchen Situationen einfach nicht steuern. Schließlich hatte sie ihre Entscheidung getroffen. Möglichst unauffällig und doch entschlossen fixierte sie die Menükarte in der Halterung, um einen peinlichen Zwischenfall während ihrer Prüfung zu vermeiden.

An diesem Tisch saß auch einer der Prüfer; dieser hatte ein Tablet an seinem Platz liegen. Natürlich hatte er sie genau beobachtet und machte sich anschließend eine Notiz. Noch wusste Gabriele nicht, ob das nun gut war, was sie getan hat oder nicht. Während sie noch überlegte, gab ihr dieser Prüfer ein Zeichen und fragte, welchen Wein sie ihm denn zum Fisch empfehlen würde. Auf diese Frage war Gabriele natürlich gut vorbereitet und ihre Selbstsicherheit kehrte schnell zurück. Sie empfand es als großes Glück, dass alle Gäste an dem Tisch, den sie zu ihrer Abschlussprüfung zu betreuen hatte, sehr wohlwollend gestimmt waren; zumindest hatte sie diesen Eindruck.

Nach der Suppe und dem Hauptgericht wurde das Dessert serviert und dann war dieser Teil der Abschlussprüfung auch schon vorbei. Die Prüflinge wurden zunächst einmal entlassen und sammelten sich in der Küche, wo gleichzeitig die Köchinnen und Köche geprüft wurden. Deren Prüferinnen und Prüfer hatten sich jedoch bereits in einen separaten Raum zurückgezogen, um über die zu vergebenden Punkte und Bewertungen zu beraten. Gabriele war nun unendlich froh, dass dieser aufregende Prüfungstag erst einmal vorüber war. Jetzt stellten sich alle Auszubildenden in einem Kreis zusammen. Sie hatten sich eine Art „Schlachtruf" ausgedacht, der aus einem Teil des Alphabets bestand und in einem Kampfgeschrei endete. So laut wie heute, waren sie dabei noch nie. Die Anspannung war schlagartig von allen abgefallen und sorgte für ein unwahrscheinliches Glücksgefühl, an das sie sich gewiss noch Jahre, ja vielleicht ihr ganzes Leben lang erinnern werden. Drei Jahre Ausbildung waren nun vorüber und sie alle hatten etwas geschafft, das nichts Alltägliches war. Es war etwas Besonderes, etwas das bewies, dass sie nun für die Arbeitswelt bereit waren und dass sie bereit waren, die nächsten Schritte ins aufregende (Arbeits-)Leben zu gehen.

Weltweit, ob in den alten oder neuen Industrieländern, in den entwickelten oder sich in Entwicklung befindenden Gesellschaften, klagen die Arbeitgeber, dass es immer schwieriger wird, Fachkräfte zu finden, die notwendig sind, um wettbewerbsfähige Produkte und Dienstleistungen anbieten zu können. Die technische Entwicklung, die kein Berufsfeld und keinen Ort unseres Planeten unberührt lässt, scheint immer schneller voranzuschreiten, wodurch die Anforderungen an Fachkräfte einer umfassenden Dynamik unterworfen werden.

Wie nun können junge Menschen am besten auf ein Berufsleben vorbereitet werden, welches kontinuierlich mit neuen Parametern beschrieben werden muss und dessen morgige Herausforderungen heute noch nicht bekannt sind? Welche Rolle wird dabei die Berufsbildung und hier vor allem die im deutschsprachigen Raum erfolgreiche *duale Berufsausbildung* einnehmen? Neue Konzepte eines umfassenden und globalen Informationsmanagements, rastlos angetrieben durch die Digitalisierung, stellen traditionelle Bildungsmechanismen infrage und eröffnen zum ersten Mal in der Geschichte die Möglichkeit, allen Menschen, unabhängig an welchem Ort sie sich befinden und aus welcher gesellschaftlichen Schicht sie kommen, einen Zugang zum Wissenspool unserer Zivilisation zu gewähren, zumindest was die theoretischen Konzepte und Konstrukte anbelangt.

Im Folgenden wird es darum gehen, zu analysieren, was eine moderne Lehrlingsausbildung – und nichts anderes ist die duale Berufsausbildung – der Welt geben kann, in der die Menschen aufgrund sich dynamisch ändernder Rahmenbedingungen nach Orientierung und einem erfüllten Leben suchen. Neben der monetären Dimension, die durch die Beherrschung eines Berufes erreicht wird, weil durch die besonderen Fertigkeiten und Fähigkeiten ein vergütbares Produkt oder eine nachgefragte Dienstleistung angeboten werden kann, wird zugleich ein gesellschaftsstabilisierender Mechanismus in Gang gesetzt, der darin besteht, dem Leben der Menschen Sinn und Bedeutung zu verleihen. Im sich derzeit andeutenden großen zivilisatorischen Umbruch werden gerade diese Menschen wichtig sein, die fest im Leben stehen, sich durch eine reife Persönlichkeit auszeichnen und die aus der Verbindung von Geist, Verstand und Bewegung, welche die Basis der Berufsausbildung ist, die Energie schöpfen können, die nötig sein wird und gleichzeitig zum nachahmenswerten Vorbild für andere gereichen wird.

Die in diesem Buch dargestellten Beispiele und Handlungen sowie alle handelnden Personen stehen für reale Erfahrungswerte und sind im Rahmen dieser Darstellung frei erfunden, alle Namen sind fiktiver Natur. Jegliche Ähnlichkeiten mit lebenden oder realen Personen sind rein zufällig.

2

Vom Menschen zum Menschen

Die kleinen Pneumatikzylinder fahren in einem festgelegten Rhythmus aus und drücken mit der von Klaus berechneten Kraft auf die eingespannten Plastikhälse von Zahnbürsten. Begleitet wird dieser Vorgang durch eine Art technische Melodie, welche durch die Abluft aus den Zylindern, aber auch durch das Auftreffen der Kolbenstange auf die zu prüfenden Plastikteile erzeugt wird. In den vergangenen Tagen hatte Klaus die Vorrichtung geplant, mit einer CAD-Software gezeichnet und mit seinem Ausbilder diskutiert. Schließlich wurde das benötigte Material bestellt und es wurden die vorher gezeichneten Bauteile mit einer CNC-Maschine hergestellt. Zwar besaß Klaus durchaus den Ehrgeiz, die kleine Prüfanlage selbstständig fertigzustellen, aber es war dann doch beruhigend, dass sein Ausbilder, ein erfahrener Facharbeiter, mit bestimmt 20-jähriger Erfahrung, ihm beratend zur Seite stand. Während Klaus ansonsten immer wieder Schwierigkeiten hatte, sich von einem Lehrer in der Schule oder gar von seinen Eltern etwas sagen zu lassen, akzeptierte er den Ausbilder und folgte in der Regel seinem Rat. Warum das so war, darüber hatte er sich bisher keine Gedanken gemacht. Doch jetzt, beim ersten Probelauf seiner Anlage, beobachtete

Klaus seinen Ausbilder sehr genau. Was wollte er in seinem Gesicht eigentlich sehen? Anerkennung? Natürlich nahm er das Lächeln des Älteren wahr und es erfüllte ihn unmittelbar mit Stolz, wenngleich er noch etwas nervös war, ob das SPS-Programm, welches er selbstständig geschrieben hatte, auch wirklich so funktionierte, wie er es vorher getestet hatte. „So", sagte sein Ausbilder, „wollen wir doch einmal sehen, was passiert, wenn eine Zahnbürste bricht." Denn genau darum ging es bei der Vorrichtung; es sollte getestet werden, ob die Zahnbürstenhälse die Belastung durch eine gewisse Kraft, eine bestimmte Anzahl von Belastungsvorgängen lang aushalten konnten, ohne zu brechen. Vorsichtig löste der Ausbilder nun während des Testbetriebes, bei dem die 5 Zylinder im rhythmischen Gleichklang auf die Plastikhälse drückten und diese damit auch ein wenig durchbogen, eine der Halterungen und entfernte eines der zu prüfenden Werkstücke. Damit simulierte er den Bruch eines Plastikhalses. Der besagte Zylinder blieb sofort stehen und auf der Anzeige über der Halterung wurde nun die Zahl 27 angezeigt. Die anderen 4 Zylinder setzten ihr Prozedere des stumpfen Ein- und Ausfahrens ungerührt fort.

Zwar hatte Klaus sein Programm viele Male getestet und immer hatte es funktioniert, dennoch machte dieser Test im Beisein seines Ausbilders einen Unterschied. Er hatte wahrgenommen, dass sein Herz eine kleine Pause eingelegt hatte, als sein Ausbilder die Manipulation vorgenommen hatte, aber nun schlug es schneller, als wollte es die kleine Pause schnell wieder wettmachen. Es war ein wunderbares, ja ein unglaublich positives Gefühl, das sich in Klaus ausbreitete und nun auch durch das anerkennende Nicken seines Ausbilders bestätigt wurde. Sein Ausbilder musste noch nicht einmal etwas sagen; das Lob war auch so bei Klaus angekommen und hat ihn wachsen lassen, brachte ihn ein Stück näher an das Erwachsenwerden heran. Es war, als wäre die Erfahrung seines Ausbilders auf ihn übergegangen und damit auch die Gewissheit, mit komplexen Aufgabenstellungen lösungsorientiert und zielführend umgehen zu können. Eine Art „geistige Verbindung" hatte sich erneut eingestellt, welche über die faktische, rein verstandes- und wissensbasierte hinausreichte und zu einem Schatz wurde, von dem beide Menschen zehren konnten, ohne dieses tiefe Gefühl verbal beschreiben zu müssen.

Für jeden Ausbildungsmeister ist es wichtig, sich der eigenen Bedeutung als Vorbild bewusst zu sein. So wie man selbst von einem Vorbild gelernt hat, kann man diese Erfahrung an die nächste Generation weitergeben; eine Verhaltensweise die urmenschlich ist und die untrennbar mit der Entwicklung unserer Zivilisation verbunden ist. Die Weitergabe von Wissen und Können vom Menschen zum Menschen ist wesentlich wertvoller als der bloße Transfer von Informationen. Es geht hier um einen ganzheitlichen Austausch, welcher die große Chance in sich birgt, einen Heranwachsenden dabei zu unterstützen, sich stets die Konsequenzen des eigenen Handelns bewusst zu machen, vor allem aber, was die *Wirkung* des eigenen Handelns auf andere Menschen anbelangt. Das tägliche Miteinander und das Durchleben verschiedenster Situationen, sorgte für die Sensibilisierung, dass auch die geistige Ebene grundsätzlich von Bedeutung war, sei es bei der Beratung von Kunden oder bei der Zusammenarbeit mit Kollegen. Nur durch die Berücksichtigung dieser Ebene, war es möglich, mit höchster Effektivität zusammenzuarbeiten.

2.1 Weitergeben von Fähigkeiten und Fertigkeiten

Lernen ist ein evolutionärer Vorgang, der den Menschen zu dem gemacht hat, was er heute ist

Ein entscheidendes Charakteristikum unserer Spezies, welches dazu verhalf, uns zu dem zu machen, was wir heute sind, ist unsere Fähigkeit, Fertigkeiten und Wissen an unsere Nachkommen weiterzugeben. Auf diese Art und Weise ist es uns über Jahrtausende hinweg gelungen, Prozesse und Verfahren zu entwickeln, die uns ermöglichten, eine Zivilisation zu begründen, unseren Lebensraum auf alle Klimazonen auszuweiten und unsere Population immens zu erhöhen. Die Überbevölkerung stellt uns unweigerlich vor große Herausforderungen, die sich in den heute so intensiv diskutierten (da vom medienpolitischen

Komplex orchestrierten) Problemlagen, wie dem menschengemachten Klimawandel und der Massenmigration, wiederfinden. Auch dieser Aspekt hat unmittelbare Auswirkungen auf die Fähigkeiten und Fertigkeiten, die für eine berufliche Karriere von Bedeutung sind.

Gewiss sind wir nicht die einzigen Lebewesen auf unserem Planeten, die in der Lage sind, Erlerntes weiterzugeben; auch Schimpansen oder Raben können von ihren Artgenossen lernen, doch nur der Homo sapiens war bisher in der Lage, den Prozess der Wissensweitergabe so zu rationalisieren, dass jede neue Generation, sehr leicht auf bereits Bekanntes aufbauen konnte und damit die besten Voraussetzungen besitzt, neues Wissen und neue Fähigkeiten zu erwerben, auf die dann wiederum die darauffolgende Kohorte aufbauen kann. Wir befinden uns in einem immer dynamischer werdenden Prozess, der durch Neue Medien stets weiter angeheizt wird und damit die Wissensspeicherung bald von einem passiven zu einem aktiven Partner der Menschen mutieren lässt. Mehr zu diesem Komplex werden wir in Kap. 5 diskutieren. Hier soll es zunächst darum gehen, wie es zur Berufsbildung kam und an welchem Punkt wir heute angelangt sind.

Als der Homo sapiens begann, sich zu größeren Gruppen zusammenzufinden, stellte sich heraus, dass es für den ein oder anderen von Vorteil war, wenn er oder sie über Spezialkenntnisse oder -fertigkeiten verfügte. Beim Bau eines frühzeitlichen, menschengemachten Anlagekomplexes, wie z. B. der ältesten, bisher bekannten Tempelanlage Göbekli Tepe in der heutigen Türkei, wurden Steine bearbeitet und auf eine spezielle Art und Weise ausgerichtet, was die Vermutung nährt, dass die Arbeit von Fachleuten verrichtet wurde, die bereits über ein profundes Erfahrungswissen verfügten. Etwa 5000 Jahre später wurden die Pyramiden in Ägypten errichtet, eine Leistung, die niemals möglich gewesen wäre, wenn es keine ausgebildeten Fachkräfte gegeben hätte. Es haben sich Handwerker etabliert, die für bestimmte Gewerke zuständig waren und die ihre Handwerkskunst in großer Perfektion ausführten.

Die Fachleute, die in der Lage waren, einen Steinblock schnell und effektiv zu behauen, sodass dieser seinen vorgesehenen Platz in der Pyramidenkonstruktion finden konnte, mussten ihr Werkzeug beherrschen und zugleich das Material entsprechend seines Verhaltens bei einer Bearbeitung einschätzen können, damit die Schläge im richtigen Winkel und mit der angemessenen Kraft ausgeführt werden konnten. Sprang eine große Ecke des Steinblockes ab, wurde die Arbeit wertlos; all die Stunden, die man selbst und auch andere gearbeitet hatten, waren damit vergebens. Eine so verantwortungsvolle Arbeit konnte man nur dann ausführen, wenn bereits entsprechende Erfahrungen vorhanden waren und die Fachkraft idealerweise die effektivste Gestaltung des Arbeitsprozesses von einem Meister seines Faches gelernt hatte, kurz gesagt: wenn man die geforderte Handwerkskunst vollumfänglich beherrschte. Dabei handelte es sich nicht um eine absolut neue Erfindung der Menschen, die in dieser Zeit das Niltal bevölkerten, vielmehr ist hier eine Verhaltensweise beschrieben, die ein Charakteristikum unserer Spezies offenbart. Der Homo sapiens – der wissende Mensch – war in der Lage, sich Wissen zu erschließen und solches zu archivieren und zu akkumulieren. Dabei sah sich der Mensch als Teil der Schöpfung und bewegte sich im Einklang mit den Naturgesetzen, die ihn hervorgebracht haben und seinen Lebenszyklus bestimmten. Ein Gedanke, der heute vielen Menschen fremd erscheint. Als Konsequenz aus der Entwicklung einer Sprache, konnten Informationen effektiv ausgetauscht, Zusammenhänge erfasst, Strategien entwickelt und Handlungsprozesse, wie z. B. die Organisation einer Jagd, zielgerichtet durchgeführt werden. Dieser gewinnbringende Informationsaustausch hatte sicherlich nicht unerhebliche Rückwirkungen auf die Weiterentwicklung der Sprache. Erschlossenes und validiertes Wissen wurde von einem Menschen zum anderen Menschen weitergegeben. In der Regel transferierte der Ältere seine Fähigkeiten und Fertigkeiten zum Jüngeren, zu den eigenen Kindern oder den anderen Heranwachsenden in den Stammesverbänden.

Es liegt auf der Hand, dass ein Mehr an Wissen und eine erhöhte Professionalität in der Durchführung von Fertigkeiten, wie z. B. das Präparieren von Tierhäuten oder das Brauen von Bier, für den jeweiligen Stamm einen entscheidenden Vorteil bot. Wenn die Menschen der Kälte des Winters durch eine bessere Qualität der Kleidung trotzen konnten, oder wenn durch den Handel mit anderen Sippen ein Nutzen für die Gemeinschaft erreicht werden konnte, dann diente dies dem Ziel, die eigene Lebensqualität zu steigern. Erfahrungen in Verbindung mit neuen Gedanken ermöglichten Verbesserungen – heute würden wir sagen *Innovationen* –, die gewiss durch die Methode „Versuch und Irrtum" abgesichert wurden. Die Erfahrung würden wir dabei eher dem Älteren zuschreiben und den Drang zum Neuen, zum Revolutionären, brächten wir vielmehr mit einer ungestümen Jugend in Verbindung, einer Jugend die sich ausprobieren muss und die aus traditionellen Verflechtungen auszubrechen versucht. Die Weitergabe von Wissen und Fertigkeiten von einer Generation zur anderen erscheint wie ein organisches Konzept, das untrennbar mit der Entwicklung unserer Zivilisation verbunden ist. Es ist nichts weiter als ein natürliches Verhalten vernunftbegabter Lebewesen, zu denen wir nun einmal gehören, da es sich einfach als Vorteil erwiesen hat und – wie bereits beschrieben – den Kern einer jeden Innovation und Weiterentwicklung in sich birgt. Hier kann die Erfahrung aus langjähriger Praxis der Erwachsenen, mit der jugendlichen Unbekümmertheit in Einklang gebracht werden. So wie der Wanderer jeden Morgen den Weg dort fortsetzt, wo er ihn am Abend des Vortages zur Rast unterbrochen hat und seinen Weg nicht jeden Morgen erneut, vom Startpunkt aus, beginnt.

Einige mögen an dieser Stelle einwenden, dass gerade die gegenwärtige Epoche den Umgang mit Wissen revolutioniert. Neue Konzepte des Wissenstransfers, durch eine omnipräsente elektronische Datenverarbeitung, eine angekündigte, aber freilich noch nicht realisierte künstliche Intelligenz (KI), welche – wenn man den Versprechungen Glauben schenken mag – uns bereits mit den notwendigen Informationen versorgt, noch bevor wir überhaupt die passende Frage formulieren können, scheinen traditionelle Konzepte der Ausbildung obsolet zu machen. Es ist heute von neuen Realitäten und von neuen Menschen die Rede. Dies geschieht nicht zum ersten Mal in der Geschichte ... aus der Vergangenheit wissen wir, wie diese Experimente endeten. Natürlich wird es nicht möglich sein, die Zukunft genau vorherzusagen, doch ist es durchaus sinnvoll, mögliche optionale Entwicklungsstränge tabufrei gegenüberzustellen; eine Übung, die in Kap. 5 aufgezeigt wird.

In dem hier beschriebenen Kontext aus dem Blickwinkel der Ausbildung, soll jedoch betont werden, dass wir uns noch lange nicht so weit von den Naturgesetzen unseres Ökosystems entfernt haben, als dass wir nicht immer noch vor allem soziale Wesen wären, die sich überwiegend durch die Interaktion mit anderen Vertretern unserer Art definieren würden. Zwar finden wir uns heute bereits in Situationen wieder, in welchen es uns bei einer fernmündlichen Kommunikation bereits schwerfällt, zu entscheiden, ob wir es mit einem natürlichen oder einem künstlichen Gegenüber zu tun haben. Wenn es aber darum geht, praktische Fertigkeiten zu erlernen, werden wir auf absehbare Zeit das Lernen *vom Menschen zum Menschen* nicht ersetzen können. Dies soll jedoch auf keinen Fall bedeuten, dass sich Tätigkeiten durch das allgegenwärtige Eindringen der Digitalisierung in unsere Lebensbereiche nicht verändern werden. Vielmehr soll betont werden, dass der sinnvolle und verantwortungsbewusste Einsatz digitaler Hilfsmittel vor allem dann gelingen wird, wenn dieser durch Fachkräfte begleitet wird, die optimalerweise durch einen dualen Ausbildungsprozess auf ihre Aufgabe im Berufsleben umfassend vorbereitet wurden.

Es handelt sich hierbei also nicht um das Bestreben, an einer alten – und einige würden *überkommenen* sagen – Tradition festzuhalten, die uns aus Gilden oder Innungen bekannt ist, welche die meisten Menschen, falls ihnen dieses Konzept überhaupt bekannt ist, im finsteren Mittelalter verorten. Entspräche diese zeitliche Einordnung der Realität, würde das Berufsbildungskonzept heute so wenig in die Welt passen, wie das Gießen von Bleibuchstaben für eine hölzerne Druckerpresse. Vielmehr handelt es sich bei der Weitergabe von Wissen und Fertigkeiten *vom Menschen zum Menschen,* um ein Charakteristikum unserer Existenz als Spezies und um ein Fundament unserer Zivilisation, die uns gleichzeitig mit unseren Verwandten, also den anderen Lebewesen auf unserem Planeten verbindet. Obgleich festzustellen ist, dass wir als Homo sapiens bei der effektiven Gestaltung der Weitergabe von Fähigkeiten und Fertigkeiten gegenüber anderen Bewohnern unseres Planeten bislang einen eindeutigen Vorteil besitzen. Immer mehr werden wir in die Lage versetzt, Projektionen unseres eigenen Tuns anzustellen, d. h. abschätzen zu können, welche Konsequenzen unser eigenes Handeln in der Zukunft nach sich ziehen wird. Von der unmittelbaren Manifestation einer solchen Abstraktion, die durch das konkrete Tun der eigenen Hände ausgelöst wird und über die Zeit beobachtbar ist, kann dieses Denkkonzept auch in einen größeren Zusammenhang gestellt werden, wodurch sich Traditionen etablieren oder sogar Kulturen entstehen. Dies ist eine erstaunliche Leistung unseres Geistes und begründet sich doch in der Routine der Wissensweitergabe. Aber wann genau beginnt der Mensch eigentlich damit, sein Wissen weiterzugeben?

Die ersten Lernvorgänge des Menschen starten bereits mit der Geburt. Eingeprägte Lernalgorithmen des Neugeborenen wenden die Methode der Imitation an. Ganz instinktiv verhalten sich die Eltern oder andere Erwachsene als Vorbilder, um es dem Nachwuchs einfach zu machen, bestimmte Verhaltensweisen einzuüben, Muskeln zu verwenden, den eigenen Körper beherrschen zu lernen. Ganz besonders in der Zeit kindlicher Entwicklung spielt die Nachahmung eine herausragende Rolle, da es wohl die effektivste Methode ist, Routinen zu erlernen und das Phänomen, oder besser gesagt das *Wunder des Lebens*, begreifbarer zu machen. Unser Gehirn zeichnet sich in diesem Alter durch eine erstaunliche Flexibilität aus, die es uns z. B. ermöglicht, eine oder sogar mehrere Sprachen mühelos zu erlernen; dabei werden gehörte Laute in die Erzeugung ganzer Sprachmelodien gebracht, eine erstaunliche Fähigkeit, die wir schon nach einigen Lebensjahren wieder verlieren. Kinder, die vielfältige Anregungen bekommen, z. B. durch eine liebevolle Interaktion und durch kreative Spiele, können ihr Wissen über die Welt schneller erweitern als ihre Altersgenossen, die allein gelassen werden oder schon sehr früh an elektronische nichtinteraktive Medien herangeführt werden. Es kann festgestellt werden, dass ein Kind am effektivsten und am nachhaltigsten neue Fähigkeiten und Fertigkeiten erlernt, indem es sich an einem wohlwollenden Menschen orientieren darf. In der Regel ist dies in den ersten Lebensjahren des Kindes natürlicherweise die Mutter. Die Lernroutine unseres Gehirns funktioniert nun einmal auf diese Art und Weise, sie ist nichts anderes als das Vermächtnis einer Evolution, welches seit Millionen von Jahren unseren Planeten prägt. Sie ist daher ein Abbild der physischen Welt.

In seiner weiteren Entwicklung sucht der Jugendliche Vorbilder, an welchen er sich in einer – für einen Heranwachsenden – höchst unübersichtlichen Welt orientieren kann. Besonders in dieser Phase ist der Mensch empfänglich für die Weitergabe von Wissen und Fertigkeiten. So scheint gerade diese Entwicklungsperiode prädestiniert dafür zu sein, Prozessstrukturen zu erfassen und Fertigungsschritte, die ein handwerkliches Geschick benötigen, einzuüben. Aber auch für die seelische Entwicklung, ist dieser Lebensabschnitt sehr bedeutend; eine messbare Neuordnung innerhalb der Hirnstrukturen geht mit der Herausbildung eines spezifischen Charakters einher. Es formt sich allmählich eine Persönlichkeit heraus, die mit den vielfältigen Anregungen für Geist und Verstand, welche der Heranwachsende in dieser Zeit erfährt, in einer fruchtbaren Wechselwirkung steht. Allerdings wird seit einigen Jahrzehnten diese wichtige menschliche Entwicklungsphase durch eine weniger handlungsorientierte Art und Weise von Bildung bestimmt, die den jungen Menschen in einer künstlichen Umgebung, die er mit Gleichaltrigen teilt, mehr und mehr isoliert, wodurch das Erfahrungslernen nur noch begrenzt stattfinden kann. Entscheidend für einen erfolgreichen Lebensweg ist aber die Beherrschung von Arbeitsprozessen, wobei ein solcher Arbeitsprozess nicht auf die Herstellung von Produkten zu kommerziellen Zwecken begrenzt zu verstehen ist, sondern sich grundsätzlich auf alle konstruktiven Handlungen des Menschen bezieht.

2.2 Der Mensch im Arbeitsprozess

Lernen durch die Interaktion mit anderen, im Rahmen authentischer beruflicher Handlungen
Jedes Lebewesen ist während seiner Existenz Bestandteil von Arbeitsprozessen. In der Geschichte des Lebens betrafen diese Prozesse vor allem die Versorgung mit Nahrung und die Reproduktion. Zwar sind die Menschen nicht die einzigen Lebewesen, bei denen es zu einer Spezialisierung kam. Auch haben z. B. staatenbildende Insekten, wie Bienen und Ameisen, verschiedene „Berufe" ausgebildet. Zweifellos kann jedoch eine solch detaillierte Arbeitsteilung wie bei unserer Spezies nirgendwo auf unserem Planeten beobachtet werden. Auch wird der Mensch nicht bereits zum Zeitpunkt seiner Geburt auf die Übernahme bestimmter Arbeitsprozesse festgelegt, wodurch in der Regel eine Spezialisierung und damit ein zielgerichteter Lernprozess erst nach dem Jugendalter erfolgen. Es gibt also – zumindest ist das unsere

heutige Vorstellung einer menschlichen Vita – keinen vorbestimmten oder göttlichen Plan, der festlegt, welche Rolle ein Individuum zeitlebens auszufüllen hat. Freilich gibt es auch heute noch kulturell unterschiedliche Wahrnehmungen, welche sich vor allem über eine anders gewichtete Bedeutung und Absolutheit des Individualismus manifestiert. Im Folgenden soll nun kurz umrissen werden, wie ein Lernvorgang bezüglich der Vorbereitung auf die Bewältigung von Arbeitsprozessen im Sinne der Berufsbildung zu gestalten ist.

Ein heutiger Arbeitsprozess geht häufig mit der Verwendung von Werkzeugen einher, die einer bestimmten Methodik folgend einzusetzen sind, damit das angestrebte Arbeitsziel auch erreicht werden kann. Nehmen wir einmal an, eine Person lernt den Beruf Elektroniker und beschäftigt sich gerade damit, ein Gefühl für ein bestimmtes Material zu entwickeln, welches in diesem Kontext häufig eingesetzt wird. Die Person befasst sich also mit der elektrischen Leitung. Eine solche Leitung besteht in der Regel aus einem isolierenden Kunststoffmantel und dem eigentlichen Leiter für den elektrischen Strom, der zumeist aus Kupfer besteht. Je nach Verwendung ist eine solche elektrische Leitung unterschiedlich aufgebaut, was z. B. den Querschnitt der Leitung, die Anzahl der darin befindlichen Drähte oder auch die Beschaffenheit des Isolationsmaterials betrifft. Damit nun elektrischer Strom fließen kann, wodurch sich z. B. ein Motor dreht, eine Lampe Licht aussendet oder Signale übertragen werden, muss die Fachkraft in der Lage sein, elektrische Verbindungen herzustellen. Zu diesem Zweck muss je nach Verbindungsmethode das Isolationsmaterial entfernt werden, damit das stromführende Material, also der Kupferdraht, mit der jeweiligen Kontaktstelle verbunden werden kann.

Die Fachkraft muss daher in der Lage sein, den Isolationsmantel einer elektrischen Leitung professionell zu entfernen, ohne dabei das Kupfermaterial zu beschädigen. Eine Einkerbung des Kupfermaterials könnte zu einer Verringerung des aktiven Leiterquerschnitts führen, wodurch es z. B. an dieser Stelle zu einer erhöhten Wärmeentwicklung kommen könnte. Zudem könnten Schmutzablagerungen unter unglücklichen Umständen zu einem Kurzschluss zwischen dem stromführenden Leiter und einer leitfähigen Umgebung führen. Diesen Aussagen ist zu entnehmen, dass die Fachkraft die notwendigen handwerklichen Fähigkeiten einüben muss, die sie befähigt, einen solchen Arbeitsprozess – unter Berücksichtigung der einschlägigen Qualitätsmerkmale – durchzuführen. Eine solche Fertigkeit kann nicht von jedem Menschen erwartet werden; vielmehr muss zuvor eine Ausbildungssequenz durchgeführt werden, die neben der Vermittlung theoretischer Grundlagen, z. B. einer Erklärung, warum diese Tätigkeit notwendig ist und weshalb bestimmte Qualitätsstandards einzuhalten sind, das tatsächliche Tun in den Mittelpunkt stellt. Gleichzeitig muss das bloße *Üben* des handwerklichen Vorgangs praktiziert werden. Da Leitungen verschiedene Zwecke erfüllen, gibt es diese auch in den unterschiedlichsten Ausführungen, was bedeutet, dass sich sowohl das Isolationsmaterial als auch die Beschaffenheit der Kupferdrähte stark voneinander unterscheiden können. Dies hat nun wiederum Auswirkungen auf die zu wählende Handlungsmethode sowie auf die Auswahl und den Einsatz der zu verwendenden Werkzeuge.

Entscheidet sich die Fachkraft z. B. dafür, zum Einkerben des zu entfernenden Isolationsmantels ein sogenanntes Kabelmesser zu verwenden, treten eine ganze Anzahl von erklärungsbedürftigen Aspekten in den Vordergrund, die vom Lernenden erst erfasst und anschließend in den Arbeitsprozess zu integrieren sind. Die professionelle Handhabung eines scharfen Messers kann nicht bei jedem Lernenden vorausgesetzt werden und selbstverständlich unterliegt es einer großen Sorgfaltspflicht der Lehrperson, Verletzungen bei der Verwendung eines solchen Werkzeugs zu vermeiden. In der Umgangssprache wird vom „Gefühl" für die Handhabung eines bestimmten Werkzeugs gesprochen. Ein solches Gefühl kann man nicht dadurch entwickeln, indem man einen Artikel zu diesem Thema in einer Fachzeitschrift liest oder die entsprechenden Seiten im Fachkundebuch studiert. Auch das Betrachten eines entsprechenden YouTube-Videos kann nicht zwingend zum gewünschten Erfolg führen. Da das authentische Fühlen einer körperlichen Aktion in absehbarer Zeit auch nicht innerhalb einer virtuellen Realität (VR) Umgebung nachgebildet werden kann, gibt es derzeit tatsächlich keine Alternative zur praktischen Übung.

An diesem Punkt kommt nun die unbedingte Überlegenheit des Kompetenztransfers *vom Menschen zum Menschen* zum Tragen. Die biochemischen Vorgänge in unserem Gehirn, die unseren Verstand ausmachen, sind und müssen auch weiterhin darauf optimiert sein, bestimmte Handlungen von anderen Vertretern unserer Spezies zu lernen. Entsprechende Lernroutinen sind sozusagen im Betriebssystem unseres Gehirns angelegt, jedoch noch nicht – technisch ausgedrückt – „fest verdrahtet" und daher auch nicht von einem überlagernden, kontrollierenden Verstand gesteuert.

Sieht der Lernende dem Ausbilder bei der Tätigkeit des Abisolierens einer elektrischen Leitung aufmerksam zu, gelangt die Informationsmenge in den sensorischen Speicher des Gehirns. Dort werden diese neuen Inhalte mit dem Langzeitspeicher verglichen, wobei die Informationen gefiltert, bestehenden Kategorien zugeordnet und in symbolischer Form im Kurzzeitspeicher abgelegt werden.[1] Dieser Vorgang beschränkt sich nicht allein auf die optische Wahrnehmung, die durch ein YouTube-Video durchaus genauso bedient werden könnte. Es ist die gesamte Arbeitssituation, die aufgenommen wird, die Sicherheit bzw. Professionalität, mit der der Ausbilder die Tätigkeit ausführt, sowie die Reaktionen der Umgebung. Auch andere Sinneswahrnehmungen, wie z. B. Gerüche, und nicht zuletzt mit der Lernsituation verknüpfte Stimmungen, fließen in diesen komplexen Vorgang mit ein. Dies alles sind Faktoren, die sich unmittelbar auf Bereiche des Gehirns auswirken, die schließlich ein Gefühl der Motivation herbeiführen, sofern der Ausbilder einen sogenannten positiven „Superreiz" auf den Auszubildenden ausübt und in ihm ein Bedürfnis des Mehr-Lernen-Wollens weckt. Ab diesem Zeitpunkt kann von einer *Wahrnehmung* gesprochen werden und die Daten können Grundlage für eine willentliche Handlung darstellen. Werden nun die Daten aus dem Kurzzeitspeicher mehrmals erinnert, gelangen sie schließlich in den Langzeitspeicher.[2] Der Vorgang der mehrmaligen Erinnerung wird durch das wiederholte Einüben gestärkt, sodass man davon ausgehen kann, dass, wenn eine Tätigkeit oft genug eingeübt wurde, sie jederzeit abrufbar ist, da sie

---

[1] Vgl. Preim, Bernhard (1999). Entwicklung interaktiver Systeme. Berlin; S. 186 f.
[2] Stangl, 2020 Informationsaufnahme und -verarbeitung; werner stangl's arbeitsblätter. www: https://arbeitsblaetter.stangl-taller.at/GEDAECHTNIS/Informationsverarbeitung.shtml (2020-06-18).

vom Kurzzeitspeicher in den Langzeitspeicher verschoben wurde, aus welchem sie nicht mehr gelöscht werden kann, so die These. Ein weiterer Vorteil des Lernens *vom Menschen zum Menschen,* ist die Möglichkeit des direkten Feedbacks. Diese Rückmeldung bezieht sich dabei nicht allein auf die Analyse eines Arbeitsergebnisses, was ein rein mechanischer Vorgang wäre, sondern berücksichtigt zugleich die ganzheitliche Interaktion des Menschen mit seiner Umwelt. Der Lernende hat die Möglichkeit, zu jedem Zeitpunkt Aspekte von Prozessen und Methoden nachzufragen. Die richtige Information zu erhalten, nämlich *unmittelbar* nach der Manifestation und der Bewusstmachung einer Unklarheit, ermöglicht es den Synapsen in unserem Gehirn, mehrdimensionale Verknüpfungen zu bilden, welche auf Informationen verschiedenster Sinne beruhen und die für ein effektives Lernen sehr von Vorteil sind. Außerdem erfolgt eine Verschränkung zwischen dem Verstand und dem Geist. Das Fühlen des Kabelmessers in der Hand und die Einladung des Lehrenden, das zuvor Gezeigte zu imitieren, führt den Lernenden an die Beherrschung der benötigten Handgriffe, d. h. an die Kontrolle der körperlichen Bewegung heran, die zur Ausführung der entsprechenden Arbeitsprozesse notwendig ist. Für das Erlernen von praktischen Fertigkeiten, bietet sich z. B. die sogenannte *Vier-Stufen-Methode* an:

1. Der Lehrende bereitet die Ausbildungssequenz vor
2. Der Lehrende demonstriert den Arbeitsprozess durch praktisches Vorführen
3. Der Lernende wiederholt (imitiert) die praktische Fertigkeit
4. Der Lernende sichert den Lernprozess durch variierte Übungen

Der Lehrende – in der Lehrlingsausbildung ist dies z. B. der Ausbildungsmeister – und der Lernende, treten hier in eine konstruktive Interaktion, bei welcher der menschliche Lernreflex Berücksichtigung findet. Die hier beschriebene Vier-Stufen-Methode ist vor allem für die Vermittlung einfacher, praktischer Fertigkeiten geeignet. Die Beherrschung von zusammenhanglosen handwerklichen Fertigkeiten, wie das weiter oben beschriebene Abisolieren von Leitungen, das Bohren von Löchern in unterschiedliche Materialien oder das

Schneiden von Haaren, genügt jedoch in der heutigen Arbeitswelt nicht mehr. Mechanische Tätigkeiten allein sind heute nicht mehr ausreichend, um einen Arbeitsplatz auszufüllen; das stellte sich zu Beginn der industriellen Revolution noch ganz anders dar. Durch die Anwendung optimierter Methoden und den Einsatz komplexer technischer Hilfsmittel und Werkzeuge gibt es immer weniger Arbeitsplätze, die allein auf die Beherrschung sich permanent wiederholender Teilkompetenzen bauen. Standardisierte, mechanische Vorgänge können leicht von automatisierungstechnischen Vorrichtungen übernommen werden. Um das oben genannte Beispiel wieder aufzugreifen und zu verdeutlichen: Es genügt nicht mehr, lediglich in der Lage zu sein, eine elektrische Leitung abzuisolieren. Vielmehr wird heute jeder Kunde erwarten, dass die Fachkraft anschließend eine ordnungsgemäße Verbindung der entsprechenden Leitungsenden herstellen kann. Zudem sollte dieser Dienstleister selbstverständlicherweise wissen, welche Art Signale oder welche Energie mithilfe der Leitung übertragen wird und ob die gewünschte Funktion der zu installierenden Anlage am Ende der Arbeiten fehlerfrei und sicher garantiert werden kann. Aus dieser Beschreibung ist zu ersehen, dass hier ein Arbeitsprozess mit hoher Komplexität zu realisieren ist; ein Arbeitsprozess, der voraussetzt, dass die ausführende Person über Wissen und Fertigkeiten in unterschiedlichen Dimensionen verfügt. So spielt das handwerkliche Können selbstverständlich eine Rolle, jedoch ist dieses praktische Tun in einem intellektuellen Handlungsprozess eingebettet. Während es vor einigen Jahrzehnten für viele Arbeiter noch ausreichte, eine bestimmte körperliche Tätigkeit unter Einhaltung vorgegebener Standards kontinuierlich ausführen zu können, wird eine solche eingeschränkte Kompetenz auf dem heutigen Arbeitsmarkt nicht mehr nachgefragt. Vielmehr muss die qualifizierte Fachkraft in der Lage sein, auch entscheiden zu können, warum ein bestimmter Arbeitsprozess auszuführen ist, welche Methode die effizienteste Problemlösung verspricht und wie eventuell auch im Zusammenspiel mit anderen Personen eine berufliche Handlung durchgeführt werden kann, die dem Kunden einen Nutzen bringt und gleichzeitig dem Arbeitgeber einen angemessenen Gewinn verschafft, welcher für die Nachhaltigkeit einer wirtschaftlichen Aktivität notwendig ist. Damit bettet sich jede begrenzte handwerkliche

Tätigkeit in einen komplexen wertschöpfenden Vorgang ein, der von den ausführenden Akteuren eine fortgeschrittene, berufliche Handlungskompetenz erfordert. Ein Charakteristikum, das inzwischen auf die meisten Arbeitsprozesse in unserer Gesellschaft zutrifft. Dabei handelt es sich nicht um einen Effekt, der sich lediglich auf gewerbliche Wirtschaftsvorgänge bezieht und die Anforderungen für die duale Berufsausbildung in diesem Sektor immer anspruchsvoller macht. Vielmehr werden die vormals als privilegiert empfundenen, sogenannten *White Collar Jobs* von dieser Entwicklung ebenfalls und mindestens mit der gleichen Intensität erfasst. Vergleichbar mit der globalen Arbeitsmarktentwicklung, dass nämlich Beschäftigungsverhältnisse, die sich lediglich auf isolierte, mechanische Tätigkeiten beschränken, immer weniger nachgefragt werden, werden auch Prozesse, die sich auf die bloße Erfüllung kaufmännischer Prozesse konzentrieren, durch datentechnische Algorithmen infrage gestellt. Ein moderner Arbeitsprozess integriert mehr und mehr die praktische Handlung mithilfe entsprechender methodischer Kompetenzen in die betriebswirtschaftlichen Rahmenbedingungen. Befördert wird diese Entwicklung durch den weiterhin steigenden Produktivitätsdruck innerhalb globaler Wirtschaftsprozesse, der zurzeit vor allem durch den verstärkten Einsatz digitaler Werkzeuge realisiert wird. Betrachten wir also noch einmal die Fachkraft, die eine elektrische Leitung abzuisolieren lernt, um diese mit einem elektrischen Betriebsmittel oder auch einer anderen Leitung zu verbinden. Die Fachkraft führt diese Tätigkeit nur durch, um z. B. ein Gerät zur Funktion zu bringen, welches dem Kunden wiederum einen Nutzen verspricht, denn nur dann ist er dazu bereit, den Ausführenden dieser Dienstleistung für seinen Arbeitseinsatz zu bezahlen. Neben der Herstellung eines professionellen elektrischen Anschlusses des Gerätes, wird eventuell noch eine Einweisung für den Kunden benötigt, um die Funktionalität der Installation zu gewährleisten, oder es müssen verschiedene Parameter justiert werden, welche z. B. eine Vernetzung mit übergeordneten Prozessen sicherstellen. Die Fachkraft muss in der Lage sein, festzustellen, wie der Kunde das Gerät nutzbringend einsetzen kann und ob er nach erfolgter Übergabe in der Lage sein wird, das Gerät professionell zu bedienen, ohne dass es zu Fehlfunktionen oder Beschädigungen kommt. Schließlich muss sie abschätzen können, wie lange der Arbeitseinsatz beim Kunden dauern kann, um eine Kalkulation der voraussichtlichen Kosten vornehmen zu können. Damit das Gerät genau den Kundenwünschen entspricht, ist es von Vorteil, wenn die Fachkraft die Planung des Gerätes bereits im Vorfeld mit dem Kunden besprochen hat; auf diese Weise lassen sich störanfällige Kommunikationsprozesse effizient gestalten. Beim Planungsvorgang wird die Fachkraft durch entsprechende computerbasierte Planungstools unterstützt, welche z. B. von den Herstellern der Produkte mit angeboten werden. Während der Ausführung des Auftrags beim Kunden erfolgt eine genaue Dokumentation der Arbeitsschritte, die es ermöglicht, eine hohe Qualitätssicherheit zu garantieren.

Diese Schilderung eines Arbeitsprozesses, der heute noch nicht überall derart realisiert wird, aber wohl sehr bald zwangsläufig zur Anwendung kommen wird, macht deutlich, dass wir vor einem entscheidenden und tiefgreifenden Wandel in der Arbeitswelt stehen und eine Trennung zwischen praktischer und theoretischer Arbeit in Auflösung begriffen ist. Das Ausbildungskonzept der dualen Berufsausbildung wird jedoch durch diese Entwicklung seine Bedeutung nicht verlieren, sondern vielmehr noch relevanter werden, wenn es um die effektive Vorbereitung und die Qualifizierung kompetenter Fachkräfte geht, für die stets komplexer werdenden Arbeitsprozesse. Parallel hierzu muss jedoch unumwunden festgestellt werden, dass eine eindimensionale Ausbildung an einer traditionellen Universität an Relevanz einbüßt. Eine ausschließliche Konzentration auf theoretische Inhalte verliert in der modernen globalen Gesellschaft und auch in der Arbeitswelt mehr und mehr an Bedeutung, zudem erscheint auch das Konzept der didaktischen Vermittlung des theoretischen Wissens an einer Universität wie ein aus der Zeit gefallenes Konstrukt. In Zeiten allgegenwärtiger Onlinemedien werden keine Hörsäle mehr benötigt, in denen hunderte von Studenten auf unbequemen Klappstühlen einem mehr oder weniger motivierten Professor lauschen; eine solche Vorlesung kann man sich gut zu Hause oder an einem anderen Ort, zeitunabhängig anhören. Zudem ist das Wissen, welches an den Universitäten vermittelt wird, jederzeit eruierbar und muss nicht auswendig gelernt werden. Entscheidend wäre vielmehr die Anwendung des verfügbaren Wissens, im Sinne der konkreten Forschung oder der Gestaltung von Arbeitsprozessen. Dies könnte wesentlich effektiver in einer didaktischen Interaktion der Studierenden mit entsprechenden Ausbildern in Forschungsstätten oder direkt am Arbeitsplatz durchgeführt werden, genauso wie es schon seit Jahrhunderten in der Lehrlingsausbildung der Fall ist. Die ersten Anzeichen für diese zwangsläufige Entwicklung zeigen sich bereits durch den großen Erfolg der dualen Studiengänge.

Man kann es also mit Fug und Recht als *im höchsten Maße erstaunlich* bezeichnen, dass Universitäten heute immer noch oder sogar immer mehr das Hauptziel der Bildungskarrieren der globalen Jugend darstellen, nehmen doch weltweit die Studierendenzahlen an den Hochschulen weiter zu. Sicherlich spielen hierbei die international transportierten und medial verstärkten, massenpsychologisch suggerierten Wünsche eine große Rolle, aber gewiss auch das Erziehungsziel der Eltern, die sich für ihre Kinder eine universitäre Karriere als manifestierten gesellschaftlichen Aufstieg wünschen. Als weiterer Aspekt ist hier der Einfluss des Lehrpersonals zu nennen, das – allein bedingt durch das System Schule – die Jugend dazu ermuntert, den gleichen Weg zu gehen, den sie selbst gewählt haben. Im Grunde genommen, wird jedoch auf diese Weise eine der wertvollsten Zeiten für die Entwicklung und Förderung des menschlichen Geistes vertan. Aufgrund des Faktums, dass die Menschen lediglich mit ihrer Peergroup zusammengesperrt werden, wird die menschliche Kreativität, die gerade in der Adoleszenz ihren Höhepunkt erreicht, in ihrer Entfaltung beeinträchtigt oder sogar gehemmt. Auch wird hier verhindert, dass der Geist des Menschen, welcher der eigenen Existenz erst einen Sinn verleiht, in seiner Bedeutung für die Harmonie des Gesamtsystems des individuellen Seins entsprechend gestärkt wird. Diese einzigartige Entwicklungsphase, in der viele synaptische Verbindungen im Gehirn des jungen Menschen neu verschaltet werden und die so prägend für die Reifung der Persönlichkeit ist, sollte in der fruchtbaren Interaktion mit der Welt gestaltet werden und nicht in einem Ghetto für Gleichaltrige absolviert werden. Zudem bietet das System der hochschulischen Bildung keinen Mehrwert im Sinne einer zielgerichteten Vorbereitung auf die Herausforderungen des Lebens und die Arbeitsprozesse des

Arbeitsmarktes. Durch die inflationäre Vergabe nutzloser akademischer Titel befriedigt es lediglich ein längst überkommenes Bildungsideal. Einige mögen an dieser Stelle einwenden, dass es weiterhin Berufe gibt, die eines rein theoretischen Studiums bedürfen, wie z. B. die Rechtswissenschaften, aber auch hier werden wir schon in Kürze sehen, dass digitale Hilfsmittel den Rechtsprechenden schon bald abnehmen werden, konkrete Sachverhalte mit passenden Rechtstexten zu vergleichen, um daraufhin gesetzgebungsrelevante Konsequenzen vorzuschlagen. Auch hier würde also eine duale Ausbildung wesentlich sinnvoller und effektiver auf die Arbeitstätigkeit vorbereiten als ein realitätsfernes, isoliertes Studium, welches nur Teilkompetenzen vermitteln kann.

Wie nun bereits einige Male angeklungen, nimmt die Komplexität von Arbeitsprozessen immer weiter zu. Dies wird vor allem dadurch verursacht, dass inzwischen bessere Hilfsmittel jederzeit verfügbar sind, die jedoch methodisch korrekt eingesetzt und kritisch hinterfragt werden müssen. Das Einüben einer zielgerichteten und reflektierten Vorgehensweise bei der Ausführung einer professionellen Handlung, geschieht am effektivsten durch einen kompetenten Ausbilder, der sich nicht nur als Lehrer oder Dozent versteht, sondern vielmehr als Lernbegleiter oder Coach, der den Lernenden dabei unterstützt, die notwendigen Kompetenzen und am Ende auch eine übergreifende berufliche Handlungskompetenz zu erwerben, die für ein erfolgreiches Arbeitsleben unbedingt notwendig ist. Dem Ausbilder kommt daher bei der Realisierung der Berufsbildung eine herausragende Rolle zu.

2.3 Der Ausbilder als Vorbild

Effizienter Wissenstransfer vom Menschen zum Menschen
Damit eine Ausbildung, die eine umfassende Beherrschung von Arbeitsprozessen zum Ziel hat, effektiv durchgeführt werden kann, wird ein kompetenter Ausbilder benötigt. Traditionell wird diese Funktion von einem Ausbildungsmeister wahrgenommen, dieser Titel ist mit dem Ablegen einer anerkannten Prüfung verbunden. Ein Wort, das einen *Meister* umschreibt, gibt es auf allen Kontinenten und in nahezu allen

Gesellschaften, die Städte und ein Handwerk hervorgebracht haben. Der *Meister* oder der *Ausbilder* ist eine allgemein respektierte Persönlichkeit, die eine von der Gesellschaft benötigte und wertgeschätzte Handwerkskunst professionell beherrscht und zudem dazu befähigt ist, Lehrlinge unter qualitativ hochwertigen Aspekten so auszubilden, dass diese am Ende der Ausbildungszeit den entsprechenden Beruf kompetent ausführen können. Es geht bei der Qualifizierung zum Meister also nicht allein darum, über die einschlägigen Fähigkeiten und Fertigkeiten zu verfügen, welche für die Ausübung eines Handwerksberufs benötigt werden, sondern gleichzeitig auch darum, für den befähigten Nachwuchs innerhalb eines Gewerkes zu sorgen. Dies wurde von alters her immer mitgedacht und mitberücksichtigt. Dieses Prinzip war in allen Kulturen präsent, wobei es selbstverständlich im Detail Unterschiede gab, welche sich durch die Einbettung in die jeweiligen gesellschaftlichen Gegebenheiten ergaben. Die von Großbritannien ausgehende Industrialisierung ab der zweiten Hälfte des 18. Jahrhunderts, führte jedoch zu einem entscheidenden Umbruch innerhalb ökonomischer Wertschöpfungsketten und der Gestaltung von Arbeitsprozessen, sodass dieses jahrhundertealte Prinzip der Ausbildung *vom Menschen zum Menschen* zunächst infrage gestellt wurde. Mechanisierung schien die Notwendigkeit einer umfassenden Ausbildung handwerklicher Fachkräfte überflüssig zu machen. Im Ergebnis wurde diese natürliche und ganzheitliche Bildungsform, also die Lehrlingsausbildung, die das Heranwachsen der nachfolgenden Fachkräftegeneration durch ein *Lernen direkt im Arbeitsprozess* zum Ziel hatte, fast vollkommen zurückgedrängt. Eine Ausnahme stellten hier die deutschsprachigen Länder dar. Dort unterstützte der Staat das traditionelle Ausbildungssystem, bestehend aus dem großen Befähigungsnachweis (ein Meisterbrief wird benötigt, um ein Geschäft betreiben zu dürfen) und dem kleinen Befähigungsnachweis (ein Meisterbrief wird benötigt, um Lehrlinge ausbilden zu können). Dies geschah aus verschiedenen Gründen, unter anderem auch deshalb, weil man sich Sorgen um die Stabilität der Gesellschaft machte. Andernorts erfolgte eine solche Formalisierung der Lehrlingsausbildung nicht, was dazu führte, dass außerhalb Mitteleuropas eine betriebliche Ausbildung nur noch sehr eingeschränkt oder überhaupt nicht mehr praktiziert wurde.

– Die von Großbritannien ausgehende Idee der schulischen Berufsausbildung hat den Vorteil, dass die verwaltungstechnischen Strukturen aus dem allgemeinbildenden Schulbetrieb unmittelbar für die technische Sekundarschule übernommen werden können. Allerdings findet die Ausbildung nicht mehr in Form einer direkten Integration in reelle Arbeitsprozesse statt, die durch betriebliche Ausbilder gesteuert und durchgeführt wird und die in ihrem Tätigkeitsumfeld Experten sind. Vielmehr wird in der Berufsschule versucht, die Arbeitsrealität möglichst authentisch abzubilden. Mehrere Faktoren führen dazu, dass grundsätzlich eine mehr oder weniger große Lücke zwischen dem Schulalltag und der Welt der Arbeit entsteht. So sind die Lehrer oft nicht mehr mit der aktuellen Realität in den Unternehmen vertraut; das vorhandene Material, Werkzeuge und Maschinen sind veraltet und entsprechen nicht mehr dem allgemeinen Standard. Das wichtigste aber ist: Es fehlt der tatsächliche Kontakt zu Kunden und somit fehlt die Erfahrung, dass das hergestellte Produkt oder die erbrachte Dienstleistung die Anforderungen des Arbeitsmarktes erfüllt. Findet jedoch ein signifikanter Anteil der Ausbildung am reellen Arbeitsplatz statt, kann diese Lücke zwischen der Welt der Ausbildung und der Welt der Arbeit ausgeglichen werden. Die betriebliche Ausbildung kann in größeren Unternehmen für eine bestimmte Zeit auch in speziellen Ausbildungswerkstätten gestaltet oder aber direkt am Arbeitsplatz durchgeführt werden. Entsprechend dem jeweiligen Ausbildungsberuf finden die ausbildungsrelevanten Arbeitsprozesse am Betriebsort des Unternehmens statt, wie z. B. im Friseursalon, oder auch teilweise direkt beim Kunden, wie etwa bei der Ausbildung zum/zur Anlagenmechaniker/in – Sanitär-, Heizungs- und Klimatechnik. Die Ausbildung an den realen Arbeitsprozessen wird in der Regel von erfahrenen Fachkräften oder auch *Ausbildungsmeistern* durchgeführt, die zur Erfüllung ihrer Aufgabe als Ausbilder nicht nur fachliche Expertise besitzen müssen, d. h. mit allen technischen Entwicklungen des Arbeitsbereiches – inklusive Sicherheits- und Umweltstandards – absolut vertraut sein müssen, sondern auch darauf vorbereitet sind, mit jungen Menschen, die sich in einem wichtigen menschlichen Entwicklungsprozess des Erwachsenwerdens befinden, zusammenzuarbeiten. Damit wird auch deutlich, dass die Tätigkeit eines Ausbilders nicht von jeder beliebigen

Person ausgeführt werden kann; vielmehr ist hier eine innere geistige Motivation vonnöten, kombiniert mit der Fähigkeit, sich auf die Interaktion mit einem Auszubildenden einlassen zu können, diesen anzunehmen und zu fördern. Dass hier durchaus auch Herausforderungen zu meistern sind, je nach innerer Verfasstheit des Lehrlings, steht dabei außer Frage. In der dualen Ausbildung sind mindestens, wie der Name bereits impliziert, 2 Lernorte involviert; zudem sind bestimmte Termine während der Ausbildungszeit einzuhalten und betriebliche Abläufe müssen geplant werden. All dies muss von einem Ausbilder berücksichtigt werden. Somit muss eine Person gefunden werden, die Kompetenzen in den 3 folgenden Feldern besitzt:

- Pädagogische Kompetenz (zwecks Begleitung Jugendlicher auf dem Weg zum Erwachsenwerden)
- Fachliche Kompetenz (zwecks Vermittlung der notwendigen Fertigkeiten und Fähigkeiten, dem Berufsbild entsprechend)
- Planerische Kompetenz (zur Gestaltung der Ausbildungszeit, um das Ausbildungsziel zu erreichen)

Je nach Größe des Ausbildungsbetriebes kann es z. B. in bestimmten Fällen vorkommen, dass ein einziger Ausbilder während der gesamten Ausbildungszeit den Auszubildenden begleitet. Bei mittleren und größeren Betrieben durchläuft der Lernende in der Regel mehrere Abteilungen, in denen er dann verschiedenen Ausbildern oder Ausbildungsbeauftragten zugewiesen wird. Ein solcher Vorgang wird normalerweise durch einen Rotationsplan strukturiert, der den Abteilungen, aber auch den Auszubildenden einen Überblick darüber verschafft, wer sich wann, an welchem Ort, zum Zwecke der Ausbildung befindet und wann die Berufsschule zu besuchen ist. Wichtiger jedoch als diese technischen und planerischen Aspekte ist für den Auszubildenden oder den Lehrling sicherlich das konkrete Erleben der Arbeitswelt, das unter Umständen seine gesamte spätere berufliche Karriere bestimmen wird. Nehmen wir einmal an, dass Marie 16 Jahre alt ist als sie ihren ersten Ausbildungstag in einem Unternehmen durchlebt, in dem sie den Beruf *Malerin* erlernen möchte. Es ist für jeden Menschen ein großer Schritt, sich von den vertrauten und dort erlernten Grundstrukturen eines Schulalltags zu lösen, die seit dem sechsten Lebensjahr eingeübt wurden und für viele Jahre die Lebensrealität darstellten, um sich plötzlich in einer völlig neuen Umgebung, d. h. einer Arbeitsrealität, wiederzufinden, die gänzlich anderen Regeln folgt. Es ist auf einmal nicht mehr allein die Peergroup, die in einer künstlichen Blase das tägliche Leben bestimmt; vielmehr besteht das Arbeitsumfeld üblicherweise aus Menschen unterschiedlichen Alters, die verschiedene Rollen bekleiden. So gibt es z. B. Kollegen, Vorgesetzte und Kunden. Der Umgang mit dieser Heterogenität ist eines der Lernziele, welches die Berufsausbildung verfolgt. Ähnlich mit den zahlreichen anderen Aspekten in Kontext dieses Lernprozesses, ist dies eine Kernkompetenz, die sich nicht theoretisch erschließen lässt, sondern vielmehr allein durch *praktische Erfahrung* erworben werden kann. Hierbei ist festzuhalten, dass das Erlernen des richtigen Umgangs mit dieser besonderen zwischenmenschlichen Dynamik für den Heranwachsenden immer schwieriger wird, je weiter er sich von der Entwicklungsphase der Adoleszenz entfernt. Denn nach der Erreichung der Erwachsenenphase nehmen die Plastizität unseres Gehirns und damit die Möglichkeit der nachhaltigen Etablierung einer Verschränkung zwischen Geist und Verstand nachweislich ab.

Kommen wir jedoch zurück zu Marie, zwar hatte sie den Malerbetrieb bereits zu einem Bewerbungsgespräch mit dem Ausbildungsmeister besucht, allerdings hatte sie sich damals hauptsächlich in den Büroräumen aufgehalten. Die Sekretärin hatte ihr sogar einen Kaffee angeboten, wodurch sie sich sehr erwachsen vorgekommen war. Das Gespräch mit dem Firmenbesitzer und Ausbildungsmeister war ihr sehr angenehm in Erinnerung geblieben und obwohl sie nicht wirklich darauf vorbereitet war, konnte sie doch gut erklären, dass sie nach der Schule nun gerne etwas Praktisches machen möchte, etwas, das Bewegung und physische Aktivität beinhaltete. Dabei konnte sie glaubhaft erklären, dass sie ein sehr gutes Gespür für Farben hat und auch der Aufenthalt außerhalb klimatisierter Räume kein Problem für sie darstellte. Zudem hatte sie in ihrem Bekanntenkreis bereits einige junge Frauen, die ebenfalls das Malerhandwerk erlernten und die sehr positiv von ihren Erfahrungen berichteten.

Jetzt stand sie jedoch etwas verloren in der Werkstatt herum, überall Regale mit viel Material, einige große Tische auf der für sie noch nicht identifizierbare Gegenstände lagen. Waren das nun Werkzeuge oder Bauteile, fragte sie sich selbst und ihr wurde schnell klar, dass sie eigentlich noch gar nicht wusste, welche Aufgaben eine Malerin zu erfüllen hatte. In diesem Moment kam eine junge Frau – etwa 30 Jahre alt – auf sie zu. Sie trug die übliche Arbeitskleidung des Unternehmens und hatte eine Latzhose und eine Arbeitsjacke der gleichen Machart unter ihren Arm geklemmt. „Hallo Marie", sprach sie die neue Auszubildende in einem freundlichen Ton an. „Wir freuen uns, dass du jetzt bei uns bist und zu uns gehörst. Mein Name ist Brigitte und ich werde im ersten Jahr deine Ausbilderin sein". Die Ausbilderin machte eine kleine Pause und suchte Maries Blick, da entstand von einem auf den anderen Augenblick, eine geistige Verbindung und eine Vertrautheit, die erstaunlich war, denn sie kannten sich gerade einmal wenige Sekunden. „Hier habe ich bereits deine Arbeitskleidung, entsprechend der Maße, die du uns genannt hast. Die kannst du in den Umkleideräumen, die ich dir gleich zeigen werde, anziehen und dann stelle ich dich erst einmal den anderen Kollegen vor". Das Lächeln von Brigitte steckte Marie sogleich an und sie freute sich, in der für sie neuen Umgebung eine natürliche Verbündete gefunden zu haben. Es war vielleicht von Vorteil, dass es eine Frau war, wobei ein Mann selbstverständlich die gleiche Rolle des so wichtigen Ausbilders übernehmen kann. Das menschliche Wesen hängt sehr stark von seinen Gefühlen ab, fühlt es sich wohl, was durch eine – in Resonanz befindliche – geistige Schwingung verschiedener Individuen verursacht werden kann, nimmt dies beim Speichern von Erfahrungen, also beim Lernen, eine herausragend positive Rolle ein. Gefühle werden dabei in der Regel durch die Interaktion mit anderen Menschen hervorgerufen und bewertet.

Damit wird auch schon deutlich, welch' wichtige Rolle der Ausbilder im Rahmen der betrieblichen Berufsausbildung einnimmt. Es ist dem Menschen angeboren, in der Adoleszenz nach Vorbildern zu suchen; wieder ein durchaus sinnvolles, *fest verdrahtetes,* also nicht beeinflussbares Lernprogramm, welches den Menschen in dieser Entwicklungsphase hilft, sich bestmöglich auf die Herausforderungen des Erwachsenendaseins vorzubereiten. Da ein solches Verhalten in der Evolution der Menschheit auf die Imitierung vermeintlich erfolgreicher Individuen abzielt, könnte dieser Mechanismus für den Imitierenden zu einem Vorteil geführt, oder gar zu einer höheren Überlebensfähigkeit beigetragen haben. Auch dieses Faktum spricht dafür, die Berufsausbildung nicht immer weiter auf ein höheres Lebensalter hinauszuschieben, da die Entwicklung unseres Gehirns, wie bei jedem Lebewesen, nun einmal verschiedene evolutionäre Phasen durchläuft. Sind die jungen Menschen, wie z. B. bei einem ausgedehnten Studium, grundsätzlich bis ins Erwachsenenalter mit ihrer Peergroup zusammen, wird die Auswahl der Vorbilder oftmals durch den Medienkonsum entsprechend gelenkt und den Herausforderungen des Lebens daher meist nicht gerecht. Einmal davon abgesehen, dass ein traditionelles Studium mit den neuen Lehr- und Lernmöglichkeiten nicht mehr kompatibel ist.

Die Übernahme einer Vorbildfunktion durch die Ausbilderin Brigitte, wie in dem hier genannten Beispiel, sollte selbstverständlich verantwortungsvoll gestaltet werden. Um der Verantwortung als Ausbildungspersonal gerecht zu werden, hilft es, selbst die Erfahrungen einer Berufsausbildung gemacht zu haben. Damit ist die Ausbilderin in der Lage, sich in die Situation des Auszubildenden hineinzuversetzen und kann entsprechend reagieren sowie den Ausbildungsfortschritt kontextbezogen gestalten. Die Ausbilderin muss sich bewusst sein, dass sie von den Auszubildenden genau beobachtet wird, auch was ihr Verhalten im Allgemeinen betrifft, also auch ihre Interaktion mit Kollegen, Vorgesetzten oder Kunden. Der Auszubildende erhält damit während der Ausbildungszeit die Chance, Arbeitsprozesse ganzheitlich zu erleben und die Zusammenhänge zwischen der praktischen Ausführung eines Arbeitsvorgangs, der Garantie der erwarteten Arbeitsqualität und des Feedbacks des Kunden nachzuvollziehen. Betrachten wir hiermit als Beispiel einer relevanten Lernsituation die farbliche Gestaltung einer Wohnung, von der Auftragsvergabe durch einen Vorgesetzten des Lehrlings bis zu Übergabe der Arbeitsergebnisse an den Kunden. Sicherlich wird es dabei immer wieder verschiedene, anlassbezogene Klärungsbedarfe geben oder es werden Schwierigkeiten auftauchen, die bewältigt werden müssen, um die Vorstellungen des Kunden berücksichtigen und umsetzen zu können. Planabweichungen erfordern stets ein entsprechendes Verhalten und eine Flexibilität der Fachkraft. Als Auszubildende genießt Marie (noch) eine geschützte Position; sie kann daher authentisch erfahren, mit welchen Strategien technische Probleme gelöst werden können, z. B. wie die aufzutragende Farbe auf bestimmte Untergründe reagiert oder aber wie man mit einem schwierigen Kunden umgeht, der während der Ausführung des Auftrags eventuelle Sonderwünsche äußert.

Im Gegensatz zur Berufsschulklasse in der vielleicht 20 oder mehr Schülerinnen und Schüler von – in der Regel – einer Lehrkraft unterrichtet werden, erfolgt die Ausbildung im Betrieb wesentlich intensiver, da die Anzahl der Auszubildenden, für die ein betrieblicher Ausbilder außerhalb einer Ausbildungswerkstatt zuständig ist, wesentlich geringer ist. So kann kein „Verstecken" in der Gruppe Jugendlicher erfolgen, vielmehr entsteht eine intensive Beziehung zwischen Lehrling und Meister, die natürlich von einem möglichst positiven Geist geprägt sein sollte. Andernfalls kann diese persönliche Verbindung auch zu einem Problem werden, dessen muss man sich immer bewusst sein. An der Ausgestaltung dieser Beziehung hat die betriebliche Ausbilderin in ihrer Vorbildfunktion einen großen Anteil. Sie weiß, dass sich ein junger Mensch in der Adoleszenz mit allerlei entwicklungsbedingten Vorgängen auseinandersetzen muss, psychologisch gesehen bewältigt der Heranwachsende damit seine Entwicklungsaufgaben. Dabei können aufseiten des Jugendlichen z. B. gewisse plötzliche Prioritätsverschiebungen auftreten, dann kann eine Orientierungshilfe angebracht sein. Eine fokussierte Konzentration auf Arbeitsprozesse fällt der Lernenden dann leichter, wenn die auszuführende Tätigkeit mit einer gewissen Verantwortungsübernahme verbunden ist. Dabei sollte es sich idealerweise um einen Steigerungsprozess handeln, an dessen Ende, zum Abschluss der Ausbildung das Ziel erreicht sein muss, dass der Lernende befähigt ist, die einschlägigen Arbeitsprozesse selbstständig und eigenverantwortlich durchführen zu können.

Die Ausbilderin muss daher in der Lage sein, eine Ausbildungsumgebung so zu gestalten, dass diese den Anforderungen einer effektiven Berufsausbildung entspricht. Das Ausbildungsumfeld soll motivierend auf die Lernenden wirken und gleichzeitig der Integration in die regulären Arbeitsabläufe des Unternehmens nicht im Wege stehen. Neben der Zurverfügungstellung eventuell benötigter Arbeits- und Schutzkleidung ist jedoch die didaktische Gestaltung des Lernprozesses von entscheidender Bedeutung. Die Auszubildende muss an die verschiedenen Arbeitsprozesse herangeführt werden, ohne dabei überfordert, aber gleichzeitig auch ohne gelangweilt zu werden. Die Ausbilderin muss daher in der Lage sein, den Lernfortschritt der Auszubildenden zu analysieren, zu verstehen, wie eine bestimmte Arbeitstätigkeit empfunden wird und wie diese dazu beitragen kann, die berufliche Handlungskompetenz zu fördern. Sie muss Feedback einholen und konstruktiv darauf reagieren können, ohne dabei jedoch die eigentliche Arbeitsaufgabe, die im Team mit der Auszubildenden auszuführen ist, aus dem Fokus zu verlieren. Am Anfang der Ausbildung ist der Input der Ausbilderin entsprechend hoch, da jeder Handgriff und jeder Zusammenhang erst einmal erklärt werden muss. Mit dem Fortschreiten der Ausbildung sollten diese Anweisungen immer weniger notwendig werden. Auf diese Weise wird der Input, also vor allem die Investition an Zeit, welche die Ausbilderin zu Beginn der Ausbildungsbegleitung durch Unterweisungen leistet, im späteren Verlauf durch das dann erfolgende *Return on Investment (RoI)* kompensiert, denn die Arbeitsleistung des Lehrlings sollte immer produktiver werden. Es liegt dabei auf der Hand, dass die Auszubildende umso schneller für den Betrieb verwertbare Arbeitsleistungen erbringt, je besser die Ausbilderin befähigt ist, die zu beherrschenden Arbeitsprozesse effektiv und nachhaltig zu vermitteln. Eine positive Lernumgebung, die durch eine stabile Verbindung zwischen Geist, Verstand und Tun geprägt ist und die daher günstigstenfalls zu einer hohen Motivation der Auszubildenden führt, ermöglicht die besten Lernerfolge. Wird die Ausbilderin durch den Lehrling als Vorbild anerkannt, wirkt sich dies noch einmal förderlich auf den Ausbildungsprozess aus. Gerade zu Beginn der Ausbildung, ist die Beherrschung der grundlegenden handwerklichen Arbeitsschritte von großer Bedeutung. Eine Auszubildende, die ganz neu in ein Berufsfeld eintritt, wird nach einer Person suchen, an der sie sich orientieren kann. So werden Handgriffe automatisiert und erste Routinen ausgestaltet, wodurch schon bald Erfolgserlebnisse erzielt werden können, die ganz entscheidend sind, um die Motivation und die Freude an der Arbeit zu verankern. Wurde eine Arbeit zufriedenstellend bewältigt, wirkt sich schließlich ein Lob des Vorbildes, also der Ausbilderin, wie ein positiver Verstärker auf die Auszubildende aus und das Lernen, welches in der Schule oft als feindliches *Muss* empfunden wurde, reift durch die Verbindung zwischen Geist und Verstand zu einem freudigen und inspirierenden *Wollen*. Niemand möchte ein Vorbild enttäuschen; man ist stolz darauf, zusammenarbeiten zu dürfen, gemeinsam Leistungen zu erbringen, die auch eine gerechtfertigte Anerkennung finden. Die Arbeit wird so zu *mehr* als einer reinen Ausführung von Handgriffen. Das Ergebnis der Arbeit definiert sich vielmehr durch seinen Nutzen für den Kunden und geht auf diese Weise über das rein Stoffliche hinaus. Die Lernende strebt ihrem Vorbild nach, möchte das gleiche Niveau in der Arbeitsausführung erreichen und möchte genauso souverän mit Vorgesetzten, Kollegen und Kunden umgehen können.

Wenn eine Person das 30. Lebensjahr schon erreicht hat und einmal überlegt, an welche Zeit in ihrem Leben sie sich noch besonders gut erinnern kann, wird ihr sehr wahrscheinlich genau diese intensive Zeit der Adoleszenz in den Sinn kommen. Der beschriebene Umstand hängt damit zusammen, dass dieser Lebensabschnitt für die Entwicklung unserer Persönlichkeit, durch die gleichzeitig stattfindende Umgestaltung unseres Gehirns, von entscheidender Bedeutung ist. Sehr deutlich dokumentiert sich hier noch einmal, welch' wichtige Funktion die betriebliche Ausbilderin in diesem Zusammenhang spielt und wie entscheidend eine gute Vorbereitung auf eine solche, verantwortungsvolle Tätigkeit sein kann. Denn es ist nicht einfach, eine positive und prägende Vorbildfunktion wahrzunehmen, schließlich wird hier eine große Verantwortung für die Entwicklung eines Menschen übernommen, welche durchaus Auswirkungen auf die Gestaltung eines zukünftigen Lebenswegs haben kann. Durch die engere und intensivere Beziehung der Auszubildenden zur Ausbilderin kann eine mögliche Persönlichkeitsprägung nachhaltiger erfolgen als z. B. durch eine Lehrperson in der Schule. In dieser Entwicklungsphase des Heranwachsenden ist der Einfluss der Eltern im Normalfall, bereits nicht mehr signifikant.

Gerade in der sich abzeichnenden, postakademischen Phase einer globalistischer werdenden Gesellschaft soll noch einmal betont werden, wie wichtig die Funktion des betrieblichen Ausbilders ist. An dieser Stelle wird sich die Zukunftsfähigkeit unseres Bildungssystems entscheiden, soweit es das Ziel der Förderung kreativer, kritischer und autonomer Persönlichkeiten anbelangt. Der Erfolg dieses Bildungsideals wird sich daran messen müssen, wie effektiv es gelingt, den Transfer von Fähigkeiten, Fertigkeiten und Kompetenzen *vom Menschen zum Menschen* zu gestalten. Hierin manifestiert sich der Glaube an die vorhandene Überlegenheit des Menschen und seine innewohnende, multifunktionale Verknüpfung von Geist und Verstand gegenüber eindimensionalen, datentechnischen Algorithmen. Die Verschränkung von handwerklichen Fähigkeiten, also die Bewegung im Tun, mit abstraktem Wissen und emotionaler Intelligenz, ermöglicht es den Menschen Arbeitsprozesse zu gestalten, die nicht allein darauf beruhen, Produkte und Dienstleistungen so effizient wie möglich zu fertigen oder anzubieten. Die aktive Gestaltung von Arbeitsprozessen, basierend auf dem Zusammenspiel von Geist, Verstand und Tun, geben vielmehr unserer Existenz einen Sinn, indem sie zu Erfolgserlebnissen und positiven Interaktionen mit anderen Menschen führen. Ein Bildungswesen, welches in den vergangenen Jahrzehnten versuchte, die Logik von Industrie 2.0 auf das Lernen anzuwenden, wie dies an den Universitäten der Fall ist, wird den aktuellen großen Herausforderungen jedoch nicht mehr gerecht. Dies steht im Gegensatz zur dualen Ausbildung, mit der Verortung des Fixpunktes des Lernens im Arbeitsprozess, einer Ausbildung *vom Menschen zum Menschen,* die in ihrer multidimensionalen Struktur, die Logiken von Industrie 4.0 oder auch jede noch kommende, weitere technische Innovation ohne Probleme zum Nutzen des Lernenden integrieren kann. Es handelt sich im Grunde nicht um ein Ausbildungskonzept, sondern um ein Abbild des Menschen, den Gesetzen der Natur folgend.

3

Vom Lernen zum Leben

Mit Absicht ging Matthias an dem Aufzug vorbei und steuerte auf die große schwere Tür zu, die zum Treppenhaus führte. Die Tür bestand aus einem massiven Stahlrahmen mit verstärkenden Verstrebungen, die mit grüner Farbe gestrichen waren. Die Felder zwischen den Stahlstreben waren mit dickem Glas gefüllt, durch das man nicht hindurchschauen konnte, es war jedoch zu erahnen, dass dahinter die Beleuchtung eingeschaltet war. Mit ungewohnter Dynamik nahm er jeweils 2 der insgesamt 5 Stufen, die hinauf zu der Tür führten. Als er mit seiner Hand die Metallstange umfasste, die dazu diente, die Tür gegen die Kraft des Selbstschließmechanismus zu öffnen, fühlte er sich an die Zeit erinnert, als er in diesem Industriebetrieb vor über 15 Jahren seine Berufsausbildung als Jugendlicher begonnen hatte. Die Tür schwang auf und er hörte genau dieses Knacken, welches sich tief in seine Erinnerung eingegraben hatte und ihn automatisch daran erinnerte, dass nun der Ausbildungsalltag in der Lehrwerkstatt begann. Matthias machte 2 Schritte in das Treppenhaus hinein und ließ die Tür hinter sich zufallen. Da hörte er die Arbeitsgeräusche der Maschinen, die im Erdgeschoss der Halle standen und Metallstangen verarbeiteten. Es war ein Auf- und Abschwellen eines altbekannten Brummgeräusches, unregelmäßig

© Der/die Autor(en), exklusiv lizenziert durch Springer Fachmedien Wiesbaden GmbH, ein Teil von Springer Nature 2021
W. Heusinger, *Die Zukunft der beruflichen Bildung*,
https://doi.org/10.1007/978-3-658-33872-5_3

unterbrochen durch ein helles Klirren, das entstand, wenn eine abgelängte Metallstange in einen Sammelbehälter fiel. Gerade als er seinen Weg fortsetzte, um den ersten Treppenabschnitt zu erklimmen, auf seinem Weg in das vierte Stockwerk, erreichten olfaktorische Informationen sein Gehirn und lösten ein starkes Déjà-vu Erlebnis aus. Es war ein Geruch, der sich aus verschiedenen Stoffen zusammensetzte, sicherlich spielte das für die Maschinen verwendete Schmiermittel dabei eine große Rolle … Es aktivierte alte, aber immer noch starke Verknüpfungen in seinem Gehirn, die direkt mit seiner Ausbildungszeit verbunden waren. Verschiedene Erinnerungen, oftmals mit intensiven Gefühlen verbunden, drängten sich ihm auf. Gefühle, die einen Menschen im Jugendlichenalter überwältigen konnten, Regungen, die er so intensiv heute nicht mehr wahrnahm.

In jedem der Stockwerke, die unterhalb der Ausbildungswerkstatt angesiedelt waren, registrierte er Veränderungen des Geruches, abhängig von den jeweils verwendeten Produktionsverfahren und dem Einsatz der entsprechenden Maschinen. Dies wunderte ihn zunächst, da durchaus zu vermuten war, dass aufgrund der technischen Entwicklungen der vergangenen 15 Jahre zahlreiche Maschinen ausgetauscht und erneuert wurden. Aber wer wusste schon, ob das von seiner Nase aufgenommene Aroma auch tatsächlich identisch mit seinen Erinnerungen war oder ob sein Verstand diesen Bezug in die Vergangenheit einfach herstellen wollte. Von den Treppenhäusern gelangte man in die einzelnen Produktionshallen, indem man Schwingtürflügel, die aus weichem, aber strapazierfähigem und durchsichtigem Kunststoff bestanden, aufdrückte. Diese Tore konnten auch von elektrischen Gabelstaplern oder anderen Transportsystemen einfach durchfahren werden. Matthias war in der Lage, sich in etwa vorzustellen, wie es hinter diesen Schwingtoren aussah, da er dort vor 15 Jahren, während seines Einsatzes in verschiedenen Versetzungsstellen, bestimmte Arbeiten durchgeführt hatte. Vor allem im ersten Lehrjahr, bewegte er sich immer nur zusammen mit einem erfahrenen Gesellen durch den Betrieb, dann ging es z. B. darum, die Beleuchtung in den Hallen instand zu halten. Später war er als Mechatronikerauszubildender auch für die Reparatur von Maschinen zuständig. Bestimmte Arbeiten konnte er dann zum Ende seiner Ausbildung bereits selbstständig durchführen. Allerdings war es immer beruhigend zu wissen, dass es eine zuständige Fachkraft gab, die ihn jederzeit unterstützte.

Er konnte sich noch genau erinnern, wie ihm die Zusammenhänge vor allem im Bereich der Elektronik und Elektrotechnik zu Beginn der Ausbildungszeit so komplex und schwierig erschienen, ja er zweifelte gar daran, ob er jemals den Anforderungen des Betriebes gewachsen sein würde, ob er überhaupt eine Chance hatte die Abschlussprüfung zu bestehen. Je länger jedoch die Ausbildung dauerte, desto klarer wurden ihm die Zusammenhänge und die anfängliche unübersichtliche Komplexität konnte er mit klaren methodischen Strategien, die er immer mehr verfeinerte, einfach beherrschen. Während er weiter die Stufen zur Ausbildungswerkstatt hinaufstieg kamen ihm einige der innerbetrieblichen Ausbildungsbeauftragten in den Sinn, mit denen er zusammenarbeitete und die ihn anleiteten. Es waren die unterschiedlichsten Menschen, einige nur wenig älter als er, andere kurz vor der Rente, ganz verschiedene Charaktere, an die er sich jeweils gewöhnen musste. Es war ihm nun schon länger klar, wie viel er dadurch hatte lernen können, auch deshalb, weil er als Auszubildender doch in einer geschützten Position war und er nicht gleich harte Konsequenzen fürchten musste, wenn er einmal einen Fehler beging oder wenn er unglückliche Worte wählte und Aussagen traf, die nur unter Kollegen ausgetauscht wurden. Sicherlich hatte er viel Fachliches gelernt, z. B. wie Messgeräte gehandhabt werden, welche Strategie bei einer Fehlersuche anzuwenden war usw. Aber noch wichtiger war es, den menschlichen Umgang mit den Kolleginnen und Kollegen einzuüben. Die Auseinandersetzung mit der Arbeitswelt, die stets von Individuen geprägt ist, konnte er erfahren und bestimmte Verhaltensweisen erlernen und einüben; dies war nur in der tatsächlichen Auseinandersetzung mit der Realität möglich und konnte nicht theoretisch in einem Lehrgang vermittelt werden.

Endlich hatte er den Eingang zur Ausbildungswerkstatt im vierten Stock des Gebäudes erreicht. Dabei war er nun doch etwas außer Atem geraten, das war definitiv anders als noch vor 15 Jahren … War er also doch älter geworden oder hatte er seine Fitness sträflich vernachlässigt? Nur wenige Monate nach seiner Ausbildung hatte er die Chance bekommen, in einem neu eröffneten Werk des Unternehmens in Indien eine Position in der Instandhaltung aufzunehmen. Nach der Anlaufphase und der Qualifizierung der indischen Kollegen hatte er das Angebot bekommen, dort die Serviceabteilung zu leiten. In den ersten Jahren des Auslandseinsatzes belegte er einen Fernlehrgang, der zum staatlich geprüften Techniker führte und ergänzte diese Ausbildung schließlich während eines Heimaturlaubes mit der Ausbildung zum Meister. Damit konnte er die Türen zu einer weiteren Karriere in seinem Betrieb weit öffnen. Heute hatte er einen Termin in der Ausbildungswerkstatt vereinbart, um sich Anregungen zu holen, wie er die Berufsausbildung in dem indischen Werk weiter verbessern kann und ob es denn neue Entwicklungen gab, die er in Zukunft berücksichtigen sollte. Denn, das war ihm natürlich klar, die Entwicklung blieb nicht stehen; neue Technologien wurden eingesetzt, die Digitalisierung spielte eine immer größere Rolle. All diese Faktoren mussten bei der Heranbildung von neuem und der Weiterqualifizierung bestehenden Personals berücksichtigt werden.

Er hatte den vierten Stock erreicht und öffnete die Tür zur Ausbildungswerkstatt, es war als schritt er in ein ganz anderes Gebäude an einem anderen Ort; der Boden war sauber und roch nach Reinigungsmittel. An den Wänden des sich öffnenden breiten Korridors, standen Vitrinen mit Ausstellungsstücken, die von verschiedenen Auszubildenden produziert worden waren. Da erkannte er tatsächlich eines seiner Werkstücke, das ihn unwillkürlich in die Zeit von vor 15 Jahren zurückversetzte. Das Werkstück bestand aus einer einfachen Kamera, einem Kästchen, in dem sich die Elektronik befand und einem Display. Als er in die Kamera schaute, wie er dies auch schon vor 15 Jahren getan hatte, ertönte dezent eine kurze Fanfare und auf dem Display erschien die Meldung: „Hallo lieber Gast, herzlich willkommen in der Lehrwerkstatt". Zusätzlich wurde noch das Datum und die Uhrzeit angezeigt. Matthias wusste, dass die Kamera nur grob ein Gesicht erkennen konnte, wenn aber das Grundmuster erschien, wurde die Anzeige angesteuert und sogleich die Schrift eingeblendet. Alles eigentlich ganz simpel und doch konnte man damit durchaus Menschen, die wenig Verständnis für Technik hatten, beeindrucken.

Für jeden, der in der beruflichen Ausbildung Verantwortung übernimmt, ist es immer wieder erstaunlich zu beobachten, welche Entwicklung die Jugendlichen in den 3 Ausbildungsjahren zurücklegen. Aus *älteren Kindern*, die soeben die Sekundarschule oder die Oberstufe hinter sich gebracht haben, werden durch das besondere Format einer dualen Berufsausbildung junge Erwachsene, die es gelernt haben, Verantwortung zu übernehmen und sich in der Arbeitswelt zurechtzufinden. Dies wird vor allem dadurch erreicht, dass die künstliche Isolation der Menschen in einer Peergroup aufgelöst und die lebenswirkliche Interaktion mit der realen Erwachsenenwelt eingeübt wird. Bei einem Bildungsweg, der vom Gymnasium direkt zur traditionellen Universität führt, kann diese so wichtige Entwicklungsarbeit leider nicht geleistet werden, da sich das biologische Fenster der Persönlichkeitsentwicklung während der Adoleszenz nach der Studienzeit bereits wieder geschlossen hat. Das natürliche *Lernen für das Leben* wird auf diese Weise versäumt und entscheidende Chancen für eine reiche Persönlichkeitsentwicklung, bei der das Potenzial eines Menschen zum Vorschein treten darf, werden verpasst.

Wie aber bereitet die duale Berufsausbildung auf das Leben vor?

3.1 Das Wesen der dualen Ausbildung

Prinzip der vollständigen beruflichen Handlung als Vorbereitung auf das Leben

Heruntergebrochen kann das Wesen der dualen Berufsbildung so beschrieben werden, dass die Durchführung der Ausbildung mindestens an 2 verschiedenen Orten stattfindet. In Deutschland sind das in der Regel der Ausbildungsbetrieb und die Berufsschule, in der Schweiz und auch in einigen Handwerksberufen in Deutschland kommt noch eine überbetriebliche Ausbildungsstätte dazu. In allen Fällen übernehmen die Unternehmen die Steuerungsfunktion; dies hat gleich mehrere Vorteile:

- Die Unternehmen bilden entsprechend dem eigenen Bedarf aus. Dies bedeutet, dass das Ausbildungsplatzangebot mit dem Arbeitsmarkt kompatibel ist, medial orchestrierte Moderscheinungen in Bezug auf den Berufswunsch werden gedämpft. Die ausgebildeten

Fachkräfte haben nach Beendigung der Lehre die allerbesten Chancen, einen relevanten Arbeitsplatz zu finden, auch wenn der eigene Ausbildungsbetrieb keinen festen Arbeitsplatz anzubieten in der Lage ist, was vor allem bei kleineren Unternehmen durchaus der Fall sein kann. Eine bürokratische Erfassung des aktuellen Ausbildungsbedarfs durch staatliche Stellen, z. B. in Form zyklischer Befragungen der Arbeitgeber, liefert in der Regel keine belastbaren Daten, die eine realistische Grundlage für einen Steuerungsmechanismus der schulischen Berufsbildungsaktivitäten darstellen können. Sollte jedoch die Nachfrage einer Berufsausbildung die zur Verfügung stehenden Ausbildungsplätze weit übersteigen, kann der von der dualen Ausbildung genutzte marktwirtschaftliche Mechanismus nicht funktionieren. Dies ist z. B. bei einem starken Bevölkerungswachstum der Fall, denn in einer solchen Entwicklungsphase kann eine wirtschaftliche Expansion erst dann erfolgen, nachdem sich die Anzahl der Konsumenten erhöht hat. In dieser Übergangszeit, während der die in den Arbeitsmarkt drängende Kohorte größer ist als die aus dem Arbeitsmarkt ausscheidende, werden die benötigten innerbetrieblichen Ausbildungsplätze nicht in ausreichender Zahl zur Verfügung stehen. Der Staat ist bei einer solchen Konstellation daher gefordert, steuernd einzugreifen, um der nachwachsenden Generation Zukunftsperspektiven zu ermöglichen.

- Die Unternehmen wählen solche Jugendlichen aus, die in das Unternehmen passen und die auch ein nachhaltiges Interesse an der Ausbildung zeigen. Es ist eine Binsenweisheit, dass ein effektiver Lernerfolg nur durch eine entsprechende Motivation zur Erlernung des Berufs herbeigeführt werden kann. Somit ist es für das Unternehmen oft zweitrangig, welche Schulnoten ein potenzieller Auszubildendenkandidat mitbringt; wichtiger ist es, eine gewisse Freude an der angestrebten Tätigkeit, d. h. am Beruf, empfinden zu können. Generell erwartet das Unternehmen jedoch die Beherrschung der Sprache in Wort und Schrift sowie grundlegende mathematische Fähigkeiten. Hat das öffentliche oder private Unternehmen einen Auszubildenden ausgewählt, geht damit auch eine Verantwortung einher, die für den jungen Menschen übernommen wird und die sich dann auch im Abschluss eines Ausbildungsvertrages dokumentiert.

Mit einem solchen Ausbildungsvertrag kann der Auszubildende dann auch die Teilzeitberufsschule besuchen. Dieser Vorgang der Besetzung eines Ausbildungsplatzes ist nicht mit der Bewältigung eines Praktikums zu vergleichen, bei der das Unternehmen und seine Vertreter wesentlich weniger Verantwortung übernehmen. Daher können Praktika nicht an die positiven Wirkungen einer dualen Berufsausbildung heranreichen. In Situationen, in denen es einen Mangel geeigneter Bewerber für die vorhandenen Ausbildungsplätze gibt, kann jedoch die zur Verfügungstellung von Praktikumsplätzen für die Unternehmen eine gute Strategie im Rahmen des Ausbildungsmarketings sein.

- In den Unternehmen findet die Ausbildung direkt im Arbeitsprozess statt. Hierbei haben die betrieblichen Ausbilder einen entsprechenden Handlungsspielraum, welcher oft auch von der Größe des jeweiligen Unternehmens abhängt. So kann die Berufsausbildung vom ersten Tag an direkt mit reellen Kundenaufträgen gestaltet werden. Oder aber das Unternehmen entscheidet sich, erst eine Grundausbildung in einer betrieblichen Ausbildungsstätte vorzuschalten, bevor der Auszubildende (Azubi) in den betrieblichen Alltag integriert wird. Eine solche Aufgabe kann auch von einer überbetrieblichen Ausbildungsstätte übernommen werden, wie dies z. B. in Deutschland im Bausektor der Fall ist. Der Ausbilder hat in der Gestaltung der Berufsausbildung die Aufgabe, den Azubi systematisch an die Herausforderungen der Arbeitswelt heranzuführen. So sollten die Aufgabenstellungen für den Lernenden zu Beginn der Lehre möglichst einfach gestaltet sein, mit dem Ziel, dass am Ende der Ausbildung die volle Komplexität des Berufes beherrscht wird. Im Gegensatz zur Berufsschule, an der Arbeitsprozesse lediglich simuliert werden können, gestaltet sich das Lernen am reellen Produkt und im tatsächlichen Arbeitsprozess mit maximaler Relevanz und Effektivität. Theoretische Hintergrundinformationen fließen mit den praktischen Fertigkeiten zu einem professionellen, beruflichen Handeln zusammen und entfalten in dieser Ganzheitlichkeit ihren wirtschaftlichen, für das Individuum jedoch auch einen bedeutungsstiftenden Sinn. Idealerweise ergänzen sich die erlernten theoretischen Konzepte, die vor allem in der

Berufsschule vermittelt werden, mit dem authentischen beruflichen Handeln im Arbeitsprozess. So dient z. B. die Beherrschung der rechnerischen Ermittlung elektrischer Größen, z. B. die Berechnung des zu erwartenden elektrischen Stroms, der Elektrofachkraft dazu, eine Leitung mit einem ausreichenden Querschnitt zu wählen, um einen Elektromotor anzuschließen.

- Durch die Integration des Auszubildenden in die regulären Arbeitsprozesse des Unternehmens werden grundsätzlich die aktuellen und wirtschaftlichsten Handlungsmethoden sowie die marktrelevanten Technologien für den Ausbildungsprozess eingesetzt. Damit ein Unternehmen in der herrschenden globalen Wirtschaftswelt konkurrenzfähig bleibt, muss es sich dem permanenten Innovationsdruck stellen. Zurzeit manifestiert sich dieser immanente Handlungsdruck vor allem in Bezug auf Digitalisierung. Hierdurch sind in dynamischen Zyklen große Veränderungen im Bereich der Qualifizierungsanforderung für zukünftige Fachkräfte zu erwarten. Ist die Berufsausbildung wie im dualen System direkt mit den Unternehmen gekoppelt, schmiegt sich die vermittelte reale Handlungskompetenz direkt an die Anforderungen des Arbeitsmarktes an. Eine solche lückenlose Optimierung des Qualifizierungsvorgangs, ist mit einem rein schulischen Berufsbildungssystem aus verschiedenen Gründen nicht möglich. Zum einen ist das Lehrpersonal an den Berufsschulen nicht damit konfrontiert, tatsächliche und wettbewerbsfähige Produkte zu erzeugen oder Dienstleistungen für Kunden zu erbringen. Damit ist die Synchronisierung mit den Markterfordernissen ausgeschaltet. Zum anderen erfordern die rasanten technischen Entwicklungen eine permanente Notwendigkeit, die Ausbildung an neuen Maschinen und Anlagen durchzuführen, was für eine Berufsschule mit erheblichen Kosten verbunden ist. Eine Amortisierung von Anlagen, die lediglich Ausbildungszwecken dienen, ist schwer oder gar nicht zu erreichen, bedeutet aber für das staatliche Bildungsbudget eine große Herausforderung, vor allem dann, wenn solche technischen Einrichtungen in Klassenstärke angeschafft werden müssen. Hinzu kommt, dass selbst wenn eine Regierung viel Geld in die Hand nimmt, um z. B. eine Werkstatt mit CNC-Maschinen auszurüsten, davon auszugehen ist, dass in den Unternehmen des reellen Arbeitsmarkts andere Maschinen stehen und dass die Produkte, die dort hergestellt bzw. die Verfahren, die angewendet werden, sich bereits zu Beginn von der Realität deutlich unterscheiden. Hierdurch entsteht eine Lücke, die mit fortschreitender Ausbildungszeit weiter anwachsen kann.

An dieser Stelle soll ausdrücklich betont werden, dass die Berufsschule eine zwingend notwendige Komponente einer dualen Berufsausbildung darstellt. Wurden hier bislang vor allem die Vorteile durch die federführende Beteiligung der Unternehmen genannt, so kann das System jedoch ohne die Berufsschulen nicht effektiv funktionieren. Während sich das Handeln im beruflichen Kontext ohne Zweifel innerhalb eines reellen Arbeitsprozesses am besten vermitteln lässt, hat die Berufsschule derzeit immer noch klare Vorteile in der Gestaltung von Lernprozessen, mit deren Hilfe die Vermittlung des notwendigen Basiswissens und das Verständnis von theoretischen Zusammenhängen garantiert werden. Anders als das praktische, professionelle Tun, welches nur durch die individuelle und tatsächliche Erfahrung erlernt werden kann, lässt sich die Vermittlung theoretischen Wissens auch in größeren Lernendengruppen durchführen, solange das klassische, analoge Schulkonzept verfolgt wird. Allerdings sollte auch diese Form der Wissensvermittlung immer im Kontext tatsächlicher und beruflich abgesicherter Lernsituationen gestaltet sein. Idealerweise ist anzustreben, dass sich die theoretischen Inhalte, die während der Berufsschulzeiten vermittelt werden, in dem praktischen Handeln innerhalb des beruflichen Umfeldes des Ausbildungsbetriebes wiederfinden. Auf diese Weise wird das Gelernte unmittelbar vertieft und der Lernerfolg effektiv gesichert.

In einem System wie der dualen Berufsausbildung ist eine große Anzahl von Partnern miteinander verbunden. Ausbildungsplätze werden von zahlreichen Unternehmen mit unterschiedlicher Größe und Verfasstheit zur Verfügung gestellt und die Auszubildenden besuchen die, den Unternehmen entsprechend zugeordneten, Berufsschulen. Natürlich sind es nicht die *Institutionen,* die sich der Ausbildungsarbeit widmen, es sind die *Personen,* die ihre Rollen als Ausbildungsverantwortliche ausfüllen. Auf betrieblicher Seite sind es die Ausbilder und in der Berufsschule sind es die Berufsschullehrer. Jedes Individuum besitzt natürlicherweise einen einmaligen Charakter, wodurch – ähnlich wie beim Wettergeschehen – unterschiedliche Determinanten bestimmen, wie sich eine menschliche Interaktion entwickelt. Es bleibt oftmals ein Geheimnis, warum bestimmte Menschen auf uns sympathisch wirken und andere eben nicht. Auch ist niemand davor gefeit, Stimmungen und Emotionen aus dem privaten Umfeld mit an den Arbeitsplatz zu nehmen. Diese Aussagen sollen darlegen, dass Menschen keine Maschinen oder Algorithmen sind und es daher bis jetzt keine absolute Berechenbarkeit bezüglich Beziehungsaufbaus und -pflege gibt. In einer idealen Konstellation ist der Auszubildende in der dualen Ausbildung hervorragend motiviert. Er trifft optimalerweise auf einen betrieblichen Ausbilder, der den Auszubildenden – vor dem Hintergrund der besonderen Entwicklungsphase, in welcher sich der Jugendliche befindet – versteht, ihn fördert und anspornt. Im schulischen Umfeld dagegen ist der Berufsschullehrer vollständig mit den neuesten Entwicklungen auf dem Arbeitsmarkt vertraut, er versteht es, die Auszubildenden effektiv mit dem Hintergrundwissen zu versorgen, das ihnen das Rüstzeug gibt, um die Vorgänge innerhalb des Unternehmens schnell zu verstehen und einzuordnen. Wie bereits angedeutet, kann natürlich nicht immer mit diesen optimalen Bedingungen gerechnet werden, aber auch hier bietet die duale Berufsausbildung durch ihre Struktur einen Vorteil. Sollte das Verhältnis des Auszubildenden zum betrieblichen Ausbilder nicht ideal sein und die Vermittlung der so notwendigen beruflichen Handlungskompetenz im Unternehmen etwa schleppend vorangehen, bleibt zumindest die Hoffnung, dass der Lernende auf einen hochmotivierten Berufschullehrer trifft, der es ermöglicht, das Manko des suboptimal agierenden Ausbildungsbetriebes zu kompensieren. Ist die Konstellation eine andere und trifft der Auszubildende in der Berufsschule auf einen Lehrer, der es nicht versteht, die Jugendlichen für fachliche Inhalte zu interessieren, ist hoffentlich ein betrieblicher Ausbilder zur Stelle, der die entstandenen Lücken füllen kann. Der ungünstigste Fall, dass sowohl der betriebliche Ausbilder als auch der Berufsschullehrer den Lernfortschritt des Lehrlings nicht voranbringt, sollte natürlich möglichst nicht eintreten. Hier sollten Mechanismen der Schulaufsicht und der Ausbildungssteuerung durch die zuständigen Stellen, im Sinne einer hochwertigen und qualitätsorientierten Berufsbildung, greifen.

Es kann zusammenfassend konstatiert werden, dass die duale Ausbildung durch die Verschränkung der verschiedenen Lernorte eine zielführende Methode ist, um die notwendige Qualität der Ausbildung zu gewährleisten.

3.2 Vorbereitung auf das Leben

Geschichte und Natur der dualen Ausbildung, inklusive wichtiger Aspekte der Berufsschule

Viele haben schon den Satz gehört und das wohl oft mit gemischten Gefühlen: Man lerne nicht für die Schule, sondern für das Leben. Wer schon etwas Lebenserfahrung gesammelt hat, kann auch abschätzen, welche Inhalte tatsächlich für das Leben von entscheidender Bedeutung waren. Oftmals waren es nicht die akademischen Details, wie z. B. die Beherrschung und Anwendung bestimmter mathematischer Algorithmen, sondern sicherlich zumeist die Art und Weise, wie man ein Problem erfasste und wie man Lösungsschritte aufzubauen befähigt wurde. Auch die Inhalte von Klausuren, die man in der Schule schrieb, wiederholten sich in der Regel nicht mehr in der Welt der Arbeit; es bestand jedoch ein Sinn darin, Wissen aufbereiten zu können, um es für Lösungsstrategien nutzen zu können. Während Wissen in den vergangenen Jahrhunderten oftmals in Büchern verborgen war, die nur wenigen zur Verfügung standen, kann fast alles, was die Menschheit bis heute an Ideen hervorgebracht hat, im Internet in verschiedenster Form abgerufen werden. Es stellt für den Einzelnen keinen faktischen Mehrwert dar, wenn man in der Lage ist, bestimmte Lehrsätze großer Geister rezitieren zu können, denn in Sekundenschnelle können die entsprechenden Inhalte auch online abgerufen werden. Damit gewinnen erweiterte Fähigkeiten an Bedeutung. Dies ist z. B. die Fähigkeit, die wichtigen und validen Informationen identifizieren zu können und die darin enthaltenen Aussagen anschließend zu verstehen und zu interpretieren. Darauf aufbauend können schließlich neue Lösungsansätze entwickelt und das eigene Wissen erweitert werden. Das Abschreiben aus Büchern und das Zitieren von Aussagen entsprechen dabei dem Wissenschaftsverständnis der Vergangenheit und sind dem konservativen Wunsch nach Erhaltung des Status quo geschuldet. Durch den ungehinderten und in Echtzeit stattfindenden Austausch von Informationen kann Wissen schnell verknüpft und erweitert, aber auch Arbeitsprozesse können global standardisiert und optimiert werden. Die allgegenwärtigen Filter, die in der Vergangenheit das Wissen zu einer Ressource für eine gesellschaftliche Elite gemacht haben, sind größtenteils verschwunden, allerdings ist die Aufgabe, die Menschen zur Nutzung der vorhandenen Möglichkeiten anzuhalten, nicht weniger dringlich geworden. Das Prinzip der dualen Ausbildung bietet die Chance, die junge Generation optimal auf die Herausforderungen der nächsten Jahrzehnte vorzubereiten, indem die Fähigkeiten, Fertigkeiten und Kompetenzen gefördert werden, die notwendig sind, um sowohl im Arbeitsleben als auch in der Gesellschaft eine aktive und gestalterische Rolle einnehmen zu können.

Das Prinzip der dualen Berufsausbildung basiert auf der Förderung der beruflichen Handlungskompetenz; dabei geht es also bei Weitem nicht nur um das Erlernen bestimmter praktischer Handgriffe, wie z. B. die Handhabung einer Säge oder die Fertigkeit, einen Nagel in einen Balken schlagen zu können. Vielmehr steht die Beherrschung komplexer Arbeitsprozesse im Vordergrund. Der Taylorismus aus der Zeit von Industrie 2.0 und der Massenproduktion auf Basis menschlicher Arbeitskraft, wird schon lange durch Produktivitätsfaktoren ersetzt, die auf Kreativität und Innovation fußen. Die Wirtschaft, die sich mithilfe der fortgesetzten Digitalisierung rasant weiterentwickelt und teilweise schon den Stand von Industrie 4.0 erreicht hat, erfordert nun wieder umfassend qualifizierte Fachkräfte, die in der Lage sind, Arbeitsprozesse vollständig zu erfassen und sich aktiv an deren Optimierung zu beteiligen. Eine handlungsorientierte, ganzheitliche Ausbildung kann als Grundvoraussetzung angesehen werden, um die zukünftigen Fachkräfte auf die Herausforderungen der Zukunft vorzubereiten. Menschen, die lernen, Verantwortung zu übernehmen und Prozesse kritisch zu hinterfragen, üben auch eine Wirkung auf die Gesellschaft aus, in der sie leben. Entscheidend ist das Verständnis, sich in einem System zu bewegen, welches auf universellen Naturgesetzen basiert, die von keiner Technik ausgehebelt werden können. Da eine Qualifizierung heute nicht mehr darin bestehen kann, theoretische Fakten und Lehrmeinungen zu rezitieren oder einen bestimmten Handgriff mit roboterhafter Präzision immer wieder ausführen zu können, stellt sich die Frage, wie eine zielführende Ausbildung gestaltet sein muss. Stellt man sich die Handlungsfelder eines traditionellen Schusters vor, ist sofort zu erkennen, welche komplexen Arbeitsprozesse von einer solchen Fachkraft gefordert werden, im Gegensatz zu einer Mitarbeiterin in einer Schuhfabrik auf dem Niveau vergangener industrieller Revolutionen, die heute oft Industrie 2.0 oder Industrie 3.0 genannt werden. Der traditionelle Schuster führt eine Kommunikation mit seinem Kunden; er sollte beraten und die Wünsche des Kunden erkennen können. Schließlich sollte er jederzeit abschätzen können, ob er ein bestimmtes Produkt auch tatsächlich herstellen kann, d. h. ob er die entsprechenden Materialien oder Maschinen zur Verfügung hat. Natürlich erwartet der potenzielle Schuhkäufer auch eine Aussage, wie viel die fertige Fußbekleidung am Ende kosten soll und wann er mit dem fertigen Produkt rechnen kann. Da davon auszugehen ist, dass der Schuster nicht nur *einen* Kunden hat, muss dieser schließlich planen, wann er welche Arbeitsprozesse am effektivsten ausführt und dabei auch noch die Logistik berücksichtigt, also ob er die notwendigen Rohmaterialien auf Lager hat, wann er welche Hilfsstoffe bestellen muss, damit sein Produktionsprozess störungsfrei gestaltet werden kann. Nicht zuletzt muss er natürlich die Schuhe in der gewünschten Qualität herstellen können; er muss also die Produktionsprozesse beherrschen, damit der Kunde mit dem hergestellten Produkt einen Mehrwert, im Vergleich zu den Erzeugnissen der Wettbewerber auf dem Schuhmarkt, erkennt. Nur wenn es gelingt, die berühmte Win-win-Konstellation herzustellen, wird der Kunde auch ein nächstes Mal den Schuster beauftragen, erneut Schuhe herzustellen. Optimal wäre eine Situation, in welcher der glückliche Kunde unseren Schuster an Freunde und Bekannte weiterempfiehlt. Zieht der neue Schuhbesitzer schließlich glücklich von dannen, sollte der Schuster in der Lage sein, auszurechnen, wie viel Gewinn er mit der Produktion der Schuhe hatte erzielen können, damit er die Preiskalkulation verifizieren oder entsprechend modifizieren kann.

Hier kann natürlich moniert werden, dass diese Beschreibung lediglich auf alte Handwerksberufe abzielt, die eine nostalgische Tradition verherrlichen, für die heutige Wirtschaftswelt jedoch obsolet geworden sind. Nachfolgend soll daher kurz dargestellt werden, wie ein Handlungsprozess eines Mechatronikers in einem modernen Fertigungsunternehmen gestaltet sein könnte.

Frederik Klein ist Mechatroniker in einem führenden Unternehmen, das elektrische Zahnbürsten herstellt. Große Teile der Produktion sind noch immer in Deutschland beheimatet, auch deshalb, weil es mithilfe der Automatisierung gelingt, die Produktivität mit anderen, weltweiten Standorten vergleichbar zu halten. Allerdings steht der Produktionsstandort unter einem permanenten Wettbewerbsdruck, sowohl innerbetrieblich als auch in der Konkurrenz zu anderen Herstellern. Mechatroniker können in einer solchen Konstellation unterschiedlich eingesetzt werden, z. B. für die Gewährleistung des Betriebs der hochgradig automatisierten Produktionszellen. Das Bedienungspersonal kontrolliert hierbei hauptsächlich die Logistik, dass also Halberzeugnisse oder Rohmaterialien, die verbaut werden, immer vorhanden sind. Eventuell auftretende Störungen müssen schnell behoben werden und der Mechatroniker muss erkennen, wenn sich ein größerer Ausfall anbahnt, wodurch Wartungsarbeiten außerhalb der festgelegten Routine fällig werden können. Treten Störungen häufiger auf, wird erwartet, dass der Mechatroniker Ideen liefert, wie solche Störungen in Zukunft zu vermeiden sind. Wird eine Produktionsinsel für die Herstellung verschiedener Produkte verwendet, müssen in der Regel entsprechende Parameter verändert, Testläufe durchgeführt und Qualitätskontrollen initiiert werden. Dazu werden auch Daten abgefragt, die z. B. die geschätzte Dauer einer Produktionsumstellung betreffen. Die Produktionsanlage selbst besteht aus einer Vielzahl elektrischer, pneumatischer und hydraulischer Aktoren (Elektromotoren, Zylinder), die Material transportieren und montieren. Hinzu kommen verschiedenste Sensoren, die den Materialfluss und den Fertigungsprozess beobachten und entsprechende Signale an die speicherprogrammierbare Steuerung liefern. Diese Zusammenhänge muss der Mechatroniker verstehen, um sich der Konsequenzen bewusst zu sein, die z. B. eine Neujustierung eines Sensors erforderlich machen. Neben dem Betrieb von Anlagen kann ein Mechatroniker auch Fertigungsprozesse optimieren, um z. B. die Zyklusgeschwindigkeit eines Produktionsvorganges zu erhöhen.

Frederik Klein nimmt an einer Arbeitsbesprechung mit Produktionsplanung teil, bei welcher erörtert wird, wie ein bestimmter Fertigungsschritt einer automatisierten Anlage verbessert werden kann. Besonders bei Umstellungen auf ein anderes Produkt, kommt es an einer bestimmten Stelle immer wieder zu Störungen, die bereits zu längeren Ausfällen der Anlage geführt haben. Um dieses Problem zu beheben, übernimmt Frederik Klein die Aufgabe, zusammen mit seiner Auszubildenden, eine entsprechende Strategie zu entwickeln. In einem ersten Schritt befragt das kleine Team die Kollegen aus der Produktion, wie sich die Fehlfunktion im Fertigungsablauf tatsächlich darstellt und ob es eventuell bereits Ideen zur Lösung des Problems gibt. Eine andere Informationsquelle sind die technischen Unterlagen der Produktionsanlage, das Programm der SPS (speicherprogrammierbare Steuerung) und Herstellerunterlagen verschiedener Maschinenkomponenten, die in der Fertigungsanlage verbaut sind. Die Mechatronikerauszubildende Klara Huber wird von Frederik Klein von Anfang an aktiv in das Projekt mit eingebunden und befragt selbst Kollegen aus der Produktion, von denen einige erst seit Kurzem ihre Lehre beendet haben. In einem Dialog fasst das Zweierteam die gewonnenen Informationen zusammen und bewertet diese. Damit ist der erste Schritt des Projektes, der die Informationsbeschaffung betrifft, abgeschlossen.

Daran schließt sich die Planungsphase an: Wie muss vorgegangen werden, um das Problem zu lösen und welche Ressourcen werden benötigt? Von einer Fachkraft wird heute erwartet, dass Lösungsstrategien für Probleme entwickelt werden, welche die individuellen Bedingungen innerhalb eines Produktionsökosystems berücksichtigen. Wurde z. B. festgestellt, dass ein bestimmter Sensor bei einer Neueinrichtung der Produktionsanlage grundsätzlich neue Parameter benötigt oder entsprechend nachjustiert werden muss, böten sich verschiedene Strategien an. Vielleicht gibt es einen besseren Sensor, der trotz sich stets ändernder Bedingungen, verarbeitbare Signale liefert, oder das

SPS-Programm kann angepasst werden oder aber die Prozessschritte der Anlage können neu strukturiert werden, um nur einige Varianten zu nennen. Jede Lösungsstrategie verlangt die Berücksichtigung entsprechender Rahmenbedingungen, was das benötigte Material und die Zeit des Eingriffes anbelangt. Aus diesen Faktoren ergibt sich zugleich eine Kalkulation entsprechend der Kosten, da es sich nicht um eine zwingende Reparaturmaßnahme handelt, die während des regulären Betriebes durchgeführt werden muss, um etwa die Produktion gewährleisten zu können. Im beschriebenen Fall wird die Problemlösung während einer regulären Pausenzeit der Anlage stattfinden, weil dann eventuell routinemäßige Wartungsarbeiten durchgeführt werden. Die Problemlösung kann wahlweise auch während des Wochenendes oder in der Nacht realisiert werden, wenn die Anlage sowieso nicht in Betrieb ist. Zur Planungsphase gehört auch die Entwicklung eines Arbeitsplans, in welchem die einzelnen Schritte der Projektrealisierung dokumentiert werden. Während des Planungsschrittes kann es sich ergeben, dass verschiedene Optionen identifiziert werden, die eine Lösung des Problems versprechen. Daher schließt sich nun die Entscheidungsphase an, eine Vorgehensweise also, die auf alle Prozesse des Lebens übertragen werden kann.

Die verschiedenen, identifizierten Lösungsvarianten beinhalten im Vergleich zueinander in der Regel nicht nur Vorteile, sondern auch Nachteile. Ein wichtiger Faktor in der Entscheidungsfindung ist natürlich der monetäre Aspekt, wobei es auch darum geht, wie nachhaltig die angestrebte Lösung ist. Eine bestimmte Lösung kann z. B. günstig sein, gleichzeitig aber die Gefahr bergen, dass das gleiche Problem oder ein anderes damit zusammenhängendes nach einer gewissen Laufzeit auftreten kann, wodurch wiederum Folgekosten entstehen können. Faktoren, wie z. B. die geplante Lebenszeit einer Anlage oder Herstellungszyklen der gefertigten Produkte, sind hier ebenfalls zu berücksichtigen. Frederik Klein lässt sich von Klara Huber die verschiedenen Varianten erklären und hilft durch gezieltes Nachfragen, die genauen Vor- und Nachteile der verschiedenen Varianten herauszuarbeiten und zu dokumentieren. Da das kleine Team nun schon einige gemeinsame Erfahrungen gesammelt hat, übergibt die erfahrende Fachkraft seiner Auszubildenden die Aufgabe, die Ergebnisse der Überlegungen in der nächsten Abteilungssitzung vorzustellen. Zwar ist es für Klara Huber nicht das erste Mal, dass sie einen Sachverhalt vor einer größeren Gruppe präsentieren soll, doch dieses Mal geht es um einen komplexen Vorgang und auch ein Abteilungsleiter kommt dazu. Da ist es durchaus hilfreich, dass sie mit Frederik Klein einen kompetenten und engagierten Ausbilder an ihrer Seite weiß, der sie jederzeit unterstützen würde, falls es während der Präsentation zu Unsicherheiten kommen sollte. Sie bereitet daher eine kurze Präsentation vor, die sich im Wesentlichen auf Bilder stützt, die den Fertigungsprozess illustrieren und den geplanten Eingriff in seinen verschiedenen Varianten dokumentieren. Natürlich hatte sie vorher mit ihrem Ausbilder eine Präferenz herausgearbeitet, beabsichtigt die Diskussion allerdings offenzulassen. Als sie dann am Ende ihrer kurzen fachlichen Präsentation direkt vom Abteilungsleiter gefragt wird, welche Lösung sie denn empfehlen würde, kann sie schnell einige Argumente darlegen. Schließlich gibt es noch 3 Nachfragen und dann wird die Änderung beschlossen und sogleich ein Termin festgelegt, wann der Umbau erfolgen soll. Dieser Termin hängt nun wieder von der Lieferzeit ab, den die Beschaffung eines neuen Sensors mit sich bringt. Eine Information, die Klara Huber sofort parat hat. Natürlich ist Frederik Klein mächtig stolz darauf, mit welcher Bravour seine Auszubildende diese fachliche Diskussion meistert. Er selbst bleibt während des Meetings im Hintergrund.

Im vierten Schritt des Projektes bereitet das Team nun den Umbauvorgang genau vor. Sie haben ein Zeitfenster von einer Stunde bekommen, um einen neuen Sensor einzubauen, diesen zu verdrahten und in das SPS-Programm einzupflegen. Mit großer Begeisterung übernimmt Klara Huber die Verantwortung für dieses Projekt. Ihr Ausbilder unterstützt sie, wenn er um Rat gefragt wird, überlässt jedoch seiner Auszubildenden, die Arbeitsschritte entsprechend der Planung selbstständig auszuführen. Der neue Sensor wurde vorher getestet und die benötigten Werkzeuge sowie andere Materialien liegen bereit. Die Verdrahtung zum BUS-Modul geht schnell vonstatten und das getestete, angepasste SPS-Programm ist schnell eingespielt. Als dann jedoch von der SPS kein Signal vom neuen Sensor empfangen wird, kommt in Klara doch etwas Panik auf und die Temperatur in ihren Wangen steigt an. Sie hat das Gefühl, rot zu werden, was dazu führt, dass sich tatsächlich die Farbe ihrer Haut ändert. Hilfesuchend blickt sie zu ihrem Ausbilder, der gerade mit einer anderen Aufgabe beschäftigt ist. Frederik Klein registriert die angespannte Situation und fragt Klara, ob denn der Signalweg in Ordnung ist. Im Grunde eher eine rhetorische Frage, aber sofort wird der Auszubildenden klar, dass sie das BUS-Modul noch nicht parametriert hatte. Schnell ist dieser Arbeitsschritt nachgeholt, der sogar im Arbeitsplan vermerkt war und den sie aus irgendeinem Grund übersprungen hatte. Das sollte ihr nun nicht mehr passieren, nimmt sie sich vor.

Anschließend nimmt Klara Huber, zusammen mit dem Bediener, die Anlage wieder in Betrieb; erst Schritt für Schritt und dann auch im Automatikbetrieb. Gerne gibt sie einige Informationen zum neuen Sensor sowie Änderungen in der Steuerung weiter und versichert sich, dass der Kunde mit dem Umbau zufrieden ist. Nachdem sie gemeinsam üben, wie man Parameterwerte verändern kann, ist die Anlage wieder zur Produktion übergeben und Klara Huber kann die notwendigen letzten Schritte der Dokumentation ihrer Veränderung in den Anlagenunterlagen vornehmen.

Im letzten Schritt, der zu einer vollständigen beruflichen Handlung gehört, ermuntert Frederik Klein seine Auszubildende zu reflektieren, wie das Projekt in seiner Gesamtheit zu bewerten ist. Klara Huber stellt dabei fest, dass sie die genaue Funktionsweise des neuen Sensors noch nicht vollständig verstanden habe, da hier eine optische Erkennung des Materials realisiert wurde. Zudem wollte sie sich noch einmal näher damit befassen, wie das optische Abbild, welches der Sensor erfasst, in der SPS genau weiterverarbeitet wird. Sie hatte zwar einen Programmbaustein eingebunden, der vom Sensorhersteller mitgeliefert wurde, daher war die Funktion bereits gegeben, aber nun war ihre Neugierde geweckt, wie ein solcher technischer Vorgang im Detail realisiert wurde. Selbstverständlich nahm sie sich vor, das nächste Mal genau den Arbeitsplan einzuhalten, damit ihr in der Hektik der Durchführung einer Aufgabe der Lapsus des Überspringens eines Handlungsschrittes nicht mehr unterlaufen würde. Sie freute sich bereits auf das nächste Projekt mit der Gewissheit, dass sie durch die erworbene Methodenkompetenz in der Lage ist, die Probleme am Arbeitsplatz lösen zu können, sollte sie dann doch auf Konstellationen treffen, die außerhalb ihres Erfahrungsbereiches lagen, konnte sie immer auf die Unterstützung ihres Ausbilders rechnen, der sie förderte und unterstützte. Besonders durch den Schritt der Selbstreflexion am Ende des jeweiligen Projektes wurde ihr deutlich, dass es immer Prozesse gab, die verbessert werden konnten, dann jedoch die technische Entwicklung zu schnell war, als dass man sich sicher fühlen konnte, alle Zusammenhänge bis ins letzte Detail beherrschen zu können. Sie spürte die Demut, die in der Erkenntnis der Komplexität der Wirklichkeit mit eingewoben war; eine wichtige Wechselwirkung, die sich im System der dualen Ausbildung bedingt und die im traditionellen akademischen Bildungsmechanismus oftmals zu kurz kommt.

Entscheidend für den Erwerb der Handlungskompetenz ist nicht nur das Wissen um die verschiedenen Schritte in der Durchführung einer professionellen beruflichen Handlung, sondern auch die tatsächliche Ausführung. Hier sind noch einmal die Schritte zum Erwerb der Handlungskompetenz zusammengefasst, unter der Voraussetzung, dass die Auszubildenden in einem begleiteten Lernprozess selbstständig und eigenverantwortlich agieren:

1. Informationsbeschaffung und Aufbereitung
2. Planung der Problemlösung
3. Entscheidungsfindung, den relevanten Parametern entsprechend
4. Durchführung des Arbeitsprozesses
5. Kontrolle des Arbeitsergebnisses, dem Kundenwunsch entsprechend
6. Selbstreflexion der Arbeitsprozessrealisierung

Das Lernen an einer vollständigen beruflichen Handlung zeichnet sich durch optimierte Effizienz aus, da authentische Handlungsstränge eingeübt und erfahren werden können. Dies alles geschieht in einer geschützten Umgebung, da der Ausbilder als Berater und Coach der Auszubildenden zur Verfügung steht. Ein großer Vorteil des dualen Ausbildungssystems ist der Lernort Berufsschule, der in angemessenen Dosen (oder Teilen) theoretische Hintergründe und Zusammenhänge in den Lernprozess einspeist, die während der konkreten Arbeitsaufträge am Arbeitsplatz angewandt und vertieft werden können. Im Fokus der

Qualifizierung einer neuen Fachkraft muss jedoch immer stehen, dass der Lernende dazu befähigt werden muss, kontextbezogenes Wissen und Fertigkeiten selbstständig für sich erschließen zu können. Ziel der Durchführung der Ausbildungssituation, entsprechend vollständiger und realer beruflicher Handlungen, ist daher nicht die reine Wissensvermittlung als solche. Es geht also nicht in erster Linie darum, ein bestimmtes optisches Verfahren der Objekterkennung und Verarbeitung verstehen zu können. Vielmehr steht die Kompetenz im Vordergrund, eine individuelle Strategie zu entwickeln, wie die zukünftige Fachkraft ein Problem erfasst und die ausschlaggebenden Determinanten analysiert, um eine Lösung im Sinne des unternehmerischen Geistes zu entwickeln und zu implementieren. Wissenslücken sind dabei nicht als Mangel zu begreifen, vielmehr werden sie zu einem Teil des Prozesses, der die Methoden zum Schließen dieser Lücken bereithält. Dabei wird die Fähigkeit immer entscheidender, die den richtigen und effizienten Umgang mit Informationen berücksichtigt. Relevante Informationsquellen müssen nach Validität und Relevanz ausgewählt werden, um eine Komponente der Lösungsstrategie zu werden. In einem nächsten Schritt kann die Wissensbasis durch die Rückkopplung der Individuen, die dieses Wissen nutzen, permanent erhöht werden; dies bedingt jedoch ein effizientes Wissensmanagement, ähnlich wie in Wikipedia. Zusammengefasst kann festgehalten werden, dass es nicht um die Vermittlung reinen Wissens geht, welches man in Klausuren oder Hausarbeiten abfragen könnte, vielmehr geht es darum, den Menschen in seiner Fähigkeit des kritischen Denkens, seiner Kreativität, Teamfähigkeit oder allgemein in seiner Professionalität zu fördern. Noch einmal soll hier erwähnt werden, dass auch der Umgang mit dem Kunden in der heutigen Arbeitswelt immer wichtiger wird. Dies ist ein entscheidender Aspekt, der durch die duale Ausbildung ganz wesentlich und intensiv gefördert wird.

Die Übernahme von Verantwortung und das Sammeln von Erfolgserlebnissen führt beim Lernenden nicht nur zu einer erhöhten Motivation, sondern auch zu einer Stärkung der Persönlichkeit, da Mechanismen im Sinne von Problemlösungsstrategien eingeübt werden. Das antrainierte Bildungskonsumverhalten in den allgemeinbildenden Schulen wird durch diese Strategie überwunden und an die Realität des menschlichen Zusammenlebens herangeführt. Dies kann deutlich in der Entwicklungsarbeit der verschiedenen Gruppen, entsprechend den Säulen des Bildungssystems nachvollzogen werden. Während in den Gymnasien und den Universitäten das kindliche Verhalten konserviert wird, nutzen die Jugendlichen in der Berufsbildung die biochemischen Vorgänge im menschlichen Gehirn, um einen einfachen und effektiven Schritt in die Erwachsenenwelt zu gehen, indem sie aus der künstlichen Isolation der Peergroup in einen begleiteten Transformationsprozess ausbrechen können. Aus eigener Erfahrung als Berufsausbilder in einem Industriebetrieb kann ich heute rückblickend sagen, dass ich in der glücklichen Lage war, die erstaunliche Entwicklung der jungen Menschen während der Ausbildungszeit miterleben zu dürfen. Zu Beginn empfing man Kinder, denen die ersten Schritte in die Welt der Arbeit ermöglicht wurden und nach 3 Jahren konnten Erwachsene entlassen werden, die wussten was sie leisten konnten, Ziele zu benennen in der Lage waren, Selbstvertrauen in die eigenen Fähigkeiten entwickelt hatten und im Umgang mit den verschiedensten Menschen geübt waren. Was löst nun einen solchen Entwicklungsschub innerhalb einer Berufsausbildung aus?

Entscheidend sind in diesem Zusammenhang die Schlüsselqualifikationen, die man heutzutage auch oft mit den beliebten Anglizismen wie Soft Skills, Core Skills oder Life Skills bezeichnet. Es können viele Regalwände mit den verschiedensten Büchern gefüllt werden, wie man am besten diese wichtigen Kompetenzen erlangen kann, die sich im Wesentlichen aus der Personalkompetenz und der Sozialkompetenz zusammensetzen. Bereits in den allgemeinbildenden Schulen versucht man heute die ersten Schritte zum Aufbau dieser wichtigen Kompetenzen zu gehen; was nicht immer einfach ist, da hier alle pädagogischen Methoden in der künstlichen Umgebung einer traditionellen Schule und in der isolierten Interaktion mit Gleichaltrigen enorm an Wirkungstiefe verlieren. Ein effektiver Aufbau der für den Arbeitsmarkt so entscheidenden Schlüsselqualifikationen wird in erster Linie durch das tatsächliche Tun geleistet, durch die Übernahme realer Verantwortung und durch die Interaktion mit Kollegen, Vorgesetzten und Kunden. Der besondere Status des Auszubildenden ermöglicht es dem Jugendlichen, sich bereits in der Welt auszuprobieren, wobei er jedoch noch Schutz, Unterstützung sowie Begleitung durch den Ausbilder erfährt.

Damit übernimmt die duale Berufsausbildung auch die Funktion, den jungen Menschen bestmöglich auf das Leben mit all seinen Herausforderungen, Chancen und Risiken, vorzubereiten. Die Bedeutung der Kommunikation und der Ausgleich von Interessen werden während der Ausbildungszeit eingeübt und durch den Ausbilder positiv begleitet, damit ein Optimierungsprozess gestaltet werden kann. Der Auszubildende lernt an der eigenen Erfahrung, dass es möglich ist, in einem Prozess fachliche Kompetenzen zu entwickeln und diese mit den Personal- und Sozialkompetenzen zu einer Methodenkompetenz zu verbinden, was letztendlich zur beruflichen Handlungskompetenz führt. Immer wieder wird der Auszubildende lernen, dass es wichtig ist, die Zuverlässigkeit von Informationen zu hinterfragen. Neben diesem kritischen Denken werden eine positive Fehlerkultur und ein entsprechend konstruktiver Umgang mit Problemen gefördert. Durch das Einüben des kritischen Hinterfragens bestehender Prozesse, wird ein Beitrag dazu geleistet, die junge Generation zum selbstständigen Denken anzuhalten, wodurch einer verstärkten Ideologisierung, die vor allem durch die fortgesetzte Akademisierung verursacht wird, entgegengewirkt wird.

Die Entwicklung und der Aufbau der eigenen Kompetenz werden im Rahmen eines natürlichen Wachstumsprozesses durchlaufen. Das Erleben der anfänglichen Unzulänglichkeit, die bei erfolgreichem Ausbildungsfortschritt sukzessive überwunden wird, trägt entscheidend zur Persönlichkeitsentwicklung bei. Dadurch wird der Grundstein gelegt, Verständnis für andere Menschen zu entwickeln, die sich in einer ähnlichen Situation befinden. In dieser *Vorbereitung auf das Leben* gründet die Berufsbildung das Fundament für eine solidarische Gesellschaft, indem in der wichtigen Entwicklungsphase der Adoleszenz die Interaktion mit den Menschen und die konstruktive Auseinandersetzung mit verschiedensten Meinungen und Einstellungen eingeübt wird, da nur in dieser Zeit unser Gehirn eine enorme Plastizität besitzt, die es ermöglicht, eine Balance zwischen Geist und Verstand nachhaltig zu etablieren. Eine zu lange Isolation der Heranwachsenden innerhalb der Peergroup vergrößert die Gefahr der Entwicklung verengter Sichtweisen und der Intoleranz gegenüber Andersdenkenden, inklusive der daraus resultierenden negativen Effekte für die Lebensgestaltung. Die duale Berufsausbildung gestaltet hingegen auf geradezu natürliche Art und Weise den Übergang des jungen Menschen von der Geborgenheit und Sicherheit einer Familie hin zu einem selbstständigen und eigenbestimmten Leben. Der notwendige Loslösungsprozess der jungen Menschen von der Familie wird unterstützt und gleichzeitig für alle Beteiligten in Wert gesetzt. Der Lernende wird mit den Kompetenzen ausgestattet, die für ein erfülltes Sein eine gute Basis bilden. Auch werden die Grundlagen für die aktive Gestaltung des lebenslangen Lernens gelegt.

3.3 Das lebenslange Lernen

Konzept und Bedeutung des lebenslangen Lernens
Viele Menschen haben heute den Eindruck, dass sich unsere Welt mit einer so rasanten Geschwindigkeit verändert wie noch nie zuvor. Ob dies wirklich Realität ist oder ein subjektiver Eindruck, wird wohl erst die Geschichtsschreibung tatsächlich beurteilen können. Ein unbestreitbares Faktum ist, technische Veränderungen halten Einzug in unser Leben, sowohl im beruflichen als auch im privaten Bereich. Das Schlagwort Industrie 4.0 wurde in diesem Zusammenhang bereits erwähnt, darunter ist zu verstehen, dass alle produktionsrelevanten Faktoren miteinander vernetzt sind und mit dem Ziel einer effektiven und optimierten Arbeitsprozesssteuerung untereinander Informationen austauschen. Sensoren, Aktoren, Hilfsstoffe, Produkte, Werkzeuge sollen in einem permanenten Austausch stehen und es ermöglichen, alle Ressourcen so effizient wie möglich zu kombinieren, um das beste Produkt, zum günstigsten Preis, so umweltschonend wie möglich zu erzeugen. Noch wähnen wir uns in Deutschland mit seinen bisher gut aufgestellten Unternehmen im Bereich der Automatisierung und des Maschinenbaus als starker Akteur in der Gestaltung von Industrie 4.0, ein Begriff, der suggeriert, dass wir uns in der Phase einer vierten industriellen Revolution befinden. Einen echten Mehrwert dieses technischen Wandels, der sich durch eine optimierte Vernetzung aller

Dinge auszeichnet und zusätzlich noch durch die versprochenen neuen Möglichkeiten aufgrund des aufkommenden Mobilfunkstandards 5G befeuert wird, kann sicherlich disruptive Wirkungen entfalten, sobald Fortschritte im Bereich der künstlichen Intelligenz (KI) ihren Widerhall in der Steuerung von Arbeitsprozessen finden. Noch sind es in diesem gegenwartsgestaltenden Bereich vor allem Unternehmen aus den USA und China, die bereits einen beträchtlichen technologischen Fortschritt realisiert haben. Sollte es wirklich gelingen, selbstlernende Algorithmen zu entwickeln, wäre z. B. jede Fertigungsanlage fähig, die eigenen Prozesse kontinuierlich zu optimieren. Mehr und mehr und auch komplexere Prozessschritte könnten automatisiert werden, wodurch das bisher benötigte Personal zur Erledigung von Routinetätigkeiten freigesetzt werden würde. Auch solche Arbeitsplätze, die eine Auswertung und Interpretation von Daten zum Inhalt haben, wie z. B. der heutige Managementbereich, könnten wohl in Zukunft zum großen Teil von einer KI ersetzt werden. Die genauen Auswirkungen der Digitalisierung auf das Leben der Menschen sind heute freilich nicht seriös voraussehbar, was aber wohl mit absoluter Sicherheit festgestellt werden kann ist, dass die Menschen diesen Wandel nicht nur auslösen, sondern sich den Herausforderungen einer klassischen Wechselwirkung stellen müssen. Dies ist ein Vorgang, den wir nicht erst für eine ferne Zukunft erwarten. Er ist real und in Echtzeit erlebbar. Wir müssen mit diesem Wandel bereits heute umgehen. Jetzt wird sich entscheiden, ob es die Menschen selbst sind, die eine neu entstehende Weltordnung nach ihrem freien und individuellen Willen gestalten, oder ob die Menschen entsprechend der Logik alternativloser Algorithmen *gestaltet* werden.

Technische Entwicklungen führen dazu, dass sich Berufe, die ein bestimmtes Tätigkeitsprofil abbilden, verändern oder sogar ganz verschwinden. Beispielsweise wird ein technischer Zeichner, dessen verantwortungsvolle Tätigkeit über Jahrzehnte darin bestand, unterschiedlich dicke Tuschestriche auf verschiedenste Papierformate zu zeichnen, heute nicht mehr benötigt wird, da die Zeichenarbeit inzwischen wesentlich effizienter von Druckern oder Plottern übernommen wird. Die Handwerkskunst des sauberen und fehlerfreien Zeichnens wurde somit obsolet. Da jedoch noch immer Zeichnungen benötigt werden, die heute mit CAD-Systemen erstellt werden, wurde ein Ausbildungsberuf entwickelt, der mit planerischen Kompetenzen angereichert ist. Auf diese Weise gestaltet sich dieses neu gefasste Tätigkeitsprofil heute nicht nur abwechslungsreicher und interessanter, sondern vielleicht auch geistig anspruchsvoller. Gerade bei diesem Beispiel könnte man versucht sein, weiterzudenken und zu vermuten, dass die Art des Zeichnens mit einer Computermaus und die Definition von Zeichnungsebenen und Maßstäben in absehbarer Zeit von einer KI übernommen werden kann und somit wieder ein neues Tätigkeitsprofil entsteht, dessen Mehrwert dann eventuell in der Entwicklung kreativer Lösungsansätze von Konstruktionen liegt, die genau auf Kundenwünsche zugeschnitten sind. Die Anzahl der Arbeitsplätze, die sich allein auf einfache Tätigkeiten beschränken, scheint sich immer weiter zu reduzieren. Das kondensierte und kurzzeitige Erlernen einfacher Handgriffe oder Teilqualifikationen kann somit nicht mehr entscheidend zur Arbeitsplatzsicherheit beitragen.

In einer sich dynamisch ändernden Arbeitswelt kann sich eine Fachkraft nur dann dauerhaft behaupten, wenn sie in der Lage ist, sich auf die schnellen Veränderungen unserer Lebenswirklichkeit einzustellen, diesen permanenten Wandel als Chance zu verstehen, aktiv darauf zu reagieren und bereit zu sein, den Wandel mitzugestalten. Eine Bedingung für eine solche Strategie ist, dass Lernen nicht als eine Last, als etwas was man unbedingt vermeiden muss, verstanden wird. Solange Lernen in den herkömmlichen, allgemeinbildenden Schulen auf die traditionelle Weise organisiert ist und künstliche Peergroups in starren Klassenverbänden gebildet werden, wird der nachhaltigste Bildungseffekt, der unweigerlich erzielt wird, derjenige sein, dass eine Abneigung gegenüber dem Lernen anerzogen wird. Die duale Berufsausbildung eröffnet im Gegensatz dazu die große Chance, die Jugendlichen mit einem ganzheitlichen Lernerlebnis vertraut zu machen, welches auf die Verknüpfung von Geist, Verstand und Tun beruht. Es wirkt sich positiv und motivierend aus und trägt damit zur nachhaltigen Steigerung der Lebensqualität bei. Die Beherrschung einer vollständigen beruflichen Handlung, inklusive der Anwendung professioneller Methoden wird gelernt und ausgeführt, um ein Produkt zu erstellen oder eine Dienstleistung zu erbringen, was dem Kunden einen faktischen Nutzen bringt. Der Vorgang des Lernens neuer Methoden, Verfahren oder

Techniken, wird zu einem Routinevorgang, einem Mittel zum Zweck und wird daher nicht als Belastung empfunden. Bedingung dabei ist, dass der junge Mensch gelernt hat, wie er am effektivsten den eigenen individuellen Lernprozess organisiert.

Während der Ausbildung fördert und formt der Ausbilder durch entsprechende Aufgabenstellungen für den Auszubildenden dessen berufliche Handlungskompetenz, die sich aus der Personal-, Sozial-, Methoden- und natürlich auch der Fachkompetenz zusammensetzt. Die Fachkompetenz umfasst dabei die Beherrschung der von einer Fachkraft benötigten praktischen Fertigkeiten, in Kombination mit den Fähigkeiten, welche das Wissen über technische Grundlagen miteinschließt. Ein Arbeitsprozess kann nur dann professionell ausgeführt werden, wenn er entsprechend der allgemein anerkannten technischen Spezifikationen durchgeführt worden ist. Vor einem solchen Hintergrund müssen Parameter ermittelt und deren Einhaltung gewährleistet werden. So muss z. B. eine Heizung aufgrund der Beschaffenheit des Hauses, der verwendeten Wärmeträger und natürlich entsprechend dem Kundenwunsch definiert und installiert werden. Leitungen müssen dabei so dimensioniert werden, dass der Betrieb der Anlage auch langfristig und unter Berücksichtigung aller relevanten Rahmenbedingungen gewährleistet werden kann. Von einer qualifizierten Fachkraft wird in dem beschriebenen Beispiel erwartet, dass er in der Lage ist, dem Kunden verschiedene Heizungsvarianten vorzuschlagen. Gerade der Bereich der Heizungen, befindet sich nicht nur in Deutschland, aufgrund umweltpolitischer Erwägungen, in einem sehr dynamischen Umfeld, wodurch die Fachkraft permanent gefordert ist, sich in neue Verfahren und Installationsmethoden einzuarbeiten, auch um entscheiden zu können, welche Anlagen dem Kunden empfohlen werden sollen. Erst zusammen mit dem Ausbilder und später selbstständig lernt der Auszubildende, sich die notwendigen relevanten Informationen effektiv zu erschließen, die für eine Beherrschung neuer Technologie und übergeordneter Konzepte, wie z. B. angepasster Betreibermodelle, notwendig sind. Dazu gehört auch die Feststellung, dass zur Überwindung eines Qualifikationsdefizits, eine Schulung bei einem Lieferanten oder auch ein intensiveres Training in einer überbetrieblichen

Ausbildungsstätte bzw. bei einem anderen Trainingsanbieter notwendig ist.

Indem die duale Berufsausbildung das Lernen als integralen Bestandteil der Gestaltung der arbeitsmarktorientierten Ausbildungsprozesse definiert, werden die Lernenden aktiv auf das lebenslange Lernen vorbereitet. Lernen wird so als Bestandteil des selbstbestimmten und erfüllten Lebens wahrgenommen und nicht als Last oder als etwas Außergewöhnliches, das es zu vermeiden gilt, empfunden. Auf diese Weise entwickelt sich eine Grundhaltung, die Veränderungen nicht mehr nur als Bedrohung empfindet, sondern als etwas, was mitgestaltet werden kann und durchaus bereichernde Aspekte mit sich bringt.

Der Mensch wird dabei aus dem zurzeit noch übermächtigen Narrativ herausgeführt, welches die menschliche Existenz darauf reduziert, Produktionsfaktor und Konsument zu sein. In der Primitivität eines solchen Seins-Konstrukts muss jede Suche nach Sinnhaftigkeit von vornherein zu einem Postulat der Sinnlosigkeit führen. Vielmehr ist es die Aufgabe des lebenslangen Lernens, die Gesetze der Natur auf die Herausforderungen einer sich wandelnden Welt zu übertragen und sich immer wieder neu zu vergegenwärtigen, wie das eigene Handeln zu einem sinnhaften Leben beitragen kann. Ein Kernpunkt hierbei ist eine kontinuierlich zu schärfende Analysefähigkeit, bezüglich der Konsequenzen, die das eigene Tun nach sich ziehen kann; Konsequenzen sowohl für andere Menschen als auch für die Natur. Durch die Realisierung vollständiger beruflicher Handlungen wird unmissverständlich klar, dass ein jeder für das eigene Handeln, aber auch das bewusste Nichthandeln die persönliche Verantwortung trägt, schon deshalb ist ein Prozess des lebenslangen Lernens unbedingt notwendig, da nur so die erforderliche Reflexionsfähigkeit, welche zu einem erfüllten Leben führt, gestärkt werden kann.

4

Vom Lokalen zum Globalen

Es war ein wenig stickig in dem prunkvoll eingerichteten Konferenzsaal des Luxushotels. Gedankenverloren blätterte Khaled in der bunten Broschüre, die er bei der Registrierung für diese Veranstaltung erhalten hatte. Gerade sprach ein Vertreter der EU-Botschaft über die Vorzüge der Berufsbildung und wie wichtig es eben sei, dieses Ausbildungsformat zu stärken. Es waren Textbausteine, die Khaled schon unzählige Male gehört hatte und die bewusst keine konkreten Aussagen enthielten. Er schaltete sein Handy kurz an, um festzustellen, dass es noch eine Stunde dauerte bis endlich die erste Kaffeepause vorgesehen war. Da hielt er beim Blättern in der Broschüre inne; auf einem Foto war seinem Unterbewusstsein etwas aufgefallen und dann erkannte er sich tatsächlich selbst, auf einem der bunten Bilder. Es war das sogenannte Kick-off-Event einer Qualitätsinitiative für Berufsschulen, bei dem auch er anwesend war. Schließlich war er selbst verantwortlich für diese Komponente, die Bestandteil des großen Programms im Rahmen der Entwicklungszusammenarbeit (EZ) war, welches von dieser Veranstaltung, an der er heute und morgen teilnahm, gewürdigt wurde.

Die Rede des EU-Delegierten rutschte nun noch weiter hinaus aus seinem Bewusstseinskegel und es drängten sich andere Ereignisse in den Vordergrund. So war er nun schon 20 Monate dafür verantwortlich, ein sogenanntes Qualitätsmanagementsystem landesweit einzuführen. Dazu waren zahlreiche Berater aus verschiedenen westlichen Ländern engagiert worden, die Fragmente von komplizierten administrativen Prozessen vorgestellt und dann auf den verschiedenen Verwaltungsebenen in Zusammenarbeit mit den oftmals überforderten lokalen Ministerialbeamten eingeführt haben. Das sichtbarste Ergebnis dieser Bemühungen zeigte sich in den unzähligen Formularen, die nun von den Berufsschulen auszufüllen waren und die von zusätzlich eingestelltem Personal in den zuständigen Ministerien kollektiert und überprüft wurden.

Ganz plötzlich wurde er aus seinen Gedanken herausgerissen, es gab Applaus und Khaled konnte erkennen, dass der vorherige Redner nun dabei war, das Podium zu verlassen. Auf dem Weg nach unten, schüttelte er einer anderen Person die Hand, es war der Vertreter des deutschen Entwicklungsministeriums, der sich nun vorbereitete, vor die Zuschauer zu treten. Zunächst bedankte er sich für die großzügige Unterstützung der EU, wobei ein nicht unerheblicher Anteil der EU-Gelder natürlich auch vom deutschen Steuerzahler bestritten wurde. Auch hier konnte Khaled seine Konzentration nicht lange auf die Rede fokussieren, zu austauschbar waren die Sätze, zu inhaltslos und stets dem gleichen Ritual folgend.

Es drängte sich ihm eher auf, dass er selbst mit dafür verantwortlich war, dass unter dem Deckmantel eines sogenannten Qualitätsmanagements unzählige, teilweise komplexe Bürokratieschritte eingeführt wurden, welche die administrative Last der Berufsschulen weiter erhöhten, ohne dass zu erwarten war, dass durch die geförderten Maßnahmen die Qualität der Lehre auch nur ansatzweise berührt werden konnte. Diese ehrliche gedankliche Analyse fühlte sich jetzt für Khaled nicht gut an. In seinem normalen Alltag war er immer sehr beschäftigt, musste organisieren, Berichte lesen, Berichte kommentieren, Berichte fertigstellen, versenden und anschließend die Kommentare einarbeiten, wieder versenden, Budgets planen, Zahlungen anweisen, Verbesserungen in Berichten einfordern und so weiter. Für einen Augenblick fragte er sich gerade, ob diese ganze Arbeit, die durchgeführten Workshops, die erstellten Strategiepapiere, die zahlreichen Gesetzesvorlagen, die Schulung der Qualitätsauditoren, die durchgeführten Studienreisen für Entscheidungsträger und zahlreiche andere Aktivitäten tatsächlich dem Lernenden in der Berufsschule zugutekommen könnten. Aktuell wurde nun auch eine sogenannte Akkreditierungsbehörde errichtet, welche mit zusätzlichem Personal ausgestattet wurde. Es wurden neue Verwaltungsstellen geschaffen, auch wurden nun auf den verschiedenen Ebenen Qualitätsmanagementbeauftragte eingestellt. Diese erhalten nun als staatliche Angestellte ebenfalls ein gutes Gehalt. Aber die Lehrer in den Schulen wurden in diesem Vorhaben nicht direkt unterstützt, die Ausbildungsmittel wurden nicht verbessert, sodass faktisch, d. h. außerhalb der immensen, neu geschaffenen administrativen Prozesse nichts geschehen ist, was der Arbeit direkt in den Berufsschulen zugutekam. Vielmehr vermutete er sogar, dass die Mittel für die tatsächliche Ausbildung weiter gekürzt werden mussten.

Da spürte er auf einmal diese Unsicherheit, ob das was er hier tat, richtig war; er unterstützte eine Unternehmung, die als isoliertes System vollkommen rational war, aber in ihrer Funktion dem Menschen nicht diente. Er verrichtete eine Arbeit, die er genauso durchführte, wie es von der EZ-Implementierungsorganisation gefordert wurde, aber realistisch betrachtet diente dieses Agieren nicht den Menschen, die ausgebildet werden sollten. Er wusste es, aber etwas in ihm lehnte es ab, sich grundsätzlich diese Frage zu stellen. Nur jetzt, in diesem kleinen Moment, während all der nichtssagenden Reden auf dieser internationalen Berufsbildungskonferenz gelangten diese Warnzeichen von seiner geistigen Ebene in seine Verstandesebene. Dies führte zur Unsicherheit, aber nur einen Augenblick lang; schnell brachte er sich wieder ins vermeintliche Gleichgewicht. Schließlich hatte er Familie, hatte Verantwortung zu tragen, für Frau und Kinder. Immerhin haben sie mit dem Gehalt, welches er als erfahrender Projektmanager erhielt und welches fast dem Zehnfachen eines lokalen Lehrergehaltes entsprach, einen gewissen Lebensstandard aufgebaut, den sie als Familie nun nicht mehr missen wollten. Er wusste, dass er nur seine Aufgabe gut und allen Vorgaben entsprechend erfüllen musste, dann hatte er die besten Chancen auch nach Abschluss dieses Projektes, eine erneute Anstellung in einem ähnlichen Vorhaben der Entwicklungszusammenarbeit zu finden. Falls dies bei den Deutschen nicht gelingen würde, gab es noch zahlreiche andere Geber, bei welchen er durch ähnliche Tätigkeiten ein vergleichbares Gehalt erzielen konnte. Ein Problem war nur, dass wenn es einmal keine Entwicklungsprogramme mehr geben würde, dann würden auch diese lukrativen Beschäftigungsmöglichkeiten wegfallen …

Auch wenn sich Khaled nun wieder auf die Rede des BMZ-Beamten konzentrierte, der zu folgen, intellektuell keine große Herausforderung darstellte, so blieb doch ein irritierendes Gefühl in ihm zurück. Da war etwas, was nicht harmonieren wollte, etwas das verhinderte, eine wirkliche Befriedigung verspüren zu dürfen. Sicherlich erfüllte er die an ihn gestellten Aufgaben vorbildlich, aber innerlich war ein Widerspruch aufgedeckt worden, der zwar schnell wieder zugeschüttet wurde, aber doch nicht einfach aus der geistigen Welt verschwinden wollte. Es blieb ein innerer Konflikt, der auch durch den Verstand nicht auszumerzen oder wegzuwischen war. Selbst wenn er nur die Funktion eines kleinen Rädchens innerhalb des großen Getriebes der internationalen Berufsbildungszusammenarbeit hatte, so ist doch jeder für sein eigenes Handeln verantwortlich. Dies wurde ihm soeben schmerzlich bewusst …

4.1 Die Berufsausbildung im internationalen Kontext

Verschiedene Berufsbildungskonzepte und Unterschiede zur dualen Ausbildung

Auch wenn der Fokus hier im Spezifischen auf die Berufsbildung gelegt wird, lassen sich die folgenden Zusammenhänge auf beliebige andere Sektoren übertragen. Wir leben in der Zeit eines epochalen Umbruchs, der durch die globale Orchestrierung verschiedener Krisenszenarien durch den medial-politischen Komplex, wie z. B. einer sogenannten Viruspandemie, an Dynamik gewinnt. Und doch steht das Charakteristikum der allumfänglichen Globalisierung im Epizentrum aller Entwicklungen. Eine Globalisierung, die sich dadurch auszeichnet, dass Konsumverhalten, Informationskonstruktion und

Denkvorgaben globale und synchronisierte Dimensionen erreicht haben, die in ihrer Uniformität sowohl in der Wallstreet in New York als auch im Busch Tansanias die gleichen massenpsychologisch begründeten Gedankenprogrammierungen in Gang setzen. Fast erscheint es, als sei der menschliche Geist diesem durch Medien transportierten Synchronisierungsdruck hilflos ausgeliefert, weil die konstruierten Narrative, die in fast ‚allmächtigen', global verbreiteten Bildern daherkommen und Emotionen auszulösen vermögen, die den Verstand zu einem Sklaven des angeblich Faktischen werden lassen. In diesem lärmenden Getöse schafft es der Geist kaum, die Aufmerksamkeit der Menschen zu erregen. Zu abgestumpft sind die Sensoren vom dauernden Scheppern der Bässe aus dem globalen Äther, zum Bersten gefüllt mit medial transportierten Sensationen.

In dieser globalen, kapitalistischen Welt ist alles zu einem Produkt geworden, schön verschnürt zu handlichen Päckchen. So auch die Berufsbildung, die trefflich verwissenschaftlicht wurde. Da sich diesbezüglich ein Markt entwickelt hat, ist die Zahl der Experten, die sich inzwischen international mit diesem Thema beschäftigen, schon längst unüberschaubar geworden. Ein Markenzeichen dieser Experten ist, dass sie in der Regel weder selbst eine Berufsausbildung abgeschlossen haben noch in irgendeiner Form praktisch, z. B. durch eine Lehrtätigkeit, in dieses Thema involviert waren. Selbst in staatlichen Instituten für Berufsbildung sind diejenigen, die ein wirklich fundiertes Wissen besitzen, gewonnen durch reelle Erfahrungen, zu einer verschwindenden und vielleicht nicht einmal mehr ernst genommenen Minderheit geworden. Die Merkmale der dualen Berufsausbildung wurden in den vorausgegangenen Kapiteln zur Genüge diskutiert, hier sei kurz zusammengefasst noch einmal festgehalten, dass es sich hierbei um eine Weiterentwicklung der traditionellen Lehrlingsausbildung handelt, welche einer natürlichen Verhaltensweise der Menschen entspricht und überall auf der Erde praktiziert wurde und teilweise noch praktiziert wird.

Nun lässt sich eine natürliche, zivilisatorische, jahrtausendealte Leistung nicht sehr gut vermarkten; in der globalistischen Sprache ist es wesentlich einfacher, von Produkten und Wertschöpfungsketten zu sprechen. So lassen sich auch viele Anknüpfungspunkte finden, in denen lukrative Geschäftsmodelle entwickelt werden können. Dies ist ein ökonomischer Reflex der nicht unbedingt negativ sein muss, solange es gelingt, den gesellschaftlichen Bildungsauftrag zu erfüllen, der es ermöglicht, dass Menschen mit den Fertigkeiten, Fähigkeiten und Kompetenzen ausgestattet werden, die sie dazu befähigen, auf dem Arbeitsmarkt zu bestehen und sie gleichzeitig eine Tätigkeit ausführen können, die ihnen eine Basis für ein erfülltes Leben bietet. Während es in der Vergangenheit vor allem deutschsprachige Länder waren, die versuchten, die Idee der dualen Berufsausbildung in die Welt hinauszutragen, kam es vor allem seit der Jahrtausendwende in der internationalen Berufsbildungszusammenarbeit zu einem Paradigmenwechsel. Begründet liegt dieser einmal darin, dass nach Jahrzehnten der Förderung dualer Berufsbildung auf allen Kontinenten die tatsächlichen Erfolgsbeispiele ausblieben und es daher zu einer Art Vertrauensverlust in dieses System kam. Zum anderen erreichten immer mehr Personen in diesem Kontext verantwortungsvolle Positionen, die jedoch über keinerlei oder kaum Erfahrung im Bereich der Berufsbildung verfügten und damit in jeder fachlich geführten Diskussion lediglich mit Rückzug reagieren konnten. In dieser Situation tauchte auf dem internationalen Bildungsmarkt ein System auf, welches sich globalistischer Merkmale wie Modularisierbarkeit, Geschäftsmodelorientierung, Chancen zur Kommerzialisierung zu eigen machte und damit wesentlich attraktiver erschien als die duale Ausbildung, die man „nur" mit der gesellschaftlich wenig angesehenen, traditionellen Lehrlingsausbildung in Verbindung bringen konnte.

Das sogenannte Competence Based Training (CBT), welches vor allem in Australien entwickelt wurde und dort auch langfristig zu positiven Effekten führte, gewann in der internationalen Berufsbildungszusammenarbeit immer mehr an Bedeutung. Dieses CBT-System war in der Lage, in dem großen und wenig besiedelten Land für einen umfassenden und qualitativ hochwertigen Ausbildungsstandard zu sorgen, der nationale Anerkennung erfuhr. Auch fügt sich das System in das angelsächsische Bildungsmodel ein, welches in den vergangenen Jahrzehnten durch eine verstärkte Kommerzialisierung geprägt war.

Bei der Diskussion von CBT darf nicht der Irrtum begangen werden, den englischen Begriff *Competence* mit dem deutschen Terminus *Kompetenz* gleichzusetzen. Competence wird eher als die Beherrschung einer eng begrenzten Fertigkeit verstanden und darf nicht mit der beruflichen Handlungskompetenz in seiner ganzheitlichen Dimension verwechselt werden. Durch die Zergliederung in kleinteilige isolierte Bildungsziele gelingt es, die gesellschaftliche Aufgabe, die Bildung im Grunde genommen zu erfüllen hat, in monetär bewertbare und damit auch vermarktbare Einheiten zu zergliedern. Durch formularbasierte Standardisierung erreicht man eine Systematik, ähnlich einem Computerprogramm, wodurch sich die Implementierungsdiskussion vor allem auf die Parameter *Input* und *Output* beschränkt. Der Output wird in Form von Bewertungskriterien bereits während der Erarbeitung der Lernstandards mitdefiniert. Letztendlich handelt es sich hier um einen klassischen, globalistischen Verwertungsansatz, der in seiner Wertschöpfungstiefe im Folgenden kurz skizziert werden soll.

Zuerst muss verstanden werden, dass es innerhalb des CBT-Systems nicht um das klassische Erlernen eines Berufes geht, so wie dies in der uns bekannten dualen Ausbildung der Fall ist, es wird vielmehr von einer Qualifikation gesprochen. Eine solche Qualifikation kann aus zahlreichen sogenannten Modulen oder Einheiten bestehen. Diese Module sind standardisiert und können je nach gewünschter Komplexität der Qualifikation zusammengestellt werden. Jedes Modul basiert auf einem sogenannten Standard, dieser Standard definiert die Inhalte des Moduls, wie z. B. die „Durchführung von Kommunikation" oder die „Installation einer Elektro-Steckdose". Damit ein Standard für ein Modul erstellt werden kann, muss ein Gremium gegründet werden, in welchem auch Vertreter aus der Wirtschaft mitarbeiten. Damit die Eingeladenen an diesen Treffen teilnehmen, werden in der Regel Sitzungsgelder bezahlt; die Veranstaltung wird von einer geeigneten Person moderiert. Im Anschluss an ein Treffen wird üblicherweise ein Berater engagiert, der einen ersten Entwurf eines Dokumentes erstellt, in welchem der *Standard* eines Moduls definiert ist. Anschließend kann es noch weitere Sitzungen geben, bevor ein solcher *Standard* beschlossen wird. Zu beachten ist, dass eine Qualifikation durchaus aus 20 oder mehr Modulen bestehen kann, für jedes dieser Module ist der eben beschriebene Vorgang separat durchzuführen.

In einem nächsten Schritt wird aus dem Modulstandard ein sogenanntes Curriculum erstellt, die Vorgehensweise ist ähnlich, nur dass entsprechend den Vorgaben ein anderer Personenkreis zu involvieren ist. Auch hier wird von Beratern ein Curriculumentwurf erstellt, der zu diskutieren ist. An dieser Stelle werden bereits die Evaluierungskriterien definiert, die später nach der Absolvierung des Moduls zu überprüfen sind. Da im internationalen Kontext zumeist davon ausgegangen wird, dass die Lehrer damit überfordert sind, Unterrichtungsunterlagen selbst zu erstellen, werden weitere Berater damit beauftragt, Ausbildungsmaterialien zu erarbeiten, die von einer staatlichen Stelle, z. B. einer Berufsbildungsbehörde offiziell anerkannt werden müssen. Da nun jedes Modul eine unabhängige Einheit darstellt, wird auch die Beherrschung eines jeden Moduls durch den Lernenden, von einem entsprechenden Assessor geprüft. Damit eine Person als Assessor eingesetzt werden kann, muss diese für jedes Modul eine separate Assessorprüfung ablegen, die natürlich wiederum mit Kosten verbunden ist. Diese Assessorausbildung kann nur an einem anerkannten Ausbildungsinstitut abgelegt werden. Damit ein Ausbildungszentrum von der Akkreditierungsbehörde anerkannt werden kann, muss ein entsprechendes Auditverfahren durchlaufen werden, wodurch wiederum Kosten entstehen und auch entsprechende Auditoren beschäftigt werden können bzw. müssen. Ein weiterer lukrativer, kapitalabschöpfender Mechanismus ist die Einführung von Akkreditierungsbehörden, die eine formularbasierte Überprüfung von Ausbildungseinrichtungen durchführen. Die Auditoren, die eine Akkreditierung von Institutionen und Programmen vornehmen und natürlich auch turnusmäßig immer wieder wiederholen, sind in der Regel Personen, die sich durch eine gewisse Distanz zum Berufsbildungssystem auszeichnen und daher oftmals nicht über eine fachliche Kenntnistiefe verfügen.

Die obige Beschreibung zeigt deutlich, wie Bildung nachhaltig kommerzialisiert werden kann. Der eigentliche Zweck, der im vorliegenden Beispiel eine effektive Gestaltung der Berufsbildung erfüllen sollte, gerät dabei aus dem Fokus und es werden universale Prozesse implementiert, die rational betrachtet, für sich allein einen perfekt ausgeklügelten bürokratischen Algorithmus abbilden, der jedoch die eigentlich angestrebte Funktion, nämlich junge Menschen professionell in der Beherrschung eines Berufes auszubilden, zu einer Randnotiz marginalisiert und ja: deutlich verfehlt! Es ist im höchsten Maße erstaunlich, wie ein solch künstliches und finanzressourcenverschlingendes System, dessen Aktivitäten keinen signifikanten Beitrag zur Verbesserung der Ausbildungsqualität aufweisen, in den vergangenen Jahren fast in jedem Land dieser Erde eingeführt wurde. Das durch ein globalistisches Narrativ gefestigte, anscheinend zwanghafte Bestreben, Prozesse einfach nur deshalb einzuführen, weil sich diese in allen Ländern materialisieren lassen, scheint ein kritisches Hinterfragen bei den Verantwortlichen, in den entscheidungsrelevanten Institutionen zu verbieten. Getrieben wird dieser mächtige Mechanismus durch globale NGOs, die das Ziel verfolgen, synchronisierte Prozesse zu installieren, die sich prinzipiell in lukrative Wertschöpfungsketten integrieren lassen. Die Einheitlichkeit hat hier deutliche Priorität gegenüber der Sinnhaftigkeit.

Somit stehen wir heute vor einer Situation, in welcher in nahezu allen Bildungssystemen des Planeten das CBT-System bereits eingeführt wurde und inzwischen unauflösbar mit den bürokratischen Strukturen der jeweiligen Länder verwoben ist. Somit entspricht es den kapitalistischen Logiken globalistischer Interessen. Eine Vereinheitlichung der Bildungsprozesse ist ein hervorragender Plan, um durch die Implementierung begleitender Strategien sukzessive auch das Denken der Menschen zu gestalten und zu normieren. Durch die kleinteiligen Arbeitsschritte des CBT, welches den Berufsgedanken nicht in sein Zentrum stellt, werden Arbeitskräfte herangebildet, die lediglich dazu in der Lage sind, bestimmte, genau definierte Tätigkeiten, vorgabenkonform, aber mechanisch durchzuführen. Im Gegensatz hierzu ist es bei der Realisierung des Berufsgedankens innerhalb des dualen Berufsbildungssystems das explizit formulierte, didaktische Ziel, hochqualifizierte Fachkräfte auszubilden, die in der Lage sind, ein definiertes Aufgabenfeld, ganzheitlich und professionell auszufüllen und zu gestalten. Hierbei steht der Mensch und nicht die Technologie im Mittelpunkt, der aufgrund seiner Individualität und seiner Fähigkeiten, optimale Lösungen für den Kunden zu entwickeln in der Lage ist. Die Voraussetzung hierbei ist das kontinuierliche Hinterfragen althergebrachter Lösungsansätze, die sich z. B. aufgrund technischer Innovationen oder sich stets ändernder Kundenwünsche, permanent anpassen müssen. Ein wichtiges Charakteristikum einer solchen Fachkraft ist z. B. das Identifizieren und erfolgreiche Bewerten von Informationsquellen, bezüglich ihrer Vertrauenswürdigkeit und die Validitätsprüfung der gesammelten Informationen. Gerade in Zeiten der scheinbar unbegrenzten Verfügbarkeit von Daten, die im Überfluss vorhanden sind, wird es zur entscheidenden Kompetenz, Informationsmanipulationen zu erkennen. Während also der Ansatz von CBT eher zum reinen Konsum vorausgewählter Informationen anleitet, baut die duale Berufsausbildung auf einer kritischen Analyse von Informationen auf, die dazu dienen, die optimale Handlungsmethode auszuwählen und anzuwenden. Dies wird dadurch erreicht, dass die Fachkraft befähigt wird, eine vollständige berufliche Handlung eigenverantwortlich durchzuführen. Dabei ist eine substanzielle Basis beruflicher Handlungskompetenz vonnöten, die eine Fachkraft letztendlich in die Lage versetzt, die vorhandenen Informationen auf Relevanz und Wahrhaftigkeit zu überprüfen und effektiv zur Problemlösung einzusetzen.

Obwohl die Berufsbildung in allen Kulturen unseres Planeten für Jahrhunderte durch ein Lehrlingssystem geprägt wurde, welches die Grundsätze unserer sozialen Interaktionsmechanismen, die unserer Spezies zu eigen sind, reflektiert, wird dies – historisch gesehen – seit einer relativ kurzen Zeit von einigen Jahrzehnten, in fast allen Ländern der Erde als minderwertig klassifiziert. Die handwerkliche Tätigkeit an sich, also das Arbeiten mit den Händen, verlor in der jüngsten Vergangenheit kontinuierlich an Ansehen. Die sich immer weiter globalisierenden Medien, konstruierten ein gesellschaftliches Ideal, das ein Universitätsstudium und damit die rein schulische Ausbildung als das einzig erstrebenswerte, individuelle Erfolgsmodel glorifizierte. Rasch wurden auch Statistiken publiziert, die offensichtlich dokumentieren sollten, dass das Studium zu wesentlich besseren Karrieremöglichkeiten führen würde und damit auch mit Reichtum und Erfolg assoziiert werden konnte.

Verstärkt wurde diese Tendenz durch einen dramatischen Umbruch im Bereich der Güterproduktion, der sogenannten *industriellen Revolution*. Wertschöpfungsketten veränderten sich durch die Etablierung der Idee der Massenproduktion als dominante Wirtschaftslogik. Zahlreiche handwerkliche Betriebe verschwanden und damit wurde auch das Prinzip der Lehrlingsausbildung infrage gestellt, denn die verbliebenen Unternehmen boten nicht ausreichend viele Lehrlingsstellen, die die nachwachsenden Generationen hätten absorbieren können. Dieser Strukturwandel wurde zusätzlich dadurch verschärft, dass sich viele Regionen gleichzeitig in einer Phase der demografischen Expansion befanden. Die mächtigen Staatslenker erkannten, dass es vor allem für den persönlichen Machterhalt entscheidend war (und weiterhin ist), die Jugend zu kontrollieren und so zu formen, dass bestehende oder angedachte Herrschaftsstrukturen nicht infrage gestellt werden. Wurde die Funktion der Vorbereitung einer nachwachsenden Generation auf das Arbeitsleben seit der Etablierung von Zivilisationen, durch die Lehrlingsausbildung erfüllt, musste nun eine Alternative entwickelt werden. In der Phase der Optimierung von Produktionsmethoden, d. h. während der beginnenden industriellen Revolution, wurden die Schulen als ideale Einrichtungen identifiziert, die nicht nur dazu dienten, den Menschen Lesen, Schreiben und Rechnen beizubringen, sondern die auch dazu *genutzt* wurden, die Art zu denken und die Art, wie die Welt wahrzunehmen ist, zu beeinflussen.

Da auch für die Massenproduktion weiterhin Menschen mit handwerklichen Fähigkeiten benötigt wurden, wurde – ausgehend von England – die technische Ausbildung in die Schulen verlegt. Der Schwerpunkt der Ausbildung wurde auf das Antrainieren bestimmter, für die Fertigung benötigter Fertigkeiten gelegt, während der traditionelle Berufsgedanke immer weiter zurückgedrängt wurde. Die technische Ausbildung wurde gemäß einer funktionellen Logik gestaltet, wonach der einzelne als *Produktionsfaktor* gesehen wird, der eine bestimmte, konkret definierte Tätigkeit im Rahmen eines Fertigungsprozesses verrichten können muss. Fortgesetzte technische Entwicklung, die nach kontinuierlicher Effizienzsteigerung sucht, bringt Automatisierungslösungen hervor, welche die Gestaltungsmöglichkeiten der Menschen, innerhalb eines Herstellungsvorgangs weiter reduzieren.

In der Logik des kleinteiligen Trainierens bestimmter Handgriffe ist das Individuum immer wieder gefordert, sich neue Teilqualifikationen zu erschließen, sobald es die technische Weiterentwicklung verlangt. Damit fügt sich diese Bildungswirtschaft nahtlos in die globalistische, ökonomische Logik ein. Diesem Muster folgend ist es gleichgültig, ob die Kosten für das Training vom Individuum oder vom Staat getragen werden, da der Staat lediglich die finanziellen Ressourcen verteilt, die vorher von den Individuen erwirtschaftet wurden. Folgt man dieser Denkweise, kann eine rein schulische, technische Ausbildung den Lernenden nicht in die Lage versetzen, als autonomes und freies Individuum vollständige Arbeitsprozesse zu gestalten und durchzuführen, um einen Kunden mit den Produkten und Dienstleistungen zu versorgen, die einen Beitrag zu einer gesteigerten Lebensqualität leisten können. Vielmehr geht es darum, den Menschen in einer kontrollierten Abhängigkeit zu halten. Diese Abhängigkeit betrifft dabei nicht allein die Fähigkeiten und Fertigkeiten, die vom Arbeitssuchenden auf dem Arbeitsmarkt angeboten werden. Durch die allgegenwärtige Steuerung, initiiert durch den medial-politischen Komplex, werden die Lernenden vor allem in den staatlichen Bildungseinrichtungen in eine emotionale Abhängigkeit versetzt, die eine fortgesetzte Lenkung und Beeinflussung der Menschen im Sinne der Systemstabilisierung ermöglicht.

Je länger die Kohorte der Heranwachsenden in einem geschlossenen System festgehalten werden kann, desto effektiver kann die Prägung der Menschen im Sinne der Interessen der Akteure, die sich hinter den herrschenden Machtstrukturen verbergen, vorgenommen werden. Vor diesem Hintergrund kann auch das weltweite Phänomen der Akademisierung betrachtet werden. Gerade in dem kritischen Entwicklungszeitraum der Adoleszenz, der nachgewiesenermaßen entscheidend für die Bildung einer autarken Persönlichkeit ist, kann eine Isolation innerhalb einer Peergroup die Wirksamkeit einer Normierung ganzer Kohorten beträchtlich erhöhen. Die synchronisierte Darbietung und Einübung von Denkmustern, trifft dann auf einen Resonanzboden und gräbt in das sich noch formende Bewusstsein tiefe Schneisen ein, die zu verlassen, den meisten Menschen kaum gelingt. Ein nicht zu vernachlässigender Verstärkungseffekt wird durch das Lehrpersonal hervorgerufen, welches bereits selbst mit dem systemkonformen engmaschigen Netz eng verwoben ist und daher nichts anderes tut, als die gelernten Denkmuster weiterzugeben und zu verstärken. Durch die Plastizität unseres Verstandes, werden in den Menschen die Voraussetzungen geschaffen, empfänglich für alternative Wirklichkeiten zu werden, die durch den medial-politischen Komplex leicht initiiert werden können und die dann von den Menschen als die unumstößliche Wahrheit wahrgenommen werden; auf diese Weise wird eine kritische Reflexion bestehender Narrative vollständig unterbunden. Dies aber ist der Kern einer qualitätsorientierten Berufsausbildung.

Aufgrund des Phänomens, dass sich im globalen Maßstab ein immer größerer Anteil der jungen Erwachsenen für ein Studium entscheidet, steigt die Anzahl der Menschen, die in ihrer Persönlichkeitsentwicklung deutliche Defizite erfahren, exponentiell an. Diese Defizite können nur schwer wieder kompensiert werden. Menschen, die in einem handwerklichen Beruf, durch eine Lehrlingsausbildung und durch die Interaktion mit Erwachsenen einen identitätsstiftenden Charakter hätten entwickeln können, der ihnen erlaubt hätte, selbstbewusst und stolz ein erfülltes Leben aufzubauen, geraten durch ein Studium, das den evolutionären Vorgang des Erwachsenwerdens nur verzögert, in eine emotionale Abhängigkeit einer gesteuerten Mehrheitsmeinung. Sie werden darauf programmiert, sich zwar egoistisch, aber doch *systemkonform* zu verhalten. Das mutige Einstehen für eigene Überzeugungen wird im Studium über die Jahre als negativ stigmatisiert, schließlich aussortiert und die Äußerung einer Minderheitsmeinung mit einem Ausschluss aus der Gemeinschaft gleichgesetzt. Da ein solches Verhalten grundsätzlich Sanktionen nach sich zieht, wird es als relevante Option ausgeschlossen. Hierbei handelt es sich um ein globales Phänomen, welches durch die aufkommende Informationsgesellschaft erst möglich und dann verstärkt wurde. Die vom medial-politischen Komplex initiierten Erzählungen machen vor keiner Landesgrenze mehr halt. Wie eine imaginäre Stanzform, presst man fast alle Menschen in das gleiche Format. So lassen sich auch Phänomene wie die Reaktion der breiten Masse auf die sogenannte Coronapandemie im Jahr 2020 erklären, bei der manipulative Informationen nicht hinterfragt wurden und man sich unkritisch einer vermeintlichen und medial-politisch kolportierten Mehrheitsmeinung anschloss, auch wenn diese noch so widersprüchlich war.

Innerhalb eines Bildungssystems nimmt die Berufsbildung eine wichtige Rolle ein, denn sie gestaltet den Übergang zwischen der Kindheit und dem Erwachsensein. Neben diesem pädagogischen Aspekt ist auch die wirtschaftliche Dimension von Bedeutung, da im Bereich der Berufsbildungssysteme auch die Schnittstelle zur Arbeitswelt ausgeformt wird. Im internationalen Kontext gibt es jedoch bezüglich der sich gleichrichtenden Bildungsnarrative eine Ausnahme und das ist die duale Berufsausbildung, die nichts anderes ist als eine modernisierte traditionelle Lehrlingsausbildung. Hierbei wurde zum einem den Anforderungen des Staates Rechnung getragen, der einen Zugriff auf die Bildung, d. h. die potenzielle Formung der Menschen haben wollte, ohne dabei die wirklichkeitsbezogene Ausbildung durch die Integration in den realen Arbeitsprozess aufzugeben. Dies manifestiert sich darin, dass etwa 25–40 % der Ausbildungszeit in einer Berufsschule bestritten und die verbliebene Zeit direkt in den Unternehmen gestaltet wird. Im Gegensatz zu einem normierten Klassenverband einer schulischen Bildungseinrichtung, der in seiner Gestaltung oftmals der Logik eines Universitätsstudiums folgt, kann während der Durchführung realer Arbeitsprozesse, vor allem aber durch die unmittelbare Interaktion mit Menschen, eine reife und eigenständige Persönlichkeit entwickelt werden. Das Lehrpersonal in der Berufsschule oder in den technischen Sekundarschulen, verfügt international gesehen leider über immer weniger tatsächliche praktische Erfahrung in dem Beruf, den sie zu unterrichten haben. Oftmals gestaltet sich der berufliche Werdegang, ähnlich wie auch bei Lehrern allgemeinbildender Schulen oder bei Universitätsprofessoren wie folgt: Nach der Schullaufbahn folgt der direkte Eintritt in die Universität und nach der Universität der Start der Lehrertätigkeit oder Beginn einer Professur. Menschen mit einer solchen Karriere entfernen sich mehr und mehr von tatsächlichen Herausforderungen des wahren Lebens, da sie in einer Subkultur gefangen sind. Sie sind zudem als Lehrer anfällig, eine vor allem systemstabilisierende Position einzunehmen, ohne die Fähigkeiten zu erlangen, eigenständige Erfahrungen zuzulassen, die zur Entwicklung von freien und reflektierten Persönlichkeiten notwendig sind. Im Ökosystem der dualen Berufsausbildung ergibt sich die Notwendigkeit, durch einen aktiven Austausch mit der Welt der Arbeit, den Bezug zur Realität zu suchen und bereichernd in die eigene Lebenswirklichkeit einfließen zu lassen.

Nachdem beginnend in den 1990er-Jahren das CBT-System einen unvergleichlichen Siegeszug in der internationalen Berufsbildungszusammenarbeit angetreten hatte, zeigte sich vor allem nach der Finanzkrise 2008 erneut ein gesteigertes Interesse verschiedener Länder an der dualen Ausbildung. Der Grund lag darin, dass gerade in den Ländern, die dual ausbilden, die Jugendarbeitslosigkeit während der wirtschaftlichen Krise gering blieb. Begründet wurde dies mit der ganzheitlichen und hochwertigen Ausbildung der Jugendlichen. Im Zentrum steht die Vermittlung der beruflichen Handlungskompetenz und der darauf basierenden professionellen Flexibilität, die sich positiv auf die Arbeitsmarktchancen des einzelnen auswirkte, da es eben keine Fixierung auf nur einen Arbeitgeber oder auf die isolierte Beherrschung kleinteiliger Fertigkeiten gibt. Vielmehr ist durch das Konzept der dualen Ausbildung die Qualifizierung so nachhaltig gestaltet, dass aufgrund der vorhandenen Handlungskompetenz jeder typische Arbeitsprozess vollständig beherrscht werden kann. Zudem zielt die Bildungsintervention in diesem Bereich nicht primär darauf, mechanische Fertigkeiten zu vermitteln, vielmehr steht die Entwicklung einer kompetenten Fachkraft im Mittelpunkt, die mit dem geistigen Handwerkszeug ausgestattet wird, sich selbstständig auf veränderte Rahmbedingungen auf allen Ebenen einzustellen. Dies betrifft sowohl technische Innovationen als auch übergreifende Veränderungen, die ein Kennzeichen einer globalen Wirtschaftsordnung sind, in der sich Marktmechanismen durch sich wandelnde Geschäftsmodelle oder durch die Umgestaltung von Wettbewerbssituationen höchstgradig dynamisch entwickeln können.

Eher zaghaft, können einzelne, bisher jedoch nur isolierte Bestrebungen in der internationalen Berufsbildungszusammenarbeit beobachtet werden, die deutlich machen, dass die traditionelle Lehrlingsausbildung sowohl von den Partnerländern nachgefragt als auch von den Geberländern aufgegriffen und unterstützt wird. Trotz dieser aktuellen Bemühungen ist diese jahrhundertealte Tradition der Ausbildung seit vielen Jahren überall auf dem Rückzug. Die Gründe sind einmal darin zu sehen, dass diese bewährte Ausbildungsform mit dem Stigma der sogenannten Informalität gebrandmarkt wird und zum anderen, dass globalistische Geschäftsmodelle die Existenznischen des Handwerks mehr und mehr verdrängen. Dies geschieht z. B. durch den Zufluss von standardisierten und preisgünstigen Massenprodukten, aber wohl noch stärker durch den bereits beschriebenen Megatrend der Akademisierung, wodurch die Handwerkskunst seinen gesellschaftlichen Status verliert und praktische Arbeiten zu reinen Helfertätigkeiten degenerieren, die von ungelernten Billiglöhnern verrichtet werden. Arbeit in seiner Funktion als unmittelbare, persönliche und sinnstiftende Betätigung, als Dienstleistung *vom Menschen für den Menschen,* wird weitestgehend ausgeschaltet und einer rein ökonomischen und globalistischen Ordnung unterworfen.

Zusammengefasst kann festgestellt werden, dass in den vergangenen Jahren dem Thema *Berufsbildung im internationalen Kontext* wieder mehr Raum zugestanden wurde, da hier der Schlüssel zur Beschäftigungsfähigkeit gesehen wird. Technische Weiterentwicklungen, die sich auf die Gestaltung der Wertschöpfungsketten und die Produktionsverfahren ausgewirkt haben, verlangen verstärkt nach umfassend ausgebildeten Fachkräften. Hier weist die duale Berufsausbildung unbestritten entscheidende Vorteile in der Hinsicht auf, dass mithilfe dieser Ausbildungsphilosophie, die auf jahrhundertealte Traditionen der Menschheitsgeschichte basiert, hochqualifizierte Fachleute ausgebildet werden können. Die Systematik dieses Konzepts beruht jedoch auf einem kontinuierlichen Aushandlungsprozess der beteiligten gesellschaftlichen Gruppen, die sich immer wieder neu darum bemühen müssen, eine faire Win-win-Konstellation aufrechtzuerhalten. Aufgrund dieses Narrativs des gesellschaftlichen Ausgleichs bieten sich hier jedoch kaum Möglichkeiten, lukrative globalistische Geschäftsmodelle aufzubauen. Eine erfolgreiche duale Lehrlingsausbildung kann nur dann nachhaltig existieren, wenn keine oder möglichst wenige direkte Geldströme zwischen den Partnern bestehen. Denn an solchen neuralgischen Punkten können

Sollbruchstellen entstehen, die ein System, z. B. durch Entstehung von Korruption, diskreditieren. Ein rein schulisches oder akademisch basiertes System lässt sich einfacher kommerzialisieren und mit der Logik globaler finanzieller Verwertungsstrategien synchronisieren. Auch eröffnen sich hier gute Voraussetzungen des Aufbaus von Oligopolen oder sogar eines Monopols in einem Bildungssektor, der als lukrativer Wirtschaftsfaktor schon in wenigen Jahren von immenser Bedeutung sein wird.

Unbemerkt von der Öffentlichkeit wurde das CBT-System, welches vollkommen auf ökonomische Verwertbarkeit ausgerichtet ist, in nahezu allen Ländern unseres Planeten eingeführt. Auch in Deutschland werden die Stimmen lauter, die gerne die duale Berufsausbildung mit dem globalistischen CBT-System austauschen möchten. Denn global vermarktbare sogenannte *Bildungsmodule* ermöglichen hervorragend den Aufbau lukrativer Geschäftsmodelle, wodurch vor allem die führenden Unternehmen im Bereich der Digitalisierung Milliarden neuer Kunden und damit neue Datenlieferanten gewinnen können. Die verschiedensten Geschäftsbereiche können miteinander verwoben werden, wodurch weitere Abhängigkeiten geschaffen werden und Produkte gezielt beworben bzw. deren Konsum suggeriert werden kann. Durch eine Standardisierung der Bildung, inklusive Akkreditierung und Lizensierung, werden globalistische Zertifikate eine staatliche Anerkennung ersetzen können. Nicht zu vernachlässigen ist das gesellschaftsformende Potenzial, welches sich durch die Beherrschung des Bildungssektors ergibt. Dieser Sektor wurde schon immer von den Herrschenden mit hoher Priorität behandelt. So wie sich vor einigen Jahrzehnten das berühmte MS-DOS der Firma Microsoft als Betriebssystem für die sogenannten Personal Computer (PC) durchsetzte, obwohl es – nach der damals vorherrschenden Expertenmeinung – schlechter war als seine Vergleichsprodukte. In den vergangenen Jahren konnten wir beobachten, dass sich CBT als globaler Berufsbildungsstandard durchgesetzt hat, obwohl es nachweisbar in Vergleich mit Lehrlingsansätzen beträchtliche Nachteile aufweist ...

4.2 Die internationale Berufsbildungszusammenarbeit

Verschiedene Akteure und Beweggründe der internationalen Berufsbildungszusammenarbeit
Traditionell engagiert sich Deutschland (aber auch die anderen deutschsprachigen Länder) bereits seit vielen Jahrzehnten in der internationalen Berufsbildungszusammenarbeit. Aushängeschild war und ist dabei vor allem die Idee der dualen Berufsausbildung, also das in Deutschland, in der Schweiz und in Österreich praktizierte System, bei welchen der Bildungsauftrag zwischen dem staatlichen und dem unternehmerischen Partner aufgeteilt wird. Während die Rolle des privaten Akteurs in Deutschland von den Industrie- und Handelskammern oder den Handwerkskammern wahrgenommen wird, sind es in Österreich die Wirtschaftskammern und in der Schweiz die Wirtschaftsverbände. Konstituiert wird das System in Deutschland durch das Berufsbildungsgesetz, welches die Rollen der einzelnen Partner dieses Systems auf den verschiedenen Ebenen definiert. Wichtig ist dabei zu verstehen, dass nur die fruchtbare Ergänzung der relevanten Partner innerhalb des Ausbildungsprozesses zu guten Ergebnissen führen kann. Von diesen Ergebnissen können die Menschen im deutschsprachigen Raum zurzeit immer noch profitieren. Trotz der erstaunlichen Effizienz des Gesamtsystems, ist den Akteuren innerhalb des jeweiligen Subsystems die wichtige Rolle der jeweiligen Partner oftmals nicht vollständig bewusst.

Die ersten Jahre der deutschen Berufsbildungszusammenarbeit waren vor allem dadurch geprägt, dass von den Implementierungsorganisationen im Regelfall solche Personen in die verschiedenen (Partner-)Länder entsandt wurden, die aus dem Bereich der Berufsschule kamen. Berufsschullehrern war es relativ einfach möglich, die Herausforderungen eines Auslandsaufenthaltes für einige Jahre anzunehmen. Dabei konnte dieser Personenkreis zum einen von einem signifikant höheren Einkommen im Vergleich zur Beamtenbesoldung im Schuldienst profitieren, zum anderen war die Rückkehr an eine Berufsschule garantiert, ohne dass der Auslandseinsatz sich negativ auf die Pensionsansprüche auswirkte. Im Gegenteil, in einigen Bundesländern wird der Anspruch für diese – im Auftrag der Entwicklungszusammenarbeit absolvierten – Jahre gar verdoppelt. Der Vorteil für die Entsendeorganisation im Falle einer Verpflichtung von Beamten ist, dass die arbeitgeberseitigen Rentenzahlungen nicht fällig werden, im Gegensatz zu einer Fachkraft, die aus der Wirtschaft angeworben wird.

Über Jahrzehnte wurden somit in zahlreichen Ländern der Welt, im Rahmen der Berufsbildungszusammenarbeit Berufsschulen mit durchaus guter Qualität aufgebaut. Neben der Ausbildung der Lehrer wurde auch in entsprechende Werkstätten und deren Ausstattung investiert, die oftmals den Vergleich mit Werkstätten an deutschen Berufsschulen nicht scheuen mussten. Manchmal lag ihre Ausrüstungsqualität sogar über dem Durchschnitt in Deutschland. Wichtige Fragestellungen, die in diesem Kontext oftmals in den Hintergrund traten, wären z. B. dahin gehend auszurichten gewesen, ob die vorhandenen finanziellen Ressourcen des jeweiligen Partnerlandes bezüglich der permanenten Refinanzierung einer solchen Einrichtung gegeben waren. Schließlich handelte es sich bei den Ausrüstungsgegenständen in der Regel um hochwertige Maschinen und Werkzeuge, die einer technischen Entwicklung unterworfen waren, d. h. nach einer gewissen Zeit zu ersetzen waren. Darin liegt übrigens auch der Grund, warum die Werkstätten an Berufsschulen in Deutschland eher bescheiden ausgestattet sind, denn je mehr investiert wird, desto größer wird die Last für das Staatsbudget, die getätigte Finanzierung mit einem zu kalkulierenden Return on Investment (RoI) rechtfertigen zu können.

Ein entscheidender Vorteil des dualen Ausbildungssystems ist darin begründet, dass die praktische Ausbildung nicht nur an den Berufsschulen, sondern vor allem in den Unternehmen stattfindet, deren Maschinen und Werkzeugpark grundsätzlich die technische Entwicklung abbilden, denn nur Unternehmen, die technisch auf einem hohen Standard liegen, sind wettbewerbsfähig und kommen als Ausbildungsunternehmen infrage.

Innerhalb der deutschen dualen Berufsbildung sind es die Unternehmen, die einen Ausbildungsvertrag mit einem Lehrling abschließen. Erst mit einem solchen Vertrag ist der Lernende berechtigt, eine Berufsschule zu besuchen. Aus dem Blickwinkel der Berufsschule und des dortigen Lehrpersonals, werden die Lehrlinge entsprechend zugeteilt.

Diese sind in der Regel sehr motiviert, viele wollen lernen und müssen nicht erst dazu gedrängt werden, vor allem, weil sie jeden Tag in ihrem Unternehmen sehen, dass sie bestimmte Fähigkeiten, Fertigkeiten und Kompetenzen benötigen, um den gewählten Beruf auch vollständig ausfüllen zu können. Das kontinuierliche Üben bestimmter Basisfertigkeiten wird in den Betrieben durchgeführt, ohne dass dies in der Berufsschule didaktisch aufbereitet werden muss. Wird nun versucht, eine Berufsschule in Anlehnung an das deutsche duale System in einem anderen Land identisch aufzubauen, lassen sich unmittelbar Problemfelder erkennen, die nur sehr schwer zu bewerkstelligen sind. Wenn ein duales System in ein Land transferiert wird, in dem es keine oder nur sehr wenige Unternehmen gibt, die dazu bereit sind, die Rolle eines Ausbildungsunternehmens anzunehmen, fällt diese wichtige Komponente einer dualen Ausbildung aus. Die Ausstattung der Ausbildungswerkstätten an Berufsschulen sowie die Qualifizierung von Lehrpersonal allein bilden einen dualen Berufsbildungsansatz nicht ab; die Ausbildung kann daher nicht erfolgreich und nachhaltig etabliert werden. In einem solchen Fall muss es gelingen, einen Interessensausgleich der involvierten Partner herbeizuführen und zu moderieren. Bei einer Projektintervention muss dieser Faktor berücksichtigt werden, falls in einem Land ein solcher Mechanismus noch nicht etabliert ist.

Bildung wird, wie bereits ausgeführt, von allen Staaten als eine Schlüsselaufgabe zur Kontrolle der eigenen Bevölkerung gesehen, dies ist der Kontext, in dem sich die internationale Berufsbildungszusammenarbeit bewegt. Berufsbildung bildet im Rahmen der jeweiligen nationalen, aber auch der international propagierten Bildungspolitik keine Ausnahme, sondern wird ebenfalls, wie auch die allgemeinbildenden Schulen, derzeit noch staatlich dominiert. Demgegenüber stehen die Unternehmen, die einen Bedarf an ausgebildeten Arbeitskräften haben oder einfach die Arbeitsplätze zur Verfügung stellen, wodurch entsprechend der noch herrschenden Weltordnung, Steuern sowohl für den Arbeitnehmer als auch für den Arbeitgeber erhoben werden können. Diese Steuern fließen dem staatlichen Verwaltungskonstrukt und den damit verwobenen globalen Interessensvertretern zu. Ein Unternehmen, das der Realwirtschaft angehört, kann nur dann existieren und wachsen, wenn es gut wirtschaftet, also

Produkte oder Dienstleistungen anbieten kann, die auf einen Bedarf treffen. Nun gibt es eine klare Korrelation zwischen der Qualität und der Motivation der Mitarbeiter sowie dem wirtschaftlichen Erfolg eines Unternehmens. Innerhalb dieser Kausalitätskette wäre demnach eine Interaktion zwischen den verschiedenen Partnern in Bezug auf Berufsbildung zu etablieren. Sie sollte es bestenfalls ermöglichen, zukünftige, qualifizierte Fachkräfte auszubilden, die gleichzeitig eine solche Qualifizierung erfahren, die der Staat in seinem Selbstverständnis, dem Wohle des Volkes zu dienen, als geboten erachtet. Außerdem müssen die Jugendlichen durch die Ausbildung in der Lage versetzt werden, eine erfolgreiche berufliche Laufbahn starten zu können, was wiederum zur wirtschaftlichen Prosperität eines Landes beiträgt. Selbstverständlich spielen in diesem dualen Ansatz auch die Berufsschulen eine wichtige Rolle, aber eben nicht die Hauptrolle.

Als die deutsche Berufsbildungszusammenarbeit, die vor allem durch die deutsche Gesellschaft für internationale Zusammenarbeit (GIZ, früher GTZ – Gesellschaft für technische Zusammenarbeit) implementiert wurde, die Wirksamkeit der langjährigen Bemühungen in der Berufsbildungszusammenarbeit hinterfragte, entstand ein Mantra, welches auch heute immer wieder gerne wiederholt wird. Es wird von fast allen Stellen, die sich berufen fühlen zu diesem Thema das Wort zu ergreifen betont, dass sich das duale System in ein anderes Land nicht übertragen ließe, da es eben zu komplex sei und auf einer langen Tradition in Deutschland beruhen würde. Dazu sollte man allerdings wissen, dass die duale Berufsausbildung aus der traditionellen Lehrlingsausbildung hervorging, welche seit Jahrtausenden in allen Kulturen dieser Welt praktiziert wurde (und manchmal noch wird). Die Innovation besteht lediglich darin, die Lernenden in Teilzeit in eine Berufsschule zu schicken. Selbstverständlich ist es für die Implementierung angepasster dualer Ansätze in einem interessierten Partnerland nicht zwingend notwendig, jede in Deutschland übliche Ausformung eines Aushandlungsprozesses zwischen nationalen öffentlichen und rechtlichen Partnern kopieren zu wollen. Beispielsweise kann man kaum erwarten, dass es in einem anderen Land auch IHKs (Industrie- und Handelskammern) und HWKs (Handwerkskammern) gibt, wie in Deutschland. In diesem Fall wäre es vielmehr angezeigt, auf Traditionen in den einzelnen Ländern Rücksicht zu nehmen. Grundsätzlich ist es von Vorteil, ein System, welches man einem internationalen Partner vorstellt, in seiner Wirkungslogik, gänzlich zu verstehen. Dabei sollte die Kompetenz vorhanden sein, den Blickwinkel aller involvierten Stakeholder, d. h. sowohl die Sichtweise der Berufsschulen als auch die der Ausbildungsbetriebe, einnehmen und reflektieren zu können.

Das Interessante an der deutschen dualen Berufsausbildung ist, dass es sehr wenige Menschen gibt, die zu dieser reflektierten Sichtweise in der Lage sind. Erschwerend kommt in dieser Gemengelage hinzu, dass aufgrund der schon lang anhaltenden Akademisierung ein Überangebot an Universitätsabgängern auf dem Arbeitsmarkt besteht, wodurch Positionen, die besser mit Fachkräften besetzt werden sollten, an diese ehemaligen Studenten vergeben werden, die sich nur auf eine rein theoretische und oftmals vollkommen fachfremde und daher wenig relevante Ausbildung, ohne jegliche reale Erfahrung, stützen können. Viel besser wäre es, die Fachkraftpositionen in den Unternehmen an Menschen zu vergeben, die das System einer Berufsbildung selbst durchlaufen haben. Auch wenn die Sachlage an dieser Stelle auf den Bereich der internationalen Berufsbildungszusammenarbeit bezogen wird, muss konstatiert werden, dass sich die gleiche Dynamik auf fast jeden beliebigen fachlichen Sektor übertragen lässt. Wir erleben eine fortgesetzte Erosion der Fachlichkeit in allen Institutionen, inklusive der Ministerien oder Bildungseinrichtungen des Inlandes. Wesentlich dramatischer noch stellt sich die Situation in internationalen Organisationen z. B. der EU oder der UN dar, da aufgrund der dort nicht einzuhegenden Lobbywirtschaft nicht davon ausgegangen werden kann, auf tatsächlich kompetentes Personal zu treffen. Umso wichtiger wird für ein solches Ökosystem, das den Gegenstand der eigenen Existenz nicht vollumfänglich erfassen kann, die Konstruktion einer bürokratischen Ummantelung, die man sich gibt, denn für eine solche Struktur sind keine Fachkenntnisse notwendig. Es werden lediglich Regeln aufgestellt, die eindimensional befolgt werden (können). Wenn die ausgelösten Aktivitäten den bürokratischen Gegebenheiten entsprechen, kann die Sinnhaftigkeit des eigenen Tuns bejaht werden. Es handelt sich also um ein geschlossenes System, welches sich grundsätzlich selbst bestätigt und damit stabilisiert.

Der Wunsch der deutschen Regierung, die Partnerländer bei der Reform ihrer jeweiligen Berufsbildungssysteme zu unterstützen, ist legitim. Schließlich werden die deutschsprachigen Länder noch immer um das effektive, duale Berufsbildungssystem vielerorts beneidet. Deshalb kommt es auch nicht von ungefähr, dass Deutschland im Bereich der Berufsbildungszusammenarbeit (BBZ) weltweit der größte Geber ist. Im Jahr 2019 wurden 447 Mio. € zugesagt[1] und unzählige Projekte in zahlreichen Partnerländern damit unterstützt. Jetzt sollte man annehmen, dass Deutschland vor allen seine Erfahrungen und sein Wissen im Bereich einer dualen Berufsbildung in die Waagschale wirft, schließlich wurde dieses System bereits von vielen Bundeskanzlern als Beispiel für die Welt präsentiert; auch gibt es bezüglich der Effizienz dieser Form der Berufsbildung keinen ernstzunehmenden Zweifel.

Allerdings wurde in den vergangenen 2 Dekaden das CBT-System global in die Bildungsbürokratien fast aller Länder eingeführt. Durch die dabei freigesetzte bürokratische Wucht ist ein dermaßen enges Korsett entstanden, welche kaum die Möglichkeit schafft, Nischen für eine Lehrlingsausbildung zu erhalten. Auch die deutsche Entwicklungszusammenarbeit beteiligt sich vielerorts aktiv an der Einführung dieses im höchsten Maße korruptionsanfälligen Systems, obwohl die offiziellen Verlautbarungen des BMBF und des BMZ noch immer die Vorteile der dualen Berufsausbildung beschreiben. Berufsbildung wird dabei generalisiert, da das Verständnis der Akteure, bezüglich der fachlichen Materie nur noch marginal vorhanden ist. Unzweifelhaft steht das CBT-System im Fokus des globalen Mainstreams, bezüglich der Berufsbildung. Daraus folgt, dass bei dem verantwortlichen Personal in den Ministerien der Partnerländer, stets genau diese Assoziation geweckt wird, wenn es um das Thema *Berufsbildung* geht. Wenn nun während der turnusmäßigen Regierungsver-

---

[1]OECD; Dataset: Creditor Reporting System (CRS); 11.330 Vocational Training/gross disbursements (https://stats.oecd.org/index.aspx?queryid=58197# zuletzt gesehen am 18.03.2021).

handlungen seitens eines Partnerlandes der Wunsch geäußert wird, ein CBT-System zu implementieren, nehmen die deutschen Partner aus der ministerialen Struktur einen solchen Wunsch gerne auf. Berufsbildung wird per se als etwas Positives aufgenommen und so in die deutsche ministeriale Struktur weitergegeben, eine Differenzierung bezüglich unterschiedlicher Ansätze findet oftmals aus reiner Unkenntnis nicht statt. Das BMZ leitet den Auftrag an die GIZ, als Durchführungsorganisation der deutschen Entwicklungszusammenarbeit, weiter, ein entsprechendes Programm zu erarbeiten. Innerhalb dieses Mechanismus dominiert eine Prozesslogik, also ein bürokratisches Ablaufverfahren, in welchem fachliche Aspekte bisweilen eher als störend empfunden werden, da qualitative Faktoren, wie der individuelle Aufbau von beruflicher Handlungskompetenz, nur sehr schwer gemessen und evaluiert werden können, konzentriert man sich lieber auf quantitative Zahlenwerke, wie die Summe von Menschen, die man „irgendwie" mit einem Vorhaben erreichen konnte. Dies hat zur Folge, dass sich die deutsche BBZ auch an der Einführung von CBT-Systemen beteiligt, obwohl im eigenen Land hierzu keine wirkliche Expertise vorhanden ist und erfahrene Praktiker diesem Ansatz sehr kritisch gegenüberstehen. Innerhalb eines CBT-Gerüstes, welches sich durch rigide Bürokratie auszeichnet, ist es nahezu unmöglich, duale Ausbildungsansätze, d. h. die *angepasste Lehrlingsausbildung* nachhaltig zu etablieren. Das traditionelle Lehrlingssystem, das in fast allen Ländern vorhanden ist, wird weiter marginalisiert. Übrig bleibt eine mehr oder weniger schulisch basierte Berufsausbildung, die Bestandteil einer aktuellen oder zukünftigen vereinheitlichten Bildungsindustrie ist.

Die GIZ ist die Implementierungsorganisation der deutschen BBZ und verwaltet das bei Weitem größte Volumen in diesem Bereich der Entwicklungszusammenarbeit. Dabei ist die GIZ angehalten, einen signifikanten Anteil des Auftragsvolumens an private Consultingunternehmen weiterzugeben. Diese Organisationen übernehmen dann bestimmte Komponenten von BBZ-Vorhaben oder führen auch gesamte Projekte durch. Während die GIZ die sogenannte technische Zusammenarbeit (TZ) verantwortet, übernimmt die KfW (Kreditanstalt für Wiederaufbau) die finanzielle Zusammenarbeit (FZ). Bei der finanziellen Zusammenarbeit geht es z. B. um die physische

Errichtung oder auch die Ausstattung von Berufsbildungseinrichtungen. Neben diesen staatlichen Einrichtungen gibt es noch verschiedene Organisationen der sogenannten Zivilgesellschaft oder Nichtregierungsorganisationen (NGO), die verschiedene Aktivitäten im Bereich der BBZ durchführen und auch vom BMZ, also aus Steuermitteln, dahin gehend finanzielle Unterstützung erhalten können. Zu nennen ist hier z. B. Don Bosco Mondo oder die Welthungerhilfe. Die NGOs unterliegen – wie übrigens alle Organisationen – einer Systemlogik, die sich automatisch auf die Stabilisierung und das Wachstum der eigenen Strukturen fokussiert. Damit geht ein unmittelbares Einklinken in den Mainstream einher, um die Mittelzuweisungen und auch das Spendenaufkommen zu optimieren. Denn nur so kann das Umsatzvolumen und der Personalstand gehalten oder auch erweitert werden.

Neben der deutschen BBZ gibt es noch weitere Länder, die sich mit bilateralen Projekten in dieser Thematik engagieren, zu nennen sind hier vor allem die Schweiz und Frankreich. Dann gibt es noch multilaterale Geber wie die EU und die Weltbank, die mit signifikanten Mitteln operieren. Schon in der bilateralen Entwicklungszusammenarbeit sind es vor allem bürokratische Prozesse, die ganz wesentlich die Initiierung, Planung und Durchführung von BBZ-Programmen charakterisieren. Eine Konzentration auf die Etablierung von administrativen Strukturen liegt in der Natur der multilateralen Organisationen. Es sollte jedem klar sein, dass in diesen Organisationen kaum Fachwissen bezüglich des zu behandelnden Themas vorhanden ist, vielmehr geht es darum, zugewiesene Finanzmittel möglichst effektiv abfließen zu lassen. So ist die EU von ihrem Wesen her eine reine Bürokratie, welche strukturell gar nicht anders agieren kann, als die gegebenen bürokratischen Vorgänge immer weiter zu optimieren, also zu stabilisieren und auszuweiten. Inhärentes Ziel muss für eine solche Organisation daher sein, Schemata zu entwerfen, die einer vorgegebenen Agenda zuarbeiten, wodurch Normen definiert und für allgemeingültig erklärt werden, bis diese Normen durch zielgerichtete und fortwährende Wiederholung in Werte umgedeutet werden können, die von den Menschen im Laufe der Zeit als selbstverständliche Bestandteile der (eigenen) wahrgenommenen Lebenswirklichkeit interpretiert werden.

Bei der dualen Lehrlingsausbildung handelt es sich eher um ein dezentrales, auf Subsidiarität beruhendes System, in welchem dem Individuum in Gestalt eines Ausbilders oder Lehrmeisters ein Großteil der Verantwortung übertragen wird; diese Bildungsleistung also nicht unmittelbar vorgegeben, permanent beobachtet und kontrolliert werden kann. Das CBT-System bietet hingegen „hervorragende" Optionen im Sinne der Synchronisierung, Standardisierung und der Massenkontrolle. Zudem kann die Verantwortung für die Erreichung der anvisierten Ergebnisse auf verschiedenste, irgendwie vernetzte Institutionen delegiert werden, wie z. B. Akkreditierungseinrichtungen, Lizenzierungsbehörden, Qualitätssicherungsbeauftragte usw., sodass am Ende ein sich selbst stabilisierendes System entsteht, welches nicht hinterfragt werden darf, wenngleich es faktisch keine relevanten Ergebnisse, d. h. die tatsächliche *berufliche Handlungskompetenz* des Lernenden, liefert. Somit liegt es auf der Hand, dass eine EU-Bürokratie tendenziell Vorteile in einem CBT-System identifiziert, was in der Konsequenz dazu führt, dass es gerade die EU ist (die übrigens zum größten Teil durch den deutschen Steuerzahler finanziert wird), die federführend für die globale Implementierung dieses Systems gesorgt hat und weiterhin sorgt. Da die EU ihre Vorhaben international ausschreibt, waren bislang auch viele deutsche Consultingunternehmen am Aufbau zahlreicher CBT-Strukturen beteiligt. Der Tatsache Rechnung tragend, dass zu diesem Thema die Expertise im eigenen Land meist nicht vorhanden ist, wurde und wird vor allem auf Berater aus anglosächsischen Ländern, wie z. B. Australien, zurückgegriffen. Die Bildungsindustrie in Australien hat den sogenannten Bildungsexport als lukratives Geschäftsfeld erkannt und entsprechend in die Produktentwicklung investiert. Viele australische Bildungseinrichtungen sind inzwischen von einer hohen Zahl an gut zahlenden ausländischen Studenten abhängig. Hierbei nimmt auch die Berufsbildung im Zusammenhang mit CBT eine systemrelevante Rolle ein. Denn im Zusammenspiel mit einem nationalen Qualifikationsrahmen ist es möglich, einen einfachen Übergang von der Berufsbildung in das für die Bildungsindustrie lukrativere, da weniger kostenintensive, akademische System zu schaffen. Werden in den Ländern dieser Erde also CBT-Systeme etabliert, die mit dem australischen System kompatibel sind oder gar von australischen Institutionen gegen Gebühr direkt anerkannt werden, können wohlhabende Studenten direkt in das australische CBT-System übernommen werden, um ihre Berufsausbildung noch mit einem akademischen Studiengang, für den natürlich entsprechende Studiengebühren anfallen, anzureichern. Bis auf Großbritannien, das inzwischen die EU verlassen hat, gibt es innerhalb der verbliebenen Mitgliedsländer bisher keine Bildungsunternehmen, die eine solche, globalistische Wertschöpfungskette im größeren Stil bedienen. Trotzdem setzt die EU-Bürokratie hunderte von Millionen Euro dafür ein, das überkomplexe, korruptionsanfällige und uneffektive CBT-System weltweit weiterhin einzuführen.

Auch die Weltbank stellt große Mittel für den Bereich der Berufsbildung zur Verfügung, hier werden jedoch oft sehr große Interventionspakete geschnürt, wodurch der Fokus der Vorhaben häufig auf umfassendere und kaum zu greifende Fragestellungen, wie z. B. „Beschäftigungsförderung", ausgerichtet ist. Auch bei den hier ausgelösten Interventionen ist eine Ausrichtung auf den allgemeinen globalen Mainstream gegeben. Somit erfährt auch an dieser Stelle der weitere Ausbau des CBT-Systems mit seiner auf kommerzielle Geschäftsmodelle basierten Logik in einer konzertierten Aktion mit allen anderen multilateralen Gebern weitere Unterstützung. Es muss unterstellt werden, dass für eine Bank monetäre und damit kapitalakkumulierende Algorithmen mit erhöhter Aufmerksamkeit wahrgenommen werden, während gesellschaftliche Moderationsvorgänge, die bei einer Lehrlingsausbildung im Vordergrund stehen, eher als vernachlässigbare Randnotiz kategorisiert werden.

Wie bei zahlreichen anderen Fragestellungen gibt es auch in der Thematik der internationalen Berufsbildungszusammenarbeit keinerlei öffentliche Diskussion, die dieses Agieren der Hauptkapitalgeber im Endergebnis bewerten würde. Der Vorgang scheint den wenigen Betrachtern des globalen Geschehens wie das Wehen des Windes oder die Drehung der Erde; es geschieht einfach und wird von niemandem hinterfragt. Vielmehr wird es von unzähligen Playern befördert, die ihren Lebensunterhalt mit den unmittelbaren und mittelbaren, sich daraus ergebenen Aktivitäten verdienen. Entstehen Zweifel an dem etablierten System, werden diese weggewischt, isoliert oder einfach ignoriert. Schließlich handelt es sich auch hier um einen globalen Vorgang, der wohl „alternativlos" zu sein scheint, wie manche Personen sagen würden. Globalistische Vorgänge geschehen einfach, denn die sie vorantreibenden Organisationen sind bar jeder funktionsfähiger Kontrollmechanismen. Es gibt keine gewählten oder sonstige – durch die Allgemeinheit legitimierte – Gremien, die eine Richtung zum Wohle der Menschen bestimmen. Was existiert, ist ein undurchsichtiger Lobbyismus, der sich dieser immer mächtiger werdenden Organisationen bedient, für die nationale – und damit in der Regel wesentlich transparentere – Entscheidungsmechanismen als Störfaktoren wahrgenommen werden. Es ist im höchsten Maße erstaunlich, wie internationale Organisationen, wie z. B. die ILO (Internationale Arbeitsorganisation), die OECD (Organisation für wirtschaftliche Zusammenarbeit und Entwicklung) oder die UNESCO (United Nations Educational, Scientific and Cultural Organization), zum Thema Berufsbildung publizieren, Richtlinien veröffentlichen und Standards setzen, obwohl es doch auf der Hand liegt, dass diese Organisationen über keinerlei ausreichende fachliche Expertise verfügen können, um tatsächlich relevante Informationen anbieten zu können. Ein Grund, der zu dieser dramatischen Fehlfunktion führt, liegt in der Personalbeschaffung dieser Organisationen begründet, wonach z. B. ein gewisser Proporz bezüglich der Mitarbeiterrepräsentanz unter den verschiedenen Ländern einzuhalten ist. Somit lässt sich gar nicht vermeiden, dass bei der Stellenbesetzung bestimmte Prozeduren initiiert werden, die eine bestimmte Klientel bevorzugen und vor allem Technokraten fördern. Gilt es doch in diesen internationalen Institutionen Stellen zu besetzen, die sehr gut bezahlt sind und zudem über ein hohes soziales Prestige verfügen, welches anschließend auf unterschiedliche Art und Weise in Wert gesetzt werden kann. In einem solchen Ökosystem, welches sich durch fachliche Inkompetenz auszeichnet, ist eine Beeinflussung und Steuerung durch Interessensgruppen sehr einfach und effektiv zu bewerkstelligen. Vor allem wenn eine kritische Begleitung durch die Presse oder wahrhaftig kontrollierenden Organisationen, durch geschickte Vereinnahmung der inzwischen globalen Strukturen, nicht mehr vorhanden ist. So wurde in der Öffentlichkeit das Narrativ zementiert, welches jede Kritik an einer globalistischen multinationalen

Organisation verbietet. Auch die einstmals kritischen NGOs sind zu einem abhängigen Anhängsel des globalistischen Systems geworden und tragen, wie in einem fein austarierten Regelkreis, zu dessen Stabilisierung und Perfektionierung bei.

Somit haben wir es nun mit einer Welt zu tun, in welcher ein uneffektives, aber enorm kostenintensives Berufsbildungssystem in fast allen Ländern eingeführt wurde, das sich hervorragend als Baustein für eine zukünftige, globalistische Bildungsökonomie eignet. Auch wenn im deutschsprachigen Raum immer noch das duale Berufsbildungssystem existiert, hat seine Marginalisierung längst begonnen, welche mit seiner subtilen, gesellschaftlich getragenen Entwertung einhergeht. Wie bereits das pädagogisch und didaktisch, nachgewiesenermaßen überlegene System der Diplomingenieursausbildung dem globalistischen Narrativ, unter Verzicht auf alle Qualitätsaspekte, untergeordnet wurde, erscheint es nur eine Frage der Zeit, bis auch die Lehrlingsausbildung, die ein Teil unserer kulturellen Identität ist, vom medial-politischen Komplex aufgegeben wird.

Ein vielleicht in Zukunft noch wichtiger werdender Aspekt der internationalen Berufsbildungszusammenarbeit ist die Vermarktung von Lehrmaterialien. Diese Materialien können sowohl softwarebasiert sein oder auch aus Maschinen und Werkzeugen bestehen, mit denen man Lernende auf den Arbeitsalltag vorbereiten kann. In diesem Sektor hat sich in Deutschland ein mittelständisch geprägter Sektor von Lehrmittelherstellern entwickelt, die international agieren. Eine Organisation mit dem Namen iMOVE, die am BiBB (Bundesinstitut für berufliche Bildung) angesiedelt und damit dem BMBF (Bundesministerium für Bildung und Forschung) untergeordnet ist, unterstützt die deutsche Bildungswirtschaft im internationalen Kontext. Da das BMBF für Deutschland die Koordination der internationalen Berufsbildungszusammenarbeit verantwortet, wurde eine weitere Organisation am BiBB mit dem Namen GOVET (German Office for International Cooperation in Vocational Education and Training) angesiedelt. Dieses Büro soll als eine Schnittstelle für alle deutschen Berufsbildungsaktivitäten im Ausland dienen. Daher wird hier Personal, sowohl aus verschiedenen anderen in das Thema involvierten Ministerien als auch aus der GIZ eingesetzt.

Gerade durch die sogenannte Coronapandemie erfährt der Lehrmittelbereich für die Berufsbildung einen nicht zu unterschätzenden Stimulus. Analog zur Situation in den allgemeinbildenden Schulen wird fieberhaft analysiert, wie die Digitaltechnik besser und effektiver in die Berufsbildung integriert werden kann. Da die Berufsbildung allerdings untrennbar mit der Ausführung praktischer Tätigkeit verbunden ist, ergeben sich hier besondere Fragestellungen. Es soll eine Lernumgebung zur Verfügung gestellt werden, die es ermöglicht, Arbeitsprozesse so realitätsnah wie möglich zu gestalten. Am einfachsten lässt sich dies dadurch erreichen, dass die Werkzeuge und Maschinen, die verwendet werden, identisch mit solchen sind, die auch am realen Arbeitsplatz eingesetzt werden. Im Gegensatz zum Arbeitsprozess, der in einem Betrieb für einen Kunden durchgeführt wird, zeichnet sich eine schulische Lernumgebung jedoch durch ein sich davon unterscheidendes Milieu aus. Einen wirklichen Kunden gibt es nicht; dieser muss simuliert werden. Auch die Aufgabenstellung selbst führt nicht zur Herstellung eines tatsächlichen Produktes oder zur Ausführung einer Dienstleistung, die einen faktischen Wert besitzt. Zudem befindet sich der Lernende in der künstlichen Umgebung einer Schule, in der er mit seiner Peergroup zusammen ist, was erneut eine große Barriere zur Welt der Arbeit darstellt. Ein erster Schritt hin zu einer effektiven Nutzung der dargebotenen Lehrmaterialien ist dann gegeben, wenn die Lernaufgaben derart gestaltet sind, dass ein realer Arbeitsprozess nachempfunden wird, sodass der Lernende einen gewissen Bezug zur Realität herstellen kann. In zahlreichen Ländern ist das Lehrpersonal in den Berufsschulen sehr schlecht bezahlt und nicht sonderlich motiviert, wodurch sich eine Korrelation mit der angebotenen Ausbildungsqualität ergibt. Hier können pädagogisch gut aufgebaute Kursmaterialien helfen, den Einsatz der gelieferten Maschinen und Werkzeuge als didaktisches System zu begleiten und den Lernerfolg zu optimieren. Zurzeit kann dieser Faktor noch als Vorteil für die deutsche Lehrmittelwirtschaft angesehen werden, denn durch den Rückgriff auf die duale Lehrlingsausbildungstradition in Deutschland können die arbeitsmarktrelevanten Lernsituationen relativ einfach generiert und didaktisch aufbereitet werden.

Dies geschieht vor allem durch die Fachkräfte, die noch in der betrieblichen Ausbildung aktiv sind.

Schon seit einigen Jahren rücken neue digitaltechnische Hilfsmittel in den Fokus. Lernende produzieren z. B. mit ihren Smartphones kleine Erklärvideos, die sie dann über geeignete Portale anderen zur Verfügung stellen. Dabei werden 2 Effekte erreicht, zum einen werden die Lernenden, die das Video produziert haben, den darin behandelten Inhalt niemals wieder vergessen, andere, die nach Informationen suchen, bekommen wiederum eine gute Möglichkeit, sich durch ein solches Video neues Wissen zu erschließen. Aber auch Virtual und Augmented Reality halten verstärkt Einzug in Lehrmittelanwendungen im Berufsbildungsbereich. Weltweit wird nach Lösungen gesucht, wie ein authentisches Lernerlebnis möglichst realitätsnah simuliert werden kann. Gelingt es, den Lernenden in eine virtuelle Umgebung eintauchen zu lassen, in welcher er auf interagierende Kunden und Kollegen trifft, können alltägliche Vorgänge und Prozesse der Arbeitswelt effektiv eingeübt werden. Auch kann dadurch das Problem der vielfach anzutreffenden, gering motivierten Lehrkräfte auf einfache Art und Weise gelöst werden. Bestenfalls wäre es sogar möglich, die reale Lernsituation, die eine Lehrlingsausbildung bis heute zur effektivsten Form der Berufsausbildung macht, mehr und mehr nachzubilden. Noch stehen die enormen Kosten der Erzeugung einer leistungsfähigen und vor allem interaktiven virtuellen Umgebung im Wege. Auch kann die Handhabung von Werkzeugen, das Formen von Materialien und das Spüren von Werkstoffoberflächen nicht authentisch und wirtschaftlich simuliert werden; zumindest entspricht dies der heutigen Faktenlage. Ein weiterer entscheidender Aspekt ist die Interaktion mit Personen, die im menschlichen Zusammenleben noch immer eine wichtige Rolle spielt. Es müssen kommunikative Strategien entwickelt werden, die folgende Fragen beantworten: Wie erhalte ich alle notwendigen Informationen von einem Kunden, wie kann ich Fachexpertise einholen, wie verhandele ich mit Lieferanten? Dies sind Kompetenzen, die für eine erfolgreiche Fachkraft entscheidend sind. Kann eine – wie auch immer konstruierte – innovative Lernumgebung authentische und damit wertvolle und verwertbare Lernerfahrungen bieten?

In fast allen Vorhaben der internationalen Berufsbildungszusammenarbeit werden diese eben geschilderten Fragen mehr und mehr diskutiert. Es besteht kein Zweifel daran, dass die angestrebten Innovationen in diesem Zusammenhang unmittelbare und eklatante Auswirkungen auf die Berufsbildung haben werden. Eine fortgesetzte Digitalisierung, verbunden mit einer permanenten individuellen Konnektivität zum Internet, wird zur Entwicklung und Anwendung globaler Lösungen führen, die sich nahtlos in das kommerzialisierungsfreundliche CBT-System werden eingliedern lassen. Durch die Zersplitterung der Ausbildungsberufe in isolierte Lernmodule lassen sich global standardisierte Lernbausteine zuschneiden und anbieten, die in einer rudimentären Form bereits für einige Sektoren vorliegen. Als Kommunikationsmedium wird zunehmend auf das Smartphone zurückgegriffen werden; jeder Mensch auf diesem Planeten wird bald mit einem solchen ausgestattet sein.

Zusammengefasst kann festgestellt werden, dass die internationale Berufsbildungszusammenarbeit die vollständige Durchdringung der globalen Berufsbildungssysteme mit dem CBT-System in Kombination mit einem nationalen Qualifikationsrahmen, der sich relativ einfach globalisieren lässt, nahezu abgeschlossen hat. Noch gibt es im internationalen Umfeld Bestrebungen, auch die Vorteile der dualen Lehrlingsausbildung zu nutzen, jedoch lediglich indem bestimmte Funktionalitäten in ein bestehendes CBT-System eingebunden werden. Dieser Sektor wird vor allem durch die deutsche Entwicklungszusammenarbeit und multinationale Organisationen, wie z. B. EU und Weltbank, bestimmt, wobei jedoch kein inhaltlicher Diskurs stattfindet, der sicherlich nicht gewünscht ist. Neben diesen systembildenden Aktivitäten werden in Zukunft vermehrt die technologischen Implikationen in den Vordergrund rücken. Der Sprung von den nationalen zu globalen Lösungen ist vorbereitet. Näheres dazu dann in Kap. 5 *Vom Heute zum Morgen*.

4.3 Entwicklungszusammenarbeit und Berufsbildung

Wie wird Berufsbildung in der Entwicklungszusammenarbeit berücksichtigt, welche Umsetzungsstrategien gibt es, welche Erfahrungen wurden bisher gesammelt

Die internationale Berufsbildungszusammenarbeit ist in großen Teilen im Zusammenhang mit der Entwicklungszusammenarbeit zu betrachten, da die sogenannten Entwicklungsländer eher dazu bereit sind, aufgrund von ausländischen Mittelzuflüssen, ihre Bildungssysteme umzugestalten, wie dies in anderen Kontexten der Fall ist. Während in vielen Geber- wie auch Nehmerländern die Entwicklungshilfe durchaus auch öffentlich kritisch betrachtet werden kann, ist dies in Deutschland aufgrund einer vorkonfektionierten Mainstreammeinung nicht möglich. Es besteht, vorgegeben durch den medial-politischen Komplex, weitestgehend Konsens darüber, dass wir die Verpflichtung haben, ärmere Länder durch Entwicklungszusammenarbeit dabei zu unterstützen, für die eigene Bevölkerung mehr Wohlstand zu schaffen. Durch synchronisierte Informationsgestaltung aller gängigen Medien wird weiterhin das Bild aufrechterhalten, dass die Lebensverhältnisse außerhalb Deutschlands und vor allem in den Ländern, die sich in Entwicklung befinden, *sehr schlecht* sind. Daher besteht eine moralische und damit nicht zu hinterfragende Pflicht zur Entwicklungshilfe. Dieses Narrativ wird auch von den zahlreichen NGOs unterstützt, da sich diese Organisationen vor allem durch Spenden finanzieren, wodurch entsprechende Presseberichte konstruiert und den Konsumenten mit der gewünschten Botschaft präsentiert werden. Hinweise auf die stattfindenden positiven Entwicklungen bezüglich der allgemeinen Verbesserung der Lebensbedingungen der Menschen vor den durch die sogenannte Coronapandemie stattgefundenen Verwerfungen, sind hingegen nur sehr sparsam in den Medien zu finden. Damit würde der gewünschten Dramaturgie eine gewisse Disharmonie zugefügt, zumal die wirtschaftlichen Erfolge der Entwicklungsländer kaum mit den durchgeführten Entwicklungsprogrammen korrelieren.

Da vor allem die Mittel der multilateralen Geber in den vergangenen Jahren signifikant erhöht wurden, kommt es in fast allen Nehmerländern zu einem Wettbewerb der verschiedenen Geberorganisationen. Die Entwicklungsländer, repräsentiert durch die entsprechenden Minister und nachgeordneten Beamten, erhalten regelmäßig Besuch von einer Vielzahl von Vertretern diverser Institutionen, die Entwicklungsgelder verwalten, um herauszufinden, wie die gesammelten Mittel abfließen können. Unzählige Studien werden in diesem Zusammenhang erarbeitet, um einen möglichen Bedarf in den jeweiligen Ländern ermitteln zu können, einen Bedarf z. B. im Bereich Wasser, Energie, Gesundheit, Infrastruktur, Friedensförderung oder eben Bildung. In den Ministerien stapeln sich diese Studien auf den Schreibtischen der Beamten. Eine Gruppe sowohl lokaler als auch internationaler Berater hat sich auf die Erfassung von Daten, Befragung von Entscheidungsträgern, Durchführung von teilweise mehrtägigen Workshops und die Erstellung der entsprechenden Berichte spezialisiert, die oftmals von jedem Geber immer wieder neu erstellt werden. Ein nicht unbedeutender Teil der zur Verfügung stehenden Mittel wird in die Erstellung dieser Berichte investiert. Diese Berichte dienen innerhalb der jeweiligen Bürokratie als Rechtfertigung für die Verwendung der Mittel im Sinne der Entwicklungszusammenarbeit. Schafft es ein Bericht, die Wünsche der Auftraggeber entsprechend umfassend wiederzugeben, steigen die Chancen für den Consultant, der einen solchen Bericht verfasst hat, immer wieder unter Vertrag genommen zu werden.

In verschiedenen Partnerländern wechseln die verantwortlichen Minister sehr schnell, aufgrund dieses Umstandes, ist es eine Herausforderung für die Geberinstitutionen, die notwendige politische Unterstützung für angedachte Vorhaben nachhaltig zu gestalten. Oftmals wird z. B. nach einem Regierungswechsel nicht nur der Minister ausgetauscht, sondern auch ein großer Teil der ministeriellen Mitarbeiter, wodurch das fachliche Know-how erst wiederaufgebaut werden muss. Auch dieser Umstand führt oftmals zu erheblichen Reibungsverlusten, vor allem da die bürokratischen Strukturen der Geberinstitutionen kaum die Möglichkeit einer schnellen Reaktion auf sich veränderte Rahmenbedingungen aufweisen. Die Entwicklungszusammenarbeit wird auf zwischenstaatlicher Ebene vereinbart, was bedeutet, dass die entsprechenden Regularien einzuhalten sind, die sich die einzelnen Länder gegeben haben.

Ideal wäre es, wenn die Nehmerländer steuern könnten, wo sich die einzelnen Geber sinnvoll einbringen könnten, um den Entwicklungsstand einer nationalen Strategie entsprechend zu verbessern. Aus den oben genannten Gründen findet dies jedoch oftmals nicht statt, da die Kapazitäten in den jeweiligen Partnerministerien oftmals nicht ausreichen. Verursacht wird dies nicht nur durch den bereits erwähnten häufigen Personalwechsel, sondern auch durch geringe Bezahlung der Beamten. So obliegt es häufig den Geberländern, sich abzustimmen, wo der jeweilige Schwerpunkt der angedachten Interventionen seinen Fokus finden soll. Es liegt in der Natur der Sache, dass diese Absprachen zwar auf einer politischen Ebene getätigt werden, wo es zu einem grundsätzlichen Informationsaustausch kommt. Dieser Austausch führt jedoch nicht unbedingt zu Konsequenzen auf der Implementierungsebene, mit dem Ergebnis, dass sich verschiedene Geber mit unterschiedlichen Ansätzen in gleichen Sektoren engagieren. Bezogen auf den hier gewählten Schwerpunkt der Berufsbildung, gibt es Partnerländer, in denen die EU einen bürokratischen CBT-Ansatz implementiert, während die deutsche Entwicklungszusammenarbeit im gleichen Zeitraum versucht, die duale Lehrlingsausbildung zu realisieren. Dies führt zu Verwirrung bei den Partnern und säht Zweifel bezüglich der Ernsthaftigkeit der verantwortlichen Durchführungsorganisationen. Ein solches Nebeneinander verschiedener Ansätze nährt berechtigterweise Skepsis in Hinsicht auf Struktur und Zielgerichtetheit der vorgeschlagenen Reformvorhaben.

Moderne Projekte der Entwicklungszusammenarbeit werden heute überwiegend vom lokalen Personal umgesetzt. Für die Implementierungsorganisationen ist es von Vorteil, wenn das rekrutierte Personal über gute Verbindungen zur staatlichen Administration verfügt, denn es tauchen immer wieder Probleme auf, z. B. bei Visa-, Steuer- oder Zollfragen im Zusammenhang mit dem Import von Hilfsgütern usw. In der Regel verdient ein Mitarbeiter einer Implementierungsorganisation ein Vielfaches eines Ministerialbeamten, somit ist es ein sehr lukrativer Karriereschritt, nach einigen Jahren Arbeit in einem Ministerium, den Weg in die Projektarbeit mit internationalen Hilfsorganisationen zu gehen. Es versteht sich von selbst, dass der Auswahlprozess der Geberorganisationen so ausgerichtet ist, dass nur Personen mit dem höchsten Potenzial identifiziert werden, die dann natürlich für die staatliche Administration des Partnerlandes „verloren" sind. Allerdings verfügt man innerhalb der Ministerien über einen Informationsvorsprung, was den Bedarf an spezifischem Projektpersonal bei den verschiedenen internationalen Implementierungsorganisationen betrifft und zudem besteht selbstverständlich von der Partnerseite die Möglichkeit, entsprechende Empfehlungen für potenziell geeignetes Personal auszusprechen. Auch bei der Beschaffung von Produkten und Dienstleistungen ergeben sich immer wieder Gelegenheiten, vonseiten der lokalen Administration in kreativer Art und Weise zu unterstützen. Somit liegt es im ureigenen Interesse der staatlichen Administration, so viele Projekte wie möglich zu verantworten, da sich auf diese Weise vielfältige und nicht immer uneigennützige Gestaltungsmöglichkeiten ergeben, die durch den Zufluss der Mittel ermöglicht werden. Innerhalb dieses sich oftmals herausbildenden Graubereichs pseudowirtschaftlicher Aktivitäten geht es nicht zwingend um die eigentliche Intention des Vorhabens der Entwicklungszusammenarbeit, sondern allein um die Projektstruktur, die zu einem separaten *Geschäftsmodell* wird. Daher ist es eigentlich auch zweitrangig, ob sich Projekte, die durchgeführt werden, möglicherweise in ihren Ansätzen widersprechen. Oft ist schon zu Beginn klar, dass nicht harmonisierte Interventionen, zu negativen Wirkungen führen können …

Zum Abschluss der jeweiligen Projekte ist – einer Routine folgend – eine Evaluierungsmaßnahme durchzuführen, hierbei wird vor allem der Partner nach den Wirkungen der Maßnahmen befragt. Für die Implementierungsorganisation ist daher die Zufriedenheit des Partners von entscheidender Bedeutung. Für den Partner wiederum ist es wichtig, dass in Zukunft weiterhin Projekte durchgeführt werden. Würde er ein Projekt schlecht bewerten, stünde zu befürchten, dass andere Geberorganisationen vorsichtig werden würden, eine entsprechende Partnerschaft einzugehen, da Probleme zu erwarten wären, die sicherlich niemand freiwillig sucht. Bis auf wenige Ausnahmen werden daher die Entwicklungsprojekte grundsätzlich als erfolgreich bewertet. Dieser Umstand ist nicht generell als negativ zu betrachten, da sich grundsätzlich viele positive Wirkungen identifizieren lassen. So werden während der Projektdurchführung z. B. zahlreiche Menschen gestärkt und gefördert, die verbesserten Humanressourcen können in der Regel zum Wohle des Partnerlandes Aktivitäten entfalten. Die Finanzmittel des Projekts sind zum größten Teil innerhalb des Partnerlandes ausgegeben worden und können stimulierend innerhalb des lokalen Wirtschaftskreislaufs wirken. Dies sind nur wenige Aspekte; es ließen sich noch zahlreiche weitere Punkte benennen.

Es zeigt sich jedoch auch, dass sich bei einem Überangebot an Projekten, wie man dies heute in fast allen Ländern beobachten kann, eine in sich geschlossene Subkultur bildet. Diese Subkultur ist üblicherweise auf die Abwicklung solcher Entwicklungsprojekte ausgerichtet. Die beschriebene Situation besitzt durchaus auch eine gewisse Attraktivität für die Geber, denn die Anzahl der Personen, die mit den Projektabwicklungsmodalitäten der einzelnen Organisationen vertraut sind, steigt stetig an und damit auch ihre Professionalität bezüglich genannter Erfolgsindikatoren. Projekte werden generalstabsmäßig durchgeführt, die Berichte in der gewünschten Qualität verfasst, die Zahlen für die Erfüllung der Indikatoren werden zuverlässig geliefert. Bevor ein Projekt abgewickelt ist, wird bereits ein Folgeprojekt akquiriert, in welchem die zu bearbeitenden Vorgänge ähnlich sind, auch wenn sich die Thematik vielleicht geändert hat. Es entsteht dadurch eine Projektlogik, die sich auf die Abwicklung geforderter, kurzfristiger Prozesse konzentriert, die jedoch wenig die Lösung struktureller Probleme, also entwicklungshemmender Strukturen fokussiert. Dies würde langfristiges und strategisches institutionelles Denken erfordern. Wäre eine Strukturreform tatsächlich erfolgreich, würde dies in letzter Konsequenz gar der Möglichkeit einer fortgesetzten Durchführung von Projekten entgegenstehen; ein Ergebnis, das nicht unmittelbar im Sinne der Projektprotagonisten sein kann. Diese Mechanismen erfahren vor allem dann verstärkte Bedeutung, wenn das Projektpersonal hauptsächlich aus lokalen Fachkräften besteht, da in diesem Umfeld der staatlichen und nichtstaatlichen Implementierungsorganisationen im Vergleich sehr hohe Gehälter gezahlt werden und zugleich ein hoher gesellschaftlicher Status erreicht wird.

Es besteht also die Tendenz, dass eine gewisse verkapselte Projektindustrie entsteht, die innerhalb eines geschlossenen Ökosystems vielfältige Aktivitäten entfacht, sich jedoch hauptsächlich mit sich selbst beschäftigt, ohne Veränderungen von gesellschaftlicher Relevanz auslösen zu können. Vor allem NGOs achten auf die Stimmigkeit von Zahlen und dass immer genügend Gelder zur Verfügung stehen, was vor allem die Grundlage dafür ist, dass das eigene Personal ausreichend finanziert werden kann. Zur Erreichung dieses Ziels müssen Erzählungen produziert werden, die mit aussagekräftigen Bildern die notwendigen Emotionen innerhalb der Bevölkerung der Geberländer erzeugen. Solche Emotionen werden benötigt, um die Spendenbereitschaft, also den Geldfluss, weiterhin aufrechterhalten zu können. Wie in allen Fragen dieser – durch synchronisierte Medien geprägten – Zeit, erfolgt die Steuerung der Massen über Emotionen und nicht über kritische Informationen. Die rationale Verarbeitung und Verwertung von Informationen wird vielmehr über die visuelle Triggerung von Gefühlsregungen signifikant beeinflusst, man könnte auch sagen gestört oder gar verhindert. Über die vergangenen Jahrzehnte hat sich somit ein System stabilisiert, welches sich wie jeder kapitalistische Prozess auf permanentes Wachstum eingerichtet hat. So werden geschäftstüchtig immer wieder neue Themen, die emotionales Potenzial besitzen, aufgegriffen und integriert, als Beispiele können hier die Klimadiskussion oder auch die Antwort auf die Coronapandemie genannt werden. Es müssten schon sehr dramatische, wirtschaftliche und gesellschaftliche Verwerfungen auftreten, um die Stabilität des hier beschriebenen Komplexes zu gefährden.

Durch die Vielzahl staatlicher und vor allem nichtstaatlicher Organisationen, die sich global in der Entwicklungszusammenarbeit engagieren, kommt es zu einer sich verstärkenden Wettbewerbssituation auf verschiedenen Ebenen. So führen Geberorganisationen Ausschreibungsverfahren durch, um die vermeintlich *besten* Consultingunternehmen als Projektimplementierer zu identifizieren, die anschließend ein bestimmtes Programm oder eine Komponente eines solchen Vorhabens durchführen sollen. Wie in jeder stabilen bürokratischen Struktur werden die Vorgaben bezüglich der Gestaltung der Angebote im Laufe der Zeit immer aufwendiger, wodurch für die

Bewerber natürlich auch die Gefahr wächst, einem Wettbewerber zu unterliegen und damit die eingesetzten Mittel für die Erarbeitung der Eingabe zu verlieren. Es ergibt sich daher von selbst, dass dieses aufzuwendende Kapital in das Angebot mit eingepreist werden muss, damit bei einem irgendwann erfolgten Zuschlag innerhalb des Systems die Kosten für die zuvor vergeblich getätigten Bemühungen kompensiert werden können. Im Ergebnis werden daher zwar die Vorgaben – wie bei allen öffentlichen Ausschreibungen – erfüllt, die zum Beispiel besagen, dass das beste und auch das im Verhältnis günstigste Angebot gewinnt. Ausgeblendet wird dabei jedoch, dass das System an sich immer ineffizienter wird, je mehr das Ausschreibungsverfahren an Komplexität gewinnt. In einem ökonomischen Prozess, in welchem jedoch die Wertschöpfung selbst nicht erfasst werden kann oder soll und ein sogenannter Mittelabfluss im Vordergrund steht, ist die kritische Analyse der Kostenstruktur selbst nur von sekundärer Bedeutung.

Neben der Wettbewerbssituation der verschiedenen Consultingunternehmen für die Durchführung von Vorhaben in den Partnerländern besteht in den Ländern selbst oftmals eine Konkurrenz der Programme der verschiedenen Geber untereinander. Ein Beispiel aus dem Bereich der Berufsbildung soll dies illustrieren. In fast allen Partnerländern steht die mangelnde Qualifizierung der Menschen einer erfolgreichen Partizipation am Arbeitsmarkt im Wege. Eine nachhaltige Beschäftigung wird also nur erfolgen, wenn eine Mindestmenge an Fertigkeiten und Fähigkeiten bei den potenziellen Arbeitskräften vorhanden ist. Die einzige Lösung dieses Problems ist es daher, entsprechend angepasste Weiterbildungsmaßnahmen anzubieten, die auf die jeweilige Zielgruppe zugeschnitten sind und gleichzeitig den lokalen Arbeitsmarkt im Blick behalten. Es ist daher die Frage zu beantworten, wie man die Menschen motivieren kann, an einer Weiterbildung teilzunehmen und die Maßnahme tatsächlich bis zum Ende zu besuchen. Im Sinne der Nachhaltigkeit einer Maßnahme kann man nun das Konzept verfolgen, dass die Teilnehmer einen gewissen Eigenbeitrag für die Weiterbildung entrichten sollten. Dieser Idee liegt die Prämisse zugrunde, dass die Qualifizierungsmaßnahme auf diese Weise einen tatsächlichen Wert erhält und der Teilnehmer genau überlegen kann, welchen Nutzen er von der Weiterbildung erwarten kann, in die er investiert. Es liegt in der Natur einer jeden Investition, dass der Investor einen sogenannten Return on Investment (RoI) erwartet. Daher ist auch davon auszugehen, dass der Teilnehmer sich engagiert an der Weiterbildung beteiligt, um den persönlichen Nutzen durch das Erlernen von neuen Fähigkeiten und Fertigkeiten zu maximieren. Auch das Weiterbildungsunternehmen erhält auf diese Art Teilnehmer, die motiviert sind, wodurch das Ergebnis der Maßnahme insgesamt verbessert wird. Die eben beschriebene Interventionslogik beruht also darauf, nachhaltige Wirkungen in Bezug auf den Aufbau eines funktionierenden Weiterbildungsmarkts zu erzielen. Diese Denkweise ist nun aber nicht grundsätzlich kompatibel mit der Projektlogik, die ebenso von den Implementierungsorganisationen berücksichtigt werden muss. Denn der Erfolg eines jeden Projekts wird durch sogenannte Indikatoren gemessen. Zum Messen und Bewerten eignen sich am besten Zahlen; denn Zahlen triggern einfache Emotionen bei den potenziellen Auftraggebern und/oder Unterstützern, was für die Stabilisierung und Expansion des Systems wichtig ist. Große Zahlen sind daher von Bedeutung, möglichst viele Menschen, so lautet die politische Vorgabe, sollen von den eingesetzten Mitteln profitieren. Über ausgefeilte, sogenannte *Monitoringsysteme* werden vielfältige Daten gesammelt. Das so ermittelte Zahlenmaterial ermöglicht es sogar, Quotienten zu ermitteln, die für Aussagen genutzt werden könnten wie: Wie viele Menschen, mit wie viel Geld durch das Entwicklungsprogramm erreicht werden konnten. Freilich lassen sich aufgrund solcher Zahlen keine Rückschlüsse darauf ziehen, ob die Zuwendungen auch zu nachhaltigen Verbesserungen der Lebensqualität der Menschen geführt haben. Innerhalb einer solchen Projektlogikkette ist das – vom Erfolg des Vorhabens abhängige – Personal permanent gefordert, die entsprechenden Zahlen zu liefern, aufzubereiten und weiterzugeben. Denn die einzelnen Projektdaten fließen in die Gesamtzahlen der jeweiligen Institution mit ein, die in wiederkehrenden Pressekonferenzen den Medien präsentiert werden. Das Echo in den Medien ist inzwischen zur maßgeblichen Entscheidungsgrundlage der Politik geworden. In dieser merkwürdigen Symbiose, in die sich Medien und Politik hineinmanövriert haben, spielen Fakten nur noch eine untergeordnete Rolle. Entscheidungsleitend für die Politik sind vielmehr Emotionen, die man medial inszeniert in der Bevölkerung auslöst und zur Verifizierung der zuvor gestalteten Stimmungslage, wieder durch Medien gesteuert, mithilfe dubioser Meinungsumfragen, erfasst. Auch hier handelt es sich um einen sich immer stärker stabilisierenden isolierten Regelkreis, der sich von vorhandenen Störgrößen, die aus rationalen Fakten bestehen könnten, erfolgreich abgekapselt hat.

In dem hier beschriebenen konkreten Projektbeispiel geht es daher vor allem darum, möglichst viele Personen zur Teilnahme an den Weiterbildungskursen zu motivieren. Wie kann man nun in einer solchen Konstellation auf Wettbewerb bezüglich verschiedener Weiterbildungsangebote reagieren? Der einfachste, schnellste und effektivste Weg in Sinne der Erfüllung der Projektindikatoren ist es, potenziellen Kursteilnehmern nicht nur den Weiterbildungskurs kostenlos anzubieten, sondern die Teilnahme mit einem gewissen Geldbetrag zu vergüten. Auf diese Weise wird der Kurs selbst zum Geschäftsfall für die Menschen und nicht die dort zu erwerbenden Fähigkeiten und Fertigkeiten, die erst nach Ende der Maßnahme auf dem Arbeitsmarkt erfolgreich eingesetzt werden könnten. Für einen signifikanten Teil der Teilnehmer erfährt damit der Lernprozess selbst nur noch eine sekundäre Priorität. Da der Lerninhalt seine Bedeutung verliert, minimieren sich auch die Erwartungen an den Trainingsanbieter. Dieser wird sich demzufolge vor allem auf den Prozess der effektiven Kursabwicklung konzentrieren, damit alle evaluierbaren Daten dem Sponsor der Weiterbildung akkurat präsentiert werden können. Nur scheinbar entsteht auf diese Weise für alle Beteiligten eine Win-win-Situation. Die Kursteilnehmer können ein temporäres Einkommen erzielen, die Trainingsanbieter können die Kurse gewinnbringend vermarkten, ohne dass hohe Anforderungen an die inhaltliche Qualität gestellt werden und der Sponsor der Kurse kann die Zahlen liefern, die im Sinne der Projektindikatoren gefordert sind. In einem solchen geschlossenen System, wird sich nach menschlichem Ermessen niemand finden, der Anstoß an dieser Systematik nimmt. Gab es vor einigen Jahrzehnten noch unabhängige Journalisten, die kritische Fragen stellten, um ein gewisses Echo in der internationalen Medienlandschaft auszulösen, findet dies heute nicht mehr statt. Der Grund ist darin zu finden, dass sich NGOs und Medien gegenseitig in eine stabile Resonanzfrequenz eingeschwungen haben, wodurch etablierte Prozesse eine kontinuierliche Verstärkung erfahren und Aspekte, mögen sie auch noch so relevant sein und möglicherweise die Gefahr einer Disharmonie in sich bergen, nicht einmal mehr gedacht, geschweige denn berichtet werden.

Was bedeutet dies nun für die Menschen in den Partnerländern? Immer wieder machen die Menschen selbst in den entlegensten Dörfern Afrikas die Erfahrung, dass es zahlreiche internationale Geberorganisationen gibt – seien es nun staatliche oder nichtstaatliche –, die alle möglichen Unterstützungen liefern. Sobald ein tatsächlicher oder vermeintlicher Mangel erkannt wird, erfährt man von einem Projekt, wodurch direkt oder unmittelbar bestimmte Mittel zur Verfügung gestellt werden. Vielleicht wird ein Brunnen gebaut oder Solaranlagen installiert, ein Kurs für Handyreparaturen angeboten, die Kinder erhalten Materialien, um sich als Unternehmer zu versuchen. Inzwischen haben viele Menschen über Generationen gelernt, dass die Entwicklung eigener Ideen kaum zu einem messbaren Erfolg, im Sinne einer Steigerung der eigenen Lebensqualität führt. Die Reaktion auf immer wieder präsentierte Hilfsangebote aus den reichen Ländern, verspricht einen scheinbar schnelleren und bequemeren Weg, um Konsumwünsche zu erfüllen.

Bereits über Generationen findet eine Prägung der Menschen in den Partnerländern statt, dargebotene Hilfsleistungen zu konsumieren. Dabei handelt es sich um die gleichen Mechanismen, die einen Menschen auch abhängig vom Medienkonsum machen. Eine Abhängigkeit führt in der Regel zu einer Einschränkung der wahrgenommenen Realität und lässt die Fähigkeit des autonomen Handelns und des Hinterfragens verkümmern. Wenn die Eigeninitiative und damit verbunden das selbstständige Denken nicht mehr als Erfolg versprechende Strategie für die Bewältigung des Lebens wahrgenommen wird, muss diese verkümmern. Somit wird der Regelkreis der Entwicklungshilfeindustrie immer weiter stabilisiert und die einzelnen Akteure wähnen sich in einer Win-win-Situation. Wenn z. B. ein Mensch der wirklich *Gutes* tun möchte, durch Afrika reist und feststellt, dass in einer bestimmten Gegend die Entfernung zwischen einem Dorf und einem Krankenhaus zu weit erscheint, kann er zu Hause von seinen

Erlebnissen berichten und eine Initiative oder einen Verein gründen. Es kann Geld gesammelt werden, die helfenden Menschen fühlen sich gut, denn sie geben etwas von ihrem Reichtum, um den armen Menschen irgendwo in einem Land des globalen Südens ihre Solidarität zu zeigen. Mit dem Geld wird ein Gebäude errichtet, ausgestattet und Pflegepersonal sowie Ärzte engagiert. Solange nun das Geld fließt, funktioniert das Krankenhaus und die Menschen eines Industrielandes, die Hilfe in Form von Geld oder sogar mit einem Arbeitseinsatz vor Ort geleistet haben, fühlen sich sehr gut. Sie können zu Hause von ihrem Abenteuer auf dem fremden Kontinent berichten. Stockt der Geldfluss irgendwann, wird das Krankenhaus auch wieder verschwinden und die Menschen warten einfach bis die nächste Organisation mit einer neuen Idee kommt und diese wird kommen, das ist gewiss. Vielleicht ist es dann kein Krankenhaus, es könnte auch der Aufbau eines Handwerksbetriebs sein oder der Anbau einer bestimmten Ackerfrucht. Die Menschen haben gelernt, die angebotene Hilfe zu konsumieren.

Durch einfaches unideologisches Nachdenken wird deutlich, dass die Entwicklungszusammenarbeit in ihrer augenblicklichen Verfasstheit und hier vor allem die Aktivitäten der vielen NGOs unabhängig vom tatsächlichen Wollen der einzelnen Akteure die Entwicklung in den Zielländern systembedingt nicht fördert, sondern verhindert. Im besten Fall verzögern sie diese nur. Aus unzähligen Studien ist bekannt, dass die Beweggründe des Helfens in der Psyche des Helfers begründet sind. Das Gefühl etwas Gutes getan zu haben, führt zu einem Stimulus, der den Glückshormonhaushalt positiv beeinflusst und zum unmittelbaren Wohlbefinden führt, eine rationale Analyse der tatsächlichen Konsequenzen dieses Tuns kann dabei nicht im Sinne der eigenen biochemischen Vorgänge sein. Die Menschen, denen man vermeintlich hilft, werden somit zum *Objekt* des eigenen egoistischen Handelns. Auch wenn diese Fakten schon sehr lange bekannt sind, werden sie von einer breiten Allianz aus Medien, Politik und Kirchen mit sakrosankten Moralvorstellungen erfolgreich aus dem öffentlichen Diskurs verbannt. Ein Grund ist sicherlich auch darin zu sehen, dass diese, unsere Gesellschaft bislang prägenden Institutionen selbst essenzielle Bestandteile der auf Denkverboten basierenden Hilfsindustrie geworden sind. Vor allem die Kirchen haben eine jahrhundertealte Tradition in der effektiven

Implementierung von gelenktem Denken. Wie bereits weiter oben ausgeführt trägt auch die fortgesetzte Akademisierung zur Normierung der Wirklichkeitswahrnehmung bei, indem die dem Menschen angeborene Fähigkeit zur Hinterfragung durch antrainiertes Memorieren und kompromissloses Zitieren von bereits Gesagtem aus sogenannten *Quellen* erfolgreich verdrängt wird. Der Verweis auf diese ominösen sogenannten *Quellen,* die sich wieder auf *Quellen* berufen, die aus *Quellen* hervorgegangen sind, erinnert doch stark daran, Willkürliches letztendlich mit dem Mantel des Pseudofaktischen zu versehen, um gesinnungsethische Illusionen als alternativlose Handlungsstränge zu präsentieren. Diese Vorgänge, die es schon immer gegeben hat, erfahren aktuell durch die Schnelligkeit und Omnipräsenz der globalistischen Medien eine enorme Verstärkung und Wucht, die sich durch ein regelrechtes „Hacken" der Lebensstränge der einzelnen Menschen illustriert, ähnlich wie dies bei der Manipulation von Computersystemen durch im Hintergrund agierende Akteure geschieht. Es ist zu hoffen, dass die Entscheidung noch nicht gefallen ist, ob nach dieser zu beobachtenden Zerstückelung bestehender zivilisatorischer Grundstrukturen und nach einer Zeit der notwendigen Reorganisation eine freie und kreative Gesellschaft, geprägt von selbstdenkenden Menschen entsteht oder die neue Realität auf einer normierten, vorgegebenen und vorverdauten Wirklichkeit beruht, in der es dann systembedingt keine abweichende Meinung mehr geben kann.

In diesem Zusammenhang kann die Berufsbildung eine wichtige Funktion einnehmen, indem sie die Menschen dazu befähigt, selbstständig und autonom Fakten zu analysieren und Schlüsse daraus zu ziehen. Eine Lehrlingsausbildung bietet prinzipiell die Möglichkeit, die heranwachsende Generation bei der Herausbildung einer verantwortungsbewussten Persönlichkeit dadurch zu unterstützen, indem während der entscheidenden Entwicklungsphase der Adoleszenz eine aktive Interaktion mit der realen Lebenswirklichkeit in einer geschützten Umgebung stattfindet. Dies setzt voraus, dass weiterhin gesellschaftlicher Konsens darüber besteht, dass wertneutrales und autonomes Erfassen von Handlungszusammenhängen zur Entwicklung von kreativen Problemlösungsansätzen führen soll. Noch existieren zahlreiche Berufsfelder, die sich durch freie Unternehmerentscheidungen auszeichnen, doch ist überall der vermehrte Eingriff staatsbürokratischer Prozesse zu beobachten. Dabei handelt es sich nicht um eine temporäre Entwicklung, es kann vielmehr mit einem exponentiellen Vorgang beschrieben werden. Denken wir hierbei nur an die Landwirtschaft, die inzwischen fast vollkommen von bürokratischen Vorgaben kontrolliert wird. Neue Technologien optimieren die Kontrolle zahlreicher Vorgänge und werden vermehrt global zur Anwendung gebracht. Umso mehr hängt der wirtschaftliche Erfolg eines Unternehmens, vor allem der von kleinen und mittleren Betrieben, unmittelbar von der Kompetenz der Mitarbeiter ab. Oft sind es gerade die kleineren wirtschaftlichen Einheiten, die durch innovative und effektive Lösungen wirtschaftlichen Fortschritt garantieren, da diese nicht in einem rigiden bürokratischen Korsett gefangen sind.

Wenn es sich die Entwicklungszusammenarbeit tatsächlich zur Aufgabe gesetzt hat, die Lebensbedingungen der Menschen vor allen in den Ländern des Südens zu verbessern, dann muss es ohne Zweifel die Prämisse geben, dass Menschen ihre Fähigkeiten und Talente nutzen, indem sie gestalten und ihre Produktivkräfte freisetzen, statt weiterhin zu Konsumenten einer globalen Hilfeindustrie degradiert zu werden. Hier kann eine Rückbesinnung auf jahrhundertealte Traditionen durchaus zielführend sein. Die Lehrlingsausbildung verbindet alle Erfolgsfaktoren unserer Spezies auf ihrem Entwicklungsweg. Das Lernen *vom Menschen zum Menschen* trägt dazu bei, eine Gemeinschaft zu formen, die auf Mitmenschlichkeit und Fortschritt beruht. Die praktischen Erfahrungen oder die Handwerkskunst, die ein Meister besitzt, bekommen einen ganz anderen Wert, wenn dieses Können in seiner Verbindung aus Geist, Verstand und Handeln auf eine neue Generation übertragen wird. Das menschliche Miteinander in beiden Richtungen, also vom Lehrling zum Meister und umgekehrt, sorgt dafür, dass Persönlichkeiten entstehen, sich weiterentwickeln und immer wieder neu geformt werden. Dies ist ein Vorgang, der nicht rationalisiert und in isolierte Prozesse eingeteilt werden kann, da die Heterogenität der Menschen wertschätzend angenommen und in eine positive Kraft transformiert wird. Während im Gegensatz hierzu, eine schulische und akademische Ausbildung das Ziel einer Normierung und

Synchronisierung verfolgt, ganz einfach deshalb, weil ein solches Vorgehen die zu verwaltenden Prozesse vereinfacht und optimiert. Die Frage der Berufsbildung in der Entwicklungszusammenarbeit, scheint auf die grundsätzliche Entscheidung hinauszulaufen, ob die Menschen dazu gebracht werden, zu reinen Konsumenten in einer globalistischen Welt zu mutieren, oder ob sie ein selbstbestimmtes Leben führen möchten, welches auf individuellen und freien Schlussfolgerungen beruht. Zurzeit überwiegt sicherlich die Tendenz hin zu einer globalistischen Konsumentengesellschaft, da die – dieser Strömung dienenden – Systeme fast alle Bereiche der menschlichen Existenz infiltriert haben. Zum Abschluss dieses Kapitels soll nur noch einmal an die *erfolgreiche* globale Einführung des CBT-Systems erinnert werden, welches in nur 2 Jahrzehnten fast die gesamte Berufsbildungslandschaft des Planeten infiltriert hat und das, obwohl für jeden neutralen und kompetenten Betrachter die damit verbundenen Risiken und Nachteile, wie z. B. Ineffizienz, Korruptionsanfälligkeit, Nichtfinanzierbarkeit, klar und deutlich zutage treten. Dies alles scheint nicht so schwer zu wiegen, wie die verborgene Agenda, alle Menschen zu potenziellen Kunden eines Bildungssystems zu machen, welches schon bald ein globales sein wird. Besteht noch eine Möglichkeit für individuale Bildungsansätze, entsprechend einer dualen Lehrlingsausbildung, die auf eine Entwicklung des Menschen als einzigartige, wertvolle und liebenswerte Persönlichkeit setzt? Kann vielleicht durch Kreativität, Bewegung und mitmenschlicher Gestaltungswille der fortschreitenden Normierung und Gleichgerichtetheit etwas entgegengesetzt werden?

5

Vom Heute zum Morgen

Es war Mittag und die Sonne stand nahezu senkrecht, sodass die Häuser im Dorf fast keinen Schatten warfen. Zola blickte zu dem kleinen Bettchen, in dem sie gerade ihre 10 Monate alte Tochter zum Schlafen hingelegt hatte. Ihr Haus bestand eigentlich nur aus einem größeren Zimmer, aber es sah darin gemütlich aus; durch die offenen Fenster ging ein leichter Luftzug, sodass die Temperatur erträglich war. Die nächste größere Stadt war zwar nur 50 km entfernt, aber die Straße zu ihrem Dorf war schlecht, sodass der kleine Bus, der unregelmäßig fuhr, sicherlich 2 Stunden für die einfache Strecke in die Stadt unterwegs war. Das Baby schlief nun tief und fest, Zola konnte den gleichmäßigen Atem hören. Sie setzte sich an den Tisch und holte ihr Mobiltelefon hervor, noch immer stolz und vielleicht sogar etwas andächtig schaltete sie es an und wählte sofort diese eine bestimmte App aus, in die sie so viel Hoffnung setzte. Die Schule, die sie nur für wenige Jahre besucht hatte, war in einem Nachbardorf und die Lehrer dort waren oft nicht zum Unterricht erschienen oder waren unmotiviert, sodass sie nicht wirklich viel hatte lernen können. Dann, wie es so oft in den Dörfern hier war, wurde sie viel zu früh schwanger, sodass sie keine Möglichkeit hatte, eine Ausbildung zu absolvieren. Aber mit dieser Handyapp eröffnete sich jetzt auch für sie die Möglichkeit, doch noch etwas zu lernen, was ihr Perspektiven für ein selbstbestimmtes Leben eröffnete.

Zola interessierte sich sehr für Photovoltaikanlagen, von denen es schon einige in der Umgebung gab, die es jedem Besitzer der Installation ermöglichte, sich netzunabhängig mit elektrischer Energie zu versorgen. In der Lernapp erfuhr sie, wie eine solche Anlage funktionierte, wie man diese installieren musste und wie man die Kosten zu kalkulieren hatte. An dieser Stelle des Lernmoduls wollte sie jetzt weiterarbeiten, doch bevor sie wieder zu der Übung kam schaltete sich ihre Betreuerin ein, auf dem Display des Mobiltelefons erschien das ihr bekannte Gesicht. „Hallo Zola, wie geht es dir, habe einige Tage nichts von dir gehört." „Ach die Kleine war krank und da hatte ich einfach zu viel zu tun, aber jetzt ist sie wieder gesund und fröhlich", es tat Zola sehr gut, diesen Satz sagen zu können und natürlich motivierte es sie auch, denn sie wusste, dass sich jemand um ihren Lernfortschritt kümmerte, sie war nicht alleine, nur mit der App und dem Lernstoff. „Das freut mich", kam die Stimme aus dem Gerät und das Gesicht lächelte. Das Bild war ein wenig verpixelt, aber noch gut zu sehen. Es war schon ein großer Gewinn, dass das Dorf Internetempfang hatte. „Du weißt, du kannst mir jederzeit eine Nachricht schicken, wenn ich dich unterstützen kann. Aber jetzt erst einmal viel Spaß beim Kalkulieren der Photovoltaik (PV)-Anlage." Das Gesicht verschwand und die Figuren der Geschichte, in welche die Lernsituationen praxisorientiert eingebaut waren, an der sie vor einer Woche bereits gearbeitet hatte, erschienen wieder auf dem Display. Es war ein Szenario, wie es auch in ihrem Dorf geschehen könnte. Eine Familie wollte in eine PV-Anlage investieren, damit am Abend elektrisches Licht genutzt werden konnte und auch die Mobiltelefone genug Ladestrom bekamen. Jetzt ging es aber darum, auszurechnen, ob sich die Familie diese Investition leisten konnte und natürlich war es auch wichtig für Zola, auszurechnen, ob sie, wenn sie die Installation übernahm, auch genügend Gewinn erwirtschaften konnte. Das Lernprogramm war interaktiv aufgebaut, sie konnte zwischendurch Fragen stellen und sich auch Hilfe bei anderen Lernenden und Mentoren holen, wenn sie z. B. nicht genau wusste, mit welchen Prozentsätzen sie die Gewinnkalkulation am besten rechnen sollte. Es war sehr gut, die Zeit zum Lernen nutzen zu können, in der die Kleine schlief. Die Aufgaben selbst waren so realistisch, dass es sehr einfach fiel, den Sinn hinter dem notwendigen zu erlernenden theoretischen Hintergrundwissen zu erkennen, wie z. B. das Ohm'sche Gesetz. Das Lernen mit anderen machte den Prozess der Wissenserarbeitung sehr effektiv und flexibel und nachdem alle Aufgaben der App durchgearbeitet waren, konnte sie sich für ein praktisches Training qualifizieren, in welchem sie dann das Anschließen der Kabel und die Parametrierung der PV-Anlage am praktischen Beispiel erlernen konnte. Wenn sie dann in der Lage war, vor einem Prüfungsausschuss zu beweisen, dass sie die Befähigung besaß, eine PV-Anlage erfolgreich zu projektieren, zu installieren und in Betrieb zu nehmen erhielt sie ein staatlich anerkanntes Zertifikat. Viel wichtiger war jedoch, dass sie dann ein eigenes Geschäft aufbauen und ihr eigenes Geld verdienen konnte.

Die Digitalisierung und das Internet ermöglichen es, Lernprozesse neu, lebensecht, interaktiv und motivierend zu gestalten. Damit eröffnet sich die Chance, Lernvorgänge wesentlich effektiver und flexibler anzubieten, als dies oftmals heute möglich ist. Die Abhängigkeit vom physikalischen Vorhandensein einer Lehrkraft wird vermindert und zudem kann ein höheres didaktisches Niveau durch die zielgruppenorientierte Gestaltung der Lernsituationen realisiert werden. Dies geschieht dadurch, dass die Entwicklung und das Betreiben der Lernapp mit komplett anderen Skaleneffekten kalkulieren kann, als dies bei einer traditionellen Ausbildungseinrichtung der Fall ist, denn eine Lernapp kann von fast beliebig vielen Nutzern angewandt werden, während eine Ausbildungsstätte schon allein durch die Räumlichkeiten, Kapazitätsbegrenzungen erfährt. Zudem können sich mithilfe der App schnell virtuelle Lerngruppen bilden, bei denen Interessierte zusammen an Projekten arbeiten können. Eine permanente Moderierung der Kommunikation ist dabei unumgänglich, um die angestrebte Lernqualität zu garantieren, zu motivieren und negative Effekte konsequent auszuschließen. Bis zur Entwicklung einer leistungsfähigen künstlichen Intelligenz (KI), welche einen Teil der Interaktion übernehmen kann, muss diese Aufgabe von entsprechenden Betreuerinnen durchgeführt werden.

In dem gerade beschriebenen Kontext sollte exemplarisch aufgezeigt werden, dass neue Lernapplikationen, die allen Interessierten über das Internet zur Verfügung gestellt werden, für einen beträchtlichen Teil der Menschen große Chancen beinhalten, da Bildungsmöglichkeiten nun endgültig kein Privileg mehr für eine bestimmte, in der Regel wohlhabendere Bevölkerungsklasse oder eine bestimmte Region unseres Planeten darstellen. Bildungsoptionen und damit die Vorbereitung auf ein selbstbestimmtes Berufsleben ist für jeden, jederzeit verfügbar und damit können bei effizienter Nutzung der vorhandenen Informationen Wissen und Fähigkeiten geradezu explodieren. Bisher brachliegendes kreatives Potenzial von Menschen in zurzeit noch wirtschaftlich abgekoppelten Regionen könnte in den nächsten Jahren erschlossen werden und schlummernde Talente aus allen Ecken der Welt identifiziert und gefördert werden. Eine zielgerichtete Steuerung kann die Chancengleichheit der Menschen signifikant erhöhen. Je nach Darstellung der globalen wirtschaftlichen Gesamtsituation könnte sich jedoch der Wettbewerb der Individuen untereinander auch intensivieren. Erneut wird hier deutlich, dass ein epochaler Wandel, wie der, in welchem wir uns zurzeit befinden, nach der Auflösung bestehender alter Strukturen, die allerorten zu spüren sind, aus der Blickrichtung des sich in der Gegenwart befindlichen Beobachters keine vorhersehbaren Entwicklungsrichtungen erkennen lässt. Wird die Digitalisierung, wie hier dargelegt, ein *Segen* für die Menschen sein, wird die Chancengleichheit aller dadurch verbessert oder wird die Beeinflussung der Massen durch intelligente Algorithmen so weit optimiert werden, dass Denkvorgänge und damit Überzeugungen und Wertvorstellungen synchronisiert werden? Die Macht des Universalen erscheint gerade den Mächtigen in Politik und Wirtschaft sehr verlockend, wobei sich die einzelnen Akteure gegenüber der Wucht der Systeme, die sich verselbstständigt haben, lediglich in einer Rolle des Zuschauers wiederfinden. Während vor allem in kleinen Ländern noch eine kontrollierte Gestaltung gesellschaftlicher Vorgänge möglich war, erscheint der Globalismus fast wie eine grenzenlos überlegene außerirdische Macht. Gerade als würde ein Ritter in glänzender Rüstung und Spieß mit seinem Ross versuchen, eine anrollende Panzerarmee aufzuhalten. Aktuelle Entwicklungen im Rahmen der sogenannten Coronapandemie, führen zu berechtigten Zweifeln, ob eine notwendige gesamtgesellschaftliche Diskussion bezüglich der Chancen und Risiken und daraus ableitend der Ausgestaltung der Digitalisierung geführt werden kann. Wenn man einen Diskurs dahin gehend definiert, dass auch kontroverse Überzeugungen erklärt und neutral bewertet werden müssen, um die bestmöglichen Schlussfolgerungen aufgrund der Analyse einer Problemstellung ziehen zu können, dann befinden wir uns aktuell bereits in einer Situation, welche den aktiven und gleichberechtigten Meinungsaustausch überwunden hat und Methoden der Durchsetzung einer deklarierten alternativlosen Marschrichtung durch den Einsatz eines globalistischen Medienkartells optimiert hat. Die Durchdringung der globalen Bevölkerung mit einer orchestrierten Meinungsparallelität hat bereits erstaunliche Dimensionen angenommen und es ist davon auszugehen, dass sich der dahinterliegende Regelkreis weiter einschwingt, um die Stabilitätskriterien, sprich die Vereinheitlichung der Denkmuster der Menschen, vollkommen zu optimieren.

5.1 Bedeutung der Berufsbildung heute

Welche Rolle spielt die Berufsbildung heute
Unsere Zivilisation ist seit ihrem Entstehen geprägt von Veränderung. Auch wenn in der Geschichtsliteratur von verschiedenen Epochen gesprochen wird, die sich in den vergangenen Jahrhunderten allem Anschein nach über längere Zeiträume und viele Generationen hinzogen, so erscheint dem heutigen Menschen, wenn er auf die Vergangenheit zurückblickt, seit den durchnummerierten industriellen Revolutionen, die Dynamik des Wandels doch beträchtlich zuzunehmen. Technische, wirtschaftliche und gesellschaftliche Veränderungen zeigen sich untrennbar miteinander verwoben und dringen in das Leben aller Menschen ein. Obwohl sich die Zahl der Erdenbewohner heute auf die unvorstellbare Zahl von 8 Mrd. zubewegt, haben die Gesellschaften Systeme geschaffen, in denen jedes menschliche Leben erfasst, verwaltet und vielleicht sogar gesteuert wird. Ja, diese Systeme werden kontinuierlich verbessert und damit geht auch die Erwartung der Bürokratie einher, dass der einzelne eine gewisse Funktion übernimmt. Bei der Erfüllung einer akzeptierten

Funktion, bei der Mehrheit geschieht dies durch den Einsatz der Arbeitskraft auf einem wie auch immer sich darstellenden Arbeitsmarkt, wird das Individuum mit den grundlegenden Mitteln zur Teilnahme am Gesellschaftssystem in Form von Geld ausgestattet, welches als Grundlage dazu dient, um das Leben bestreiten zu können. War es die fortschreitende Arbeitsteilung, die es den Menschen ermöglichte, Zivilisationen zu begründen sowie Kunst und Handwerk zum Blühen zu bringen, so ist diese Arbeitsteilung inzwischen so umfassend differenziert worden, dass es für immer mehr Menschen schwieriger wird, sich den Sinn der täglichen Arbeit erklären zu können. Auf jeden Fall ist eine produktive Teilnahme am Arbeitsleben nur noch dann möglich, wenn das Individuum eine entsprechende Bildung genossen hat. Das Bildungssegment, welches den *Übergang* zwischen der allgemeinbildenden Schule und dem Arbeitsmarkt gestaltet, ist die Berufsbildung.

Seit dem Durchschreiten der Zeitabschnitte, die den sogenannten verschiedenen industriellen Revolutionen zugeordnet werden, setzte eine Zerstückelung von Arbeitsprozessen ein, die an der Funktionalität der jeweils verfügbaren Maschinen ausgerichtet war. Für die Ausführung dieser einzelnen Arbeitsvorgänge, welche immer wieder in gleicher Abfolge wiederholt verrichtet werden mussten, war keine fundierte technische und pädagogische Berufsausbildung notwendig. Dies hatte zur Folge, dass die Bedeutung der zuvor hochgeachteten Lehrlingsausbildung, die meist von gesellschaftlich anerkannten und bedeutenden Handwerksmeistern verantwortet wurde, weltweit an Geltung verlor. Es setzte sich – ein immer stärker werdender – Trend hin zur Universitätsausbildung durch. Gerade die vergangenen 30 Jahre, erscheinen uns zumindest heute so, als hätte sich die Geschwindigkeit des technischen, ökonomischen und gesellschaftlichen Wandels erneut signifikant erhöht. Als Grund sehen viele den globalen Erfolgszug der Digitalisierung an, verknüpft mit einer Globalisierung, welche mehr und mehr in alle Bereiche der menschlichen Existenz einsickert. Immer neue Produkte, erreichen in immer kürzeren Zeiträumen eine immer tiefere Marktdurchdringung. Das nicht mehr ganz aktuelle Beispiel ist das Smartphone, welches sich nun nahezu in der Reichweite eines jeden Menschen befindet. Es werden Geräte in verschiedenen Qualitätsklassen vermarktet, aber eben auch im Niedrigpreissegment. Die Verdichtung der Rechnerleistung in Verbindung mit der dramatischen Verbilligung der Produktion ermöglicht es, immer mehr Vorgänge des Wirtschafslebens zu automatisieren. Betraf die Automatisierung zu Beginn dieser industriellen Revolutionen eher die schweren körperlichen Betätigungen, welche durch Maschinenkraft zu ersetzen waren, werden heute alle Prozesse, die Routinen enthalten, ins Visier der Entwickler genommen, dies ist jedoch sicherlich nicht das Ende der Entwicklung. Nach der Kinematik sind nun auch verwaltungstechnische Vorgänge verstärkt von der Rationalisierung betroffen. Die Trennung zwischen kaufmännischen und produktionstechnischen Arbeitsschritten löst sich auf, da Daten ständig ausgetauscht, kontrolliert, ausgewertet und direkt zur fortgesetzten Optimierung von Abläufen verwendet werden. Nachdem es für eine gewisse Zeit der Mensch war, der die ordnungsgemäße Verarbeitung von Daten kontrollierte, sind es inzwischen die Daten und die Algorithmen selbst, die dem Menschen bei der Gestaltung seiner Arbeitsabläufe assistieren.

Die hier beschriebenen Arbeitsprozesse werden global eingeführt und damit wird in der jetzigen Phase die Komplexität von Produktions- oder Dienstleistungsabläufen erhöht. Dies manifestiert sich dadurch, dass Produktionsanlagen aus mechatronischen Systemen zusammengesetzt sind, die mit Datenschnittstellen versehen wurden, mit deren Hilfe Informationen zum Teil weltweit verteilt werden, um die komplexen Wertschöpfungsketten möglichst effektiv gestalten zu können. Diese immer günstiger werdenden Maschinen, Fertigungsanlagen oder Werkzeuge müssen von Fachkräften bedient, repariert und gewartet werden, die über eine hohe berufliche Handlungskompetenz verfügen und gleichzeitig auch einen Fertigungsprozess in seiner Gänze erfassen können. Dies ist wichtig, um verantwortungsvolle Schlüsse ziehen zu können und die Auswirkungen des eigenen Eingreifens in den Produktionsprozess auf eventuell involvierte vorgeschaltete und nachfolgende Arbeitsvorgänge zu berücksichtigen.

An diesem Punkt der technischen Entwicklung befinden wir uns heute und nun erkennen immer mehr Menschen, vor allem in den Unternehmen, dass sie mit einer Qualifizierungslücke in einem globalen Ausmaß konfrontiert sind. Diese Lücke hat sich dadurch ergeben, dass auf der technischen Ebene, die bisher außerhalb des dualen Berufsbildungssystem vorherrschende, rein schulische technische Sekundarbildung lediglich in der Lage war, Arbeiter auf dem Niveau angelernter Kräfte auszubilden. Die nächste Qualifizierungsebene adressiert dann die von den Universitäten graduierten Ingenieure. Diese verfügen zwar über ein hohes theoretisches Wissen, sind aber in der Regel sowohl nicht in der Lage und zumeist auch nicht willens, komplexe praktische Tätigkeit unter Zuhilfenahme der eigenen Hände durchzuführen. Ein Lehrling aber, der eine duale Berufsausbildung durchlaufen hat, verfügt jedoch über die notwendige berufliche Handlungskompetenz, die zum effektiven Einsatz der Produktionsanlagen der heutigen und zukünftigen Wirtschaftswelt benötigt wird. Hervorragend ergänzt wird die Lehrlingsausbildung mit dem Qualifikationsniveau eines *Meisters,* der die dringend benötigten, für ein effektives und wettbewerbsfähiges Unternehmen so entscheidenden Positionen im mittleren Management übernehmen kann. Dadurch, dass ein Meister zuvor die Lehrlingsausbildung durchlaufen hat, ist er in der Lage, die vollständige Verantwortung für technische Unternehmensbereiche mit der geforderten Effektivität zu übernehmen.

Es zeigt sich, dass die duale Berufsausbildung in ihrer Logik sowohl in den Aspekten der Bildung, also der Förderung eines mündigen und selbstbestimmten Menschen, als auch in der Frage der beruflichen Handlungskompetenz entscheidende Vorteile gegenüber einer rein schulischen Ausbildung besitzt. Eine rein schulische Ausbildung ist in ihren bildungsökonomischen Zwängen gefangen; die Lernenden werden in ihrer Peergroup isoliert und dadurch in ihrer Persönlichkeitsentwicklung verzögert. So muss es doch als ein erstaunliches Paradoxon angesehen werden, dass sich gerade heute der Berufsbildungsbereich weltweit einem verstärkten Attraktivitätsverlust, bezüglich des artikulierten Berufswunsch der in den Arbeitsmarkt drängenden Zielgruppe ausgesetzt sieht.

Der Mensch wird in seiner Sozialisation, also in seinem Reifungsprozess zur Persönlichkeit und in seiner individuellen Wahrnehmung der Wirklichkeit, von seinen Bezugspersonen geformt. In der Vergangenheit waren die ersten Jahre vor allem durch die Familie geprägt. Neue Erziehungsmodelle drängen heute diesen natürlichen Einfluss jedoch auf globaler Ebene mehr und mehr zurück. Anschließend erfolgt die Formung der Heranwachsenden durch die Schule, die ihre Betreuungsangebote auf Druck der Politik immer weiter ausbaut. Demnach ist eine immer stärkere Präsenz außerfamiliären Erziehungspersonals zu beobachten, mit welchem sich Kinder und Jugendlichen in ihrer entwicklungsbedingten Suche nach Orientierung auseinandersetzen müssen. Traditionell erlebten die Kinder unmittelbar die Arbeitswelt der Eltern. Sie begannen zum Beispiel in der Landwirtschaft oder im Handwerk mitzuhelfen, wurden eingebunden, lernten Verantwortung zu übernehmen, erfuhren Hilfestellung beim Aufbau eines Verständnisses in Bezug auf die komplexe Funktionsweise einer Gesellschaft und leisteten die persönliche Einordnung innerhalb dieses Systems. Durch die Umwälzungen, die durch diverse industrielle Revolutionen ausgelöst wurden, kam es hierbei – wie bereits in anderen Aspekten beschrieben – zu einem Bruch. Die Kinder erleben nicht mehr authentisch, was die Eltern beruflich leisten müssen, der Wert und auch die soziale Bedeutung der Arbeit wird zu etwas Abstraktem, was von den Heranwachsenden kaum noch emotional erfasst und verarbeitet werden kann. Aus einer ganz normalen, sinnstiftenden Integration der Arbeit in die Gestaltung des eignen Lebenszyklus musste nun eine Erzählung für die Menschen erfunden werden, um die Reduktion des einzelnen auf einen reinen Produktionsfaktor erträglich zu gestalten. Es ist gleichzeitig eine *individuelle Bedeutungsreduktion*.

Transportiert wird diese Erzählung vom Fortschritt der menschlichen Zivilisation vor allem durch die Medien und durch das professionelle pädagogische Personal in den Kindergärten und Schulen. Dieses Personal besitzt in der Regel einen recht fokussierten Lebenserfahrungshorizont, der sich lediglich auf den institutionalisierten Bildungskomplex beziehen kann. Der Karriereweg dieser Funktionsträger führt zumeist von der Schule an die Universität und wieder zurück zur Schule, wo sich der kurze Kreislauf bereits schließt. Wie jedes bürokratische System zeichnet sich auch dieser Komplex durch den zwangsgeführten Automatismus aus, der vor allem auf Stabilisierung fokussiert, sich von Störgrößen isoliert und sich diesbezüglich fortschreitend optimiert. In dem sich so herausgebildeten Ökosystem, wird sich die Idee der Berufsbildung immer weiter marginalisieren, vor allem wenn sich die Aufenthaltsdauer der Heranwachsenden in dieser abgeschlossenen Subkultur kontinuierlich verlängert. Der Anteil der Jugendlichen mit Abitur nimmt in Deutschland seit Jahren zu, dies kann unter anderem als Zeichen der Orientierung an dem Lehrpersonal und die von diesem gemachten Lebenserfahrungen gewertet werden, vielleicht handelt es sich jedoch einfach um allgemeine Orientierungslosigkeit, da den Heranwachsenden oftmals berufliche Vorbilder gänzlich fehlen. Nach der sich verfestigten und vom medialpolitischen Komplex gesteuerten gesellschaftlichen Erzählung bezüglich des Bildungsnarrativs folgt nach dem Abitur die Aufnahme eines Studiums, wodurch die Beschulungszeit und das Zusammensein mit der Peergroup noch um weitere Jahre ausgedehnt werden kann. An dieser Stelle, also nach erhaltenem Abitur, wäre für den überwiegenden Teil der jungen Erwachsenen der Beginn einer Berufsausbildung gleichbedeutend mit einer eingestandenen Niederlage, denn das vermittelte Narrativ, befördert durch multinationale Organisationen wie der OECD, deklassiert diese handlungsorientierte und persönlichkeitsbildende Qualifizierung als minderwertige Option für die Verlierer einer Gesellschaft. Bei dieser Perzeption handelt es sich nicht allein um ein deutsches Phänomen, vielmehr manifestiert es sich als ein globalistisches Narrativ, orchestriert durch weltumspannende Medienkonglomerate.

Mehr und mehr Unternehmen müssen sich heute aufgrund der oben beschriebenen Rahmenbedingungen mit dem Problem auseinandersetzen, dass es immer schwieriger wird, geeignete Bewerber für Ausbildungsstellen zu finden. Viele grundlegende Wirtschaftsvorgänge und die damit verbundenen Berufe sind den Jugendlichen nicht mehr bekannt und haben sich aus deren Lebenswirklichkeit entfernt. Durch verschiedene Kampagnen versuchen Kammern und Verbände, Jugendliche zielgruppengerecht anzusprechen und z. B. für das Handwerk zu begeistern. Ob man sich damit gegen den drohenden Bedeutungsverlust erfolgreich stemmen kann, bleibt abzuwarten. Die verbleibenden Bewerber bringen heute oftmals kein Verständnis für den Beruf mit und sind in einer künstlichen, durch die allgegenwärtigen Medien geformten Vorstellungswelt bezüglich eines anzustrebenden Lebenswegs, gefangen, die vor allem durch den – vom Realleben völlig isolierten – Bildungskomplex geprägt wurde. Nach vielen Jahren innerhalb des Systems fehlen den Lernenden oftmals die Basisfähigkeiten, d. h. Lesen, Schreiben und Rechnen. Dies hat vor allem bei kleineren Betrieben dazu geführt, dass diese sich aus der Berufsausbildung zurückgezogen haben. Ein mittelbarer Effekt aus dieser Situation ist, dass viele Handwerksbetriebe keine geeignete Person mehr finden können, die die Nachfolge des Unternehmens garantieren kann, was die Tendenz verstärkt, dass kleinere Betriebe mehr und mehr vom Markt verschwinden. Oftmals haben gerade die Kinder der Handwerksmeister, dem gesellschaftlichen Druck folgend, eher eine Universitätslaufbahn eingeschlagen, als dem Handwerk treu zu bleiben. Dies dokumentiert noch einmal die Macht dieser globalen Erzählung, die den Mythos eines glückverheißenden Lebens aufgrund einer akademischen Laufbahn in die Köpfe der Menschen hämmert. Ein verstärkender Effekt ergibt sich durch das Phänomen, die Massen durch Emotionen zu steuern, die durch entsprechende Streuung von manipulierenden Informationen bei den Jugendlichen ausgelöst werden. Diese Emotionen sind eng verknüpft mit der Überzeugung, dass es nun fast alle innerhalb der Kohorte sind, die den Weg an die Universitäten gehen; demnach muss dies die erstrebenswerte Normalität sein und umso attraktiver ist es, dieser anscheinend offensichtlichen Norm zu entsprechen. Schließlich ist es das reflexhafte Bestreben des Menschen, zu einer Gruppe dazuzugehören, nicht als Sonderling oder als minderwertig zu gelten. Und damit kann die Dynamik weiter angeheizt und die Alternativen, und seien diese auch noch so sinnvoll, weiter entwertet werden.

Es muss festgestellt werden, dass die mächtige, gesellschaftliche, globale Erzählung, dass die Akademisierung das allein Seligmachende ist, sich konträr zu den tatsächlichen Erfordernissen der Arbeitswelt bewegt. Dies ist die große Herausforderung, der sich die Berufsbildung heute stellen muss. Zu beachten ist dabei, dass Veränderung die Basis einer jeden zivilisatorischen Entwicklung darstellt. In unserem Zeitalter wird jedoch die Komplexität der Veränderung aufgrund der globalen Vernetzung und des Echtzeitaustausches jeder Form von Information, wie z. B. Bildern, Konzepten, Emotionen, Verfahren und Technologien, täglich exorbitanter. Dadurch können Systeme, die sich über lange Zeit stabilisiert und gesellschaftlich verfestigt haben, nicht minder einem Wandlungsdruck ausgesetzt sein. Diese Veränderung kann schleichend erfolgen oder auch einer Revolution gleichen, denn die heute vorhandenen Technologien des Datenaustausches erzeugen Wellen, die sich auch zu einem Tsunami ausweiten können. Sicherlich gibt es immer Akteure, die von der Stabilität oder auch von der Veränderung des Systems profitieren möchten; doch die Komplexität der einzelnen Faktoren gleicht dem Versuch, eine Jahreswettervorhersage zu ermitteln. Der entscheidende Faktor in Bezug auf den Bildungskomplex ist heute die technische Entwicklung. Es zeichnet sich ab, dass sich die Art, wie der Mensch in Zukunft theoretisches Wissen akkumulieren wird, signifikant vom traditionellen Konzept der klassischen Schule abweichen wird. Bildung wird individueller und wesentlich effektiver als heute stattfinden. Anders sieht es jedoch bei der Erlangung beruflicher Handlungskompetenz aus; eine solche wird weiterhin durch das unmittelbare *Lernen im Arbeitsprozess* aufgebaut werden. Mit einer authentischen Simulation von Arbeitsprozessen, zur Erlangung der komplexen Handlungskompetenz, inklusive der Ausführung praktischer Fertigkeiten, wird erst in einigen Jahren zu rechnen sein.

Das Umfeld, in welchem sich die Berufsbildung heute befindet, ist herausfordernd und von einer gewissen Unsicherheit geprägt. Wirtschaftsprozesse verändern sich und mit ihnen auch die Anforderungen an die Fachkräfte, die das berufliche Handeln und das technische Können beeinflussen. Was sich jedoch nicht verändert, ist die benötigte Kompetenz, einen Arbeitsprozess zu verstehen, zu planen und zur Zufriedenheit eines Kunden ausführen zu können. Prozessschritte oder die zur Anwendung kommenden Werkzeuge oder technischen Geräte mögen sich verändern, die Interaktion mit anderen Menschen wird jedoch bis auf Weiteres die Basis eines erfolgreichen ökonomischen Prozesses bleiben. Noch sprechen die Rahmenbedingungen gegen eine Renaissance der Berufsbildung, umso wichtiger ist es jetzt, weiter dafür zu arbeiten, dass die Chancen und die Zukunftsfähigkeit dieses innovativen und zugleich traditionellen Ausbildungsganges wieder positiver wahrgenommen werden. Neben den Bedürfnissen der Wirtschaft, die zur Erhaltung ihrer Wettbewerbsfähigkeit und zur Steigerung der Produktivität auf qualifizierte Fachkräfte angewiesen ist, gibt es noch einen nicht zu vernachlässigenden, gesellschaftsstabilisierenden Aspekt der Lehrlingsausbildung.

Auch wenn unzählige, aggressive Massenmedien mithilfe der sozialen Netzwerke oder über klassische Kanäle wie Fernsehen, die Menschen permanent zum Konsum von Sensationen, Kuriositäten, Nützlichem und Unnützem animieren, so fragt doch der Mensch zu einem bestimmten Zeitpunkt nach dem Sinn seines Daseins. Es gab Zeiten, in denen diese Frage für zahlreiche Menschen leicht mit der Passion für den ergriffenen Beruf zu beantworten war. Dies stellt sich heute als wesentlich schwieriger dar. Die Arbeit in einem Beruf, der mit der persönlichen Verantwortung verbunden ist, ein Produkt herzustellen oder eine Dienstleistung auszuführen, welche die Wünsche und Bedürfnisse eines Kunden befriedigt, wird zu einem ganzheitlichen Vorgang, der Geist und Verstand in Harmonie zusammenführt. In der Bewegung des Körpers und der Hände, in dem Gebrauch von Werkzeugen, wird Materie bearbeitet und verformt, um etwas zu schaffen, was es vorher noch gar nicht gab und was nach der Bearbeitung eine Funktion erfüllt. Die eigene Energie wird für den arbeitenden Menschen spürbar, wenn er seinen Verstand nutzt, um eingeübte oder auch neue Handgriffe anzuwenden, während der Geist vermittelt, wie das gefertigte Produkt dem Menschen nutzen kann. Eine solche Harmonie zwischen den beiden, den Menschen bestimmenden Kräften, besitzt das Potenzial, Sinn zu stiften und in dem Menschen tiefe Befriedigung auszulösen. Ein guter Ausbilder besitzt die Fähigkeit, dieses Ethos an die Lehrlinge weiterzugeben und sie aus dem emotionalen Abgestumpftsein durch den permanenten oftmals zwanghaften Medienkonsum zu befreien. Der Beruf und damit die verrichtete Arbeit wird zu einem Wert an sich, der seine Bedeutung nicht erst dadurch erhält, dass eine bestimmte, eingesetzte Arbeitszeit mit einer definierten Summe, bestehend aus Währungseinheiten, vergolten wird.

Es liegt in der Bestimmung des Menschen, seine Zeit mit Aktivitäten zu verbringen, die das Leben mit Sinn erfüllen, allerdings darf dies nicht dazu führen, dass unbedingt nach einem vermeintlichen *Traumberuf* gesucht werden muss. Ein solcher Traumberuf ist ein Thema, mit dem sich heute zahlreiche Schulen auseinandersetzen und wozu auch verschiedene Praktika in dem einen oder anderen Unternehmen organisiert werden. Mithilfe dieser Aktionen wird das Ziel verfolgt, den suchenden Jugendlichen eine bestimmte Tätigkeit identifizieren zu lassen, die – wie von Zauberhand und auf ewige Zeit – die absolute Erfüllung bringen kann. Wahrscheinlich haben die Heranwachsenden die Erwartung, dass der richtige Beruf beim Austesten mit einem Kribbeln im Bauch wie beim ersten Verliebtsein daherkommen muss. Hier sei noch einmal betont, dass das Entscheidende in der Berufsbildung nicht das konkret benutzte Werkzeug oder das spezifische zu handhabende Material ist, es geht vielmehr um die *berufliche Handlungskompetenz,* die darin besteht, einen vollständigen Arbeitsprozess von der Entwicklung, über die Planung, die Ausführung und Kontrolle bis zur abschließenden Übergabe an den Kunden durchzuführen. Dabei wird der Arbeitende von seinen Sinnen unterstützt, er kann individuelle Talente entdecken und lernt, welche Bewegungen ihm besonders gut gelingen. Die Sinne nehmen bestimmte Bilder, Gerüche und andere Eindrücke wahr, die das aktive Tun zu einem ganzheitlichen intensiven Spüren der eigenen Existenz werden lassen, das sich positiv in den menschlichen Erinnerungsapparat einfügt und den Geist inspiriert. Selbstverständlich birgt jedes Tun auch die Gefahr des Scheiterns und des Misserfolgs; Werkzeuge können zu Bruch gehen oder ein hergestelltes Produkt erfüllt am Ende nicht seine Funktion. Es ist ein vollkommen normaler, ja sogar ein wichtiger Vorgang, wenn Fehler gemacht werden. Denn damit wird ein Prozess ausgelöst, der dabei hilft, Abläufe zu verbessern und Innovationen zu schaffen. Denn nur auf diese Weise schafft es der Arbeitende, sich einen wertvollen Erfahrungsschatz aufzubauen. Es wäre daher töricht, das Ziel zu verfolgen, jeglichen Fehler bei der praktischen Ausführung von Tätigkeiten vermeiden zu wollen. Dies betrifft natürlich nicht die Fertigung nach den Prinzipien einer Massenproduktion; hierbei sollten selbstverständlich *alle* Fehler in der Herstellung der Produkte vermieden werden. Gerade die Berufslehre ist eine Zeit, in welcher der Lernende die Möglichkeit hat, in einer geschützten Umgebung zu erproben, wie er am besten auf Fehler, die normalerweise nie vollkommen auszuschließen sind, reagieren kann, wie er in Zukunft diese Misserfolge vermeiden kann, wie er mit Kritik von Kollegen und Kunden umgeht usw. Vor allem ist es aber wichtig, wie aus diesen

Ereignissen wertvolle Erfahrungen werden und negative Emotionen zu positiven Gefühlen konvertiert werden können.

Für jeden Ausbilder ist es ein höchst befriedigendes Gefühl, wenn nach erfolgreicher Lehrzeit die neue Generation von Fachkräften in ihren Beruf entlassen wird. Die Persönlichkeitsentwicklung, welche die jungen Frauen und Männer in dieser Zeit zurücklegen, ist dabei für die Lehrverantwortlichen immer wieder erstaunlich. Zu Beginn der Ausbildung trafen Kinder in den Betrieben ein. „Kindlich" gehalten durch die Schule und die künstliche Isolation innerhalb der jeweiligen Peergroup. Die aktive Interaktion mit der Welt der Arbeit und mit den Erwachsenen hat aus den Kindern schnell verantwortungs- und selbstbewusste junge Menschen werden lassen. Dieser wichtige Lernprozess kann nur durch das Eintauchen in die reale Welt bewältigt werden; bei einer solchen Aufgabe müssen die Schulen – rein systembedingt – zwingend versagen. So ist es die Berufsbildung, die heute denkende Menschen hervorbringt, die für eine stabile Gesellschaft in Zeiten des Umbruchs absolut notwendig sind. Gerade heute erleben wir eine Welt voller Unsicherheit; globalistische Interessen senden mächtige und zerstörerische Schockwellen in einer immer höheren Intensität, in immer kürzeren Abständen, welche die bisherige Ordnung grundsätzlich infrage stellen, ohne dass ein zukünftiges Lebensmodell für die Menschen sichtbar wird. Informationen, oftmals inszeniert als hysterische, angstauslösende Emotionen, übertragen sich in Echtzeit weltweit und sind zum Gegenstand globalistischer Manipulation geworden. Umso wichtiger sind Menschen, die in der Lage sind, diese Informationsschwemme mit der realen Welt, selbstbewusst und rational abgleichen zu können, Menschen, die gelernt haben, dass eine Rückkopplung der Emotionen mit einem medial und akademisch vorprogrammierten Verstand zu gefährlichen Trugschlüssen führen kann. Diese Abstraktionsfähigkeit wird in der dualen Berufsausbildung gefördert, und zwar vor allem aufgrund der Tatsache, dass durch den Berufsgedanken neben dem Verstand auch der Geist miteinbezogen wird. Die Herstellung eines Produktes oder die Ausführung einer Dienstleistung, die für einen konkreten Menschen einen direkten Nutzen bringt, ermöglicht es, aus der reinen, vom Verstand getriebenen, Konsumlogik auszubrechen. Analog dazu, wie der Ausbildungsprozess *vom Menschen zum Menschen* gestaltet ist, setzt sich diese Philosophie in der Ausübung des Berufes fort. Dieses Ethos führt dazu, dass gerade kleine und mittlere Unternehmen wirtschaftlich erfolgreich sind.

5.2 Herausforderungen für die Zukunft

Welchen Anforderungen muss die Berufsbildung in Zukunft gerecht werden

Die Menschen spüren überall auf der Welt, dass sich die technischen Innovationszyklen immer schneller abwechseln. Geschwindigkeit wird in der zurzeit herrschenden Wirtschaftslogik zu einem Faktor, dem sich kaum jemand wirklich entziehen kann. Wer schon eine gewisse Strecke seines Lebensweges zurückgelegt hat und vielleicht auch auf einige Jahre Arbeitsleben zurückblicken kann, stellt fest, dass sich viele Rahmenbedingungen in nur wenigen Jahren grundlegend verändert haben. Neue technische Hilfsmittel bestimmen nicht nur das Arbeitsleben, sind nicht nur ein Produktionsfaktor geworden; vielmehr wird auch das Privatleben davon erfasst und wirkt bis in die Mitte der Gesellschaft, ja in die intime Familie hinein. So hat z. B. die Kommerzialisierung der Kommunikationstechnologie mit ihren internetfähigen Geräten dazu geführt, dass nun im Grunde jeder Mensch permanent einen Computer mit sich herumträgt, mit dem er unmittelbar und zu jeder Tageszeit mit dem gesamten Wissen der Menschheit verbunden ist. Endlich erreichen auch Sprachübersetzungsprogramme eine immer höhere Funktionalität, wodurch Informationsinhalte aus verschiedenen Sprachräumen erschlossen werden können. Kommunikation findet nun schon einige Zeit lang in Echtzeit statt, also ohne Zeitverzögerung. Dies ist natürlich ein Grund dafür, dass die gefühlte Geschwindigkeit, mit der das Leben sowohl im Privaten als auch am Arbeitsplatz stattfindet, eine verstärkte Beschleunigung erfährt. Dieses Phänomen ist dabei nicht auf die Managementebene beschränkt, sondern erreichte inzwischen alle Menschen, die mit anderen interagieren.

Jegliche Arbeitsprozesse sind einem ständigen Optimierungsdruck ausgesetzt, der durch die Verwendung angepasster und preisgünstiger, technischer Hilfsmittel, z. B. in Form von datentechnischen

Algorithmen, oftmals global und in jeglichem Unternehmensformat, ob in einem multinationalen Konzern oder in einem Startup, gestaltet wird. Gleichzeitig führt immer kostengünstigere und allgegenwärtige Rechenleistung zu fortgesetzter Automatisierung, mit der Konsequenz, dass belastende und eintönige Tätigkeiten von Robotern und Algorithmen übernommen werden können. Dabei wird an dem Fundament unserer traditionellen gesellschaftlichen Ordnung wieder und wieder gerüttelt, welches aus dem Konstrukt besteht, dass menschliche Lebenszyklen in der Regel dem oftmals unhinterfragten Automatismus folgen, der über die Kindheit, in die Schule, danach in die Ausbildung führt, bis er schließlich in das Arbeitsleben mündet und nach Erreichung des Rentenalters langsam ausklingt. Ein erfolgreiches Arbeitsleben hängt dabei nun einmal davon ab, dass genügend Arbeitsplätze vorhanden sind. Hier scheint die Zukunft jedoch eine beträchtliche Aufgabe für unsere Zivilisation bereitzuhalten, da unser traditionelles Verständnis eines Arbeitsplatzes, welcher sich in den verschiedenen industriellen Revolutionen materialisiert hat, schon bald – aufgrund von Automatisierung und Digitalisierung – umgedeutet werden muss.

Tätigkeiten, die vor allem in der Ausübung einfacher Handgriffe bestehen, sind schon heute dabei, mehr und mehr zu verschwinden, und zwar genau in dem Maße, in dem Automatisierungslösungen kostengünstiger realisiert werden können. Auch von Menschen durchgeführte Serviceleistungen werden wohl in Zukunft immer weniger benötigt, da der Kunde durch die Hilfe von Algorithmen seine Bedürfnisse immer mehr selbst erfüllt, wie er dies z. B. beim Kauf von Fahrkarten oder bei der Abwicklung von Bankgeschäften bereits tut. Vorgänge, die vermehrt online getätigt werden können. Selbstverständlich sind die programmierten Routinen, die noch weit von einer wirklichen, künstlichen Intelligenz entfernt sind, in der Gegenwart nicht in der Lage, alle komplexen Vorgänge des Lebens zu steuern. Selbst wenn die technischen Innovationen unaufhaltsam fortschreiten und jeder der diese Zeilen liest, wird noch Zeuge dessen werden, dass zahlreiche neue Entwicklungen weite Popularität erlangen werden und sich – einem schwarmintelligenten Mechanismus folgend – in das Leben jedes einzelnen integrieren werden, so er denn am gesellschaftlichen Leben teilnimmt. Die beschriebene Schnittstelle, die sich global manifestiert, entscheidet über das Aussehen unseres Lebens in all seinen Entwicklungsphasen und damit natürlich auch über die zukünftige Berufsbildung.

Dabei muss noch einmal betont werden, dass der Begriff *Berufsbildung* nicht gleichzusetzen ist mit einer Qualifikation niedrigerer Wertigkeit oder Qualität, wie dies heute von vielen Menschen verstanden wird, also etwas, das unterhalb der Universitätsausbildung angesiedelt ist, die eine breite gesellschaftliche Präferenz erfährt und zudem besser zu kommerzialisieren ist. Vielmehr muss verstärkt kommuniziert werden, dass es darum geht, den Lernenden mit solchen Fähigkeiten und Fertigkeiten auszustatten, die für eine professionelle Ausführung der nachgefragten Arbeitsprozesse notwendig sind. Dabei steht neben dem Ziel der Produktivitätssteigerung auch die Garantie der einschlägigen Arbeits- und Umweltstandards im Vordergrund.

In einer Welt, in der sich Produktionsmethoden und wirtschaftliche Prozesse in globalem Ausmaß immer mehr angleichen, kommt dem Menschen eine neue Rolle zu. Die disruptiven Veränderungen, die uns aufgrund revolutionärer Möglichkeiten des Informationsmanagements und der Informationsnutzung zuteilwerden, wirken sich selbstverständlich auch auf die Gestaltung zukünftiger Bildungsprozesse aus. Die Herausforderung, die hier zu meistern ist, betrifft die Transformation der jederzeit verfügbaren Informationen in verwertbare Kompetenzen, die den Menschen in die Lage versetzen, auf dem Arbeitsmarkt von heute und morgen seinen Platz zu finden, aber auch ein lebenswertes Leben zu führen. Sicherlich wird niemand die Fähigkeit besitzen, vorherzusehen, wie sich das Berufsleben oder Erwerbsleben im Detail in der Zukunft entwickeln wird. Es zeigt sich jedoch bereits heute, dass einfache, wenig komplexe Tätigkeiten, die lediglich die Beherrschung einiger weniger Fertigkeiten erfordern, mehr und mehr einer fortgesetzten Rationalisierung zum Opfer fallen werden. Die Produktion von Konsumgütern wird aller Voraussicht nach nicht mehr der Sektor sein, der den Großteil der benötigten Arbeitsplätze zur Verfügung stellt. Auch die Landwirtschaft, die in den sogenannten *entwickelten Ländern* in Bezug auf die Beschäftigungsrelevanz bereits stark an Bedeutung verloren hat, unterliegt einem hohen Automatisierungsdruck. Dies geschieht nicht allein aus Rentabilitätsgründen, sondern ist auch durch die Beurteilung der Menschen im Einzelnen, aber auch durch die Gesellschaft als Masse bedingt, welche Tätigkeiten als erstrebenswert und erfüllend angesehen werden und welche nicht. Harte körperliche Arbeit, die genauso gut und natürlich wesentlich effizienter von Maschinen erledigt werden kann, wird kaum zu einem allgemein akzeptierten Arbeitsplatz führen können. Selbst der Dienstleistungssektor erfährt einen substanziellen Wandel, solange es nicht um Funktionen geht, bei denen aufwendig zu koordinierende Bewegungen gefordert werden, die durch menschliche Sinne gesteuert und rückgemeldet werden. Diese Arbeitsprozesse sind zurzeit noch zu komplex, um automatisiert werden zu können, wie z. B. im Bereich des Handwerks, wenn es um die Installation eines Wasserhahns geht oder die Reparatur undichter Leitungen.

Technische Hilfsmittel werden zum permanenten Begleiter, da wir das entsprechende Kommunikationsgerät, als Schnittstelle zu allen benötigten Informationen, immer griffbereit bei uns haben. Kontextbezogen kann potenziell jederzeit eine Hilfestellung angeboten werden, wobei je nach Wunsch, verschiedene Sinne mit einbezogen werden können, was heute z. B. schon bei Montagevorgängen mithilfe von Datenbrillen und Augmented-Reality-Funktionen realisiert wird. Des Weiteren ist anzunehmen, dass die bisher vorhandene Trennung von planerischen und ausführenden Funktionen immer mehr obsolet wird, da diese Aufteilung aufgrund der nun verfügbaren Hilfsmittel, statt mit Effizienz*vorteilen,* mit Effizienz*verlusten* verbunden ist. Vielmehr werden planerische Vorgänge durch informationstechnische Hilfsmittel, eine ausgefeilte Sensorik, die optimierende Algorithmen mit relevanten Daten versorgt, unterstützt und permanent auf Machbarkeit und Effektivität überprüft. Technische Installationsvorgänge werden durch maßgeschneiderte Werkzeuge optimiert, wodurch die manuelle Handwerkskunst zu einem Teilaspekt innerhalb eines Arbeitsprozesses wird. Diese dynamische Entwicklung – der Logik des Wettbewerbs bester Ideen folgend – wird nicht allein auf den Bereich der Massenproduktion beschränkt bleiben, sondern alle Bereiche des wirtschaftlichen Handelns erfassen. Für die Berufsbildung muss die Antwort auf diese Herausforderung daher lauten, den bereits eingeleiteten Paradigmenwechsel, weg von der Vermittlung reinen Wissens oder dem Trainieren handwerklicher Fertigkeiten, hin zur Vermittlung ganzheitlicher beruflicher Handlungskompetenz zu intensivieren. Und mehr noch: Sie muss die Entwicklung des professionell und autonom agierenden Menschen als Fachkraft und Persönlichkeit in den Mittelpunkt der Berufsbildungsstrategie stellen.

Ein Lernen auf Vorrat, was in den traditionellen, schulischen Bildungseinrichtungen noch immer im Vordergrund steht, sowie die Trennung zwischen praktischer und theoretischer Ausbildung muss durch handlungsorientierte Ansätze ersetzt werden, die kritisches Denken und –dem Menschen dienende – Problemlösungsfähigkeiten in den Mittelpunkt stellt. Jeder Lernende muss die für ihn effektivsten Strategien entwickeln, wie als Reaktion auf eine bestimmte Problemstellung die relevanten Informationen identifiziert, gesammelt und interpretiert werden müssen, um für den Kunden die beste Lösung des Problems zu finden. Dabei ist auch abzuschätzen, welche Personen mit einbezogen werden müssen und welche Sicherheits- und Umweltstandards zu beachten sind. Verfügbare technische Hilfsmittel sind dabei entsprechend effizient einzusetzen, um die einschlägigen Qualitätsmerkmale einzuhalten. Es ist auch davon auszugehen, dass alle Arbeiten in der Zukunft dokumentiert werden müssen, wodurch Fehleranalysen automatisiert werden können. Die Daten der durchgeführten Arbeiten können einer Fachkraft zur Verfügung gestellt werden, die eventuelle Folgereparaturen ausführt. Dadurch können wieder neue Informationen generiert und verarbeitet werden, stets mit dem Ziel, den Kundennutzen zu mehren.

Die entscheidende Fähigkeit einer Fachkraft wird sein, die individuelle Methode des selbstgesteuerten Lernens möglichst effizient und lebenslang anwenden zu können. Entsprechende individualisierte und onlinegestützte virtuelle und nichtvirtuelle Lernbegleiter werden dabei helfen, immer wieder neues Wissen zu generieren, welches im jeweiligen spezifischen Kontext benötigt wird. Dabei muss die Kompetenz vorhanden sein, einen Arbeitsprozess in seiner Gänze erfassen zu können, um dann abzuschätzen, welche Faktoren Berücksichtigung finden müssen, um einen Vorgang zur Zufriedenheit des Kunden und entsprechend den anerkannten

Qualitätsstandards realisieren zu können. Die notwendige berufliche Handlungskompetenz kann nur dann aufgebaut werden, wenn die Beherrschung der notwenigen Methoden sicher verankert ist. Dies bedingt das Vorhandensein relevanter Strategien, um den Informationsbedarf zu erfassen und die richtigen Hilfsmittel zu wählen, mit dem Ziel, eine professionelle Arbeitsplanung –unter Berücksichtigung einer validen Datenlage – vornehmen zu können. Der entscheidende Punkt im Sinne der Berufsbildung ist dabei, die optimale Lernmethode zu wählen, mit der aufgrund der Aufgabenstellung und der ermittelten Informationen schließlich kontextbezogenes und nachhaltiges Wissen eingesetzt wird, welches zur professionellen Ausführung des geforderten Arbeitsprozesses führt. Die Berufsausbildung muss daher so aufgebaut sein, dass die Fähigkeit zum selbstständigen Lernen und zur kritischen Reflexion geweckt und gefördert wird. Wobei das selbstständige Lernen vor allem darin besteht, die vorhandenen Hilfsmittel so effizient wie möglich zur permanenten Erweiterung der eigenen Kompetenzen einzusetzen. Dadurch, dass das Lernen nicht mehr auf einer mechanischen Vorratshaltung an Wissen basiert, kann der Lernprozess flexibel und individuell gestaltet werden, wobei durch Lernbegleiter – sowohl menschliche als auch onlinebasierte – jederzeit analysiert werden kann, welches Handlungskompetenzniveau bisher erreicht wurde, d. h. ob ein definiertes Lernziel erreicht wurde.

Vor allem bei jugendlichen Lernenden wird bis auf Weiteres eine Lernbegleitung durch erfahrene Fachkräfte notwendig sein. Die Jugendlichen müssen darin unterstützt werden, ein positives Motivationsverhalten zu entwickeln, was die Erschließung relevanter Aufgabenfelder betrifft. Die technischen Hilfsmittel, wie z. B. Mobiltelefone mit Internetanbindung, müssen dabei als Arbeitsinstrumente identifiziert und eingesetzt werden, was in deutlicher Abgrenzung zu einem antrainiertem Entertainmentverhalten steht, welches in den Nutzern lediglich den Reflex auslöst, dass die Verwendung des Handys allein dem Freizeitvergnügen vorbehalten ist. Vor allem zu Beginn der Ausbildung ist es wichtig, dass der Ausbilder die Lernenden dazu anleitet, mögliche Problemlösungsstrategien selbstständig zu entwickeln und die grundlegende Methodenkompetenz nahhaltig aufzubauen. Dies geschieht am effektivsten durch eine sehr enge Zusammenarbeit von

Ausbilder und Auszubildendem zu Beginn des Lernprozesses, vor allem auch, um den Lehrling nicht zu über- oder unterfordern. Je umfassender die Methodenkompetenz aufgebaut werden konnte, desto mehr Freiraum kann der Lernbegleiter dem Lernenden zugestehen, immer darauf achtend, dass die Fähigkeit zum selbstgesteuerten Lernen eine permanente Erweiterung erfährt.

Deutlich wird hier, dass die Funktion des Lehrenden in Zukunft eine grundsätzliche Veränderung erfährt. Der Lehrende ist nicht mehr die Person, die das Buchwissen auf eine für den Lernenden angepasste und verträgliche Art und Weise, eventuell noch unter Verwendung verschiedener Medien präsentiert. Vielmehr unterstützt der Lehrende den Lernenden dabei, sich selbstständig aus dem Fundus der verfügbaren Informationen zu bedienen, um den individuellen Lernprozess so effektiv wie möglich zu gestalten. Damit ist auch das so wichtige Fundament für das lebenslange Lernen gelegt.

Zusammengefasst kann festgestellt werden, dass die Herausforderung für die Zukunft der Berufsbildung darin besteht, das traditionelle Konstrukt der Bildung bestehend aus Klassenzimmer und allwissender, dozierender Lehrkraft zu überwinden, um den Realitäten unserer heutigen Gesellschaft Rechnung zu tragen. Einer Gesellschaft, die über bisher noch nicht gekannte informationstechnische Hilfsmittel verfügt, die in allen Bereichen unseres Lebens Einzug halten. Nicht nur Arbeitsprozesse werden sich verändern, sondern auch das menschliche Zusammenleben muss neu definiert werden. Auch wenn es dem einen oder anderen noch schwerfällt, da der Mensch noch stark in seinen Traditionen verhaftet ist, muss Bildung neu gedacht werden. Denn das Ziel, vor allem das der Berufsbildung, ist es, den Lernenden auf die Herausforderung des Arbeitslebens, aber auch auf das Leben als selbstbestimmte Persönlichkeit vorzubereiten und dies kann nicht losgelöst von der Realität geschehen. Vielmehr ist das *Lernen vom Menschen zum Menschen* die Basis für eine menschlichere Gesellschaft. Für einige wird dieser neue Weg des Lernens eine große Herausforderung darstellen; sie ist jedoch für viele eine große Chance, denn der richtige Einsatz der vorhandenen informationstechnischen Hilfsmittel hat ohne Zweifel das Potenzial, die Qualität, aber auch die Bedeutung der Berufsbildung weltweit signifikant zu erhöhen. Die Ursache liegt vor allem darin, dass gute Berufsbildung keinesfalls das Privileg einer materiell reichen Gesellschaft ist, sondern in seiner zugrunde liegenden Gesetzmäßigkeit, vielmehr der Natur unserer Spezies entspricht.

Die zukünftigen Herausforderungen für die Berufsbildung müssen im Gesamtzusammenhang der Veränderungen unserer Gesellschaft im Allgemeinen und der Auswirkungen auf den Bildungsprozess im Besonderen gesehen werden. Der Berufsbildung kommt dabei die entscheidende Rolle zu, den Übergang von der Allgemeinbildung in den Arbeitsmarkt zu gestalten. Wie bereits während der Coronapandemie getestet, sind digitale Bildungslösungen zeitnah in der Lage, den gesamten Bildungskomplex zu revolutionieren. Bisherige bildungsindustrielle Geschäftsmodelle, die vor allem im tertiären Sektor der angelsächsischen Länder zu einer großen Marktmacht gelangten, werden schon bald nicht mehr funktionieren. Die physische Nähe zu einem bestimmten geografischen Ort, an dem das Lernen durchgeführt wird, verliert rasant an Bedeutung. Formate, die das Internet nutzen, werden von mehr und mehr Menschen nicht nur akzeptiert, sondern als Regelfall anerkannt, naturgemäß ist es vor allem die junge Generation, die einem Paradigmenwechsel die geringste Beharrungsenergie entgegensetzt.

Der erste Schritt, der getan wurde und der nun auch schon einige Jahre genutzt wird, ist die digitale Übertragung von Vorlesungen in alle Ecken dieser Welt. Allerdings handelt es sich bei einem solchen Format lediglich um eine Dateneinbahnstraße. Der nächste Schritt, der heute weltweit erprobt und kontinuierlich verbessert wird, ist das Einpflegen von Interaktion und kontextbezogenem Feedback. Bisher war es der Lehrer in der Schule oder der Professor an der Universität, der den Lernenden motivierte, seinen Lernfortschritt kontrollierte, ihm Sicherheit gab, dass das Lernziel erreicht werden kann. Dieses traditionelle System war nur so lange effizient, solange ein Lehrer die notwendigen fachlichen und pädagogischen Kompetenzen besaß, einen Unterricht derart zu gestalten, dass die Lernenden den Lernstoff gut aufnehmen konnten. Da in den wenigen Jahrzehnten, in denen es das uns heute so selbstverständlich vorkommende Schulsystem gibt, die Verfügbarkeit von Lehrern ein entscheidender Faktor war, kam es aus Gründen der Effizienz zu der Idee, Klassenverbände zu definieren. Es wurden daher ungefähr gleichaltrige Kinder in einen Raum zusammengesetzt und ein Lehrer wurde vor die Tafel gestellt. Zudem wurde der Pädagoge mit diversen Büchern ausgestattet. Je größer die Klassen waren, d. h. je mehr Kinder von einem Lehrer unterrichtet wurden, desto kostengünstiger gestaltete sich dieses Modell. Auch heute gibt es noch Klassen in verschiedenen Ländern, vor allem in Afrika, in welchen 60 oder sogar 80 Kinder sitzen. Aber selbst in den Industrieländern, erscheint dieses traditionelle Modell durchaus Potenzial zur Verbesserung zu besitzen. Denn aus eigener Erfahrung weiß jeder Leser, dass es sich bei diesem Schulformat um einen Kompromiss handelt, was die Effektivität des Lernprozesses anbelangt. Begleitet wird diese Art der Bildungsrealisierung durch entwicklungspsychologische Aspekte, die durch eine unnatürliche Isolation von Gleichaltrigengruppen geprägt werden. Dies führt zum Aufbau einer künstlichen Parallelwelt und steht einer gesunden Persönlichkeitsbildung entsprechend dem menschlichen, biologischen Entwicklungszeitplan im Wege. Ein individuelles Lernen, welches den jeweiligen Charakter des Lernenden berücksichtigt, bezieht Motivationsmöglichkeiten mit ein, passt sich dem spezifischen Tagesrhythmus an und kann daher durchaus effektiver, weil differenzierter sein. Auch die Interaktion mit anderen, die für jeden Menschen unabdingbar für den Erfolg und für die Zufriedenheit im Leben ist, kann durch eine erfolgreiche Zusammenstellung von Teams, in welchen sich die Interessen und Fähigkeiten der einzelnen Mitglieder ergänzen, entscheidend gefördert werden.

Die Spiegelung des eigenen Lebens mit all seinen Facetten, in die digitale Welt hinein, wird es ermöglichen, die transferierten Daten so zu verarbeiten, dass Rückschlüsse auf jede individuelle Persönlichkeit getroffen werden können. Gehen wir einmal davon aus, dass diese Daten positiv, also zur Förderung der Menschlichkeit genutzt werden, dann wäre es möglich, Lernprozesse permanent in die Gestaltung des Lebens zu integrieren, soweit sich dieses Leben auch durch eine permanente, aktive, digitale Schnittstelle definiert. Während die Normierung der Menschen heute bereits einen hohen Wirkungsgrad erreicht hat, zurzeit allerdings noch über das entsprechende, vorgeprägte Lehrpersonal und die umzusetzenden Lehrpläne geschieht, könnte dieser Vorgang in Zukunft wesentlich optimiert werden. In den vergangenen Jahren hat sich ein ebenenübergreifendes und allgegenwärtiges System herausgebildet, welches die heranwachsenden Generationen durch eine vorgegebene Denkweise programmiert. Die meisten Lehrer multiplizieren und verstärken kritiklos die vom medialpolitischen Komplex vorgegebenen Denkstrukturen, die in allen Leitmedien ihr synchronisiertes Echo finden und damit permanent und unüberhörbar, die Einheitsmeinungen vorgeben. Je länger die Heranwachsenden im Bildungssystem gehalten werden können, desto nachhaltiger erfolgt die Programmierung auf die gewünschten Denkmuster. Die gesamtgesellschaftliche Wirkung wird noch dadurch optimiert, indem man den Wunsch der Menschen nach einer akademischen Ausbildung systematisch intensiviert. Auf diese Weise werden mehr Menschen für Positionen vorbereitet, in welchen sie durch Interessensgruppen gelenkt und beeinflusst werden können. Anweisungen werden leichter von Menschen befolgt, die eine wenig ausgeprägte Kritikfähigkeit besitzen oder deren Hinterfragen auf einer genau definierten Seite landet, auf welcher eine allgemeingültige und alternativlos zu vertretende Wahrheit abgebildet ist. Allgemeingültig deshalb, da diese Wahrheit in allen *sogenannten,* vermeintlich *seriösen* Quellen wiederholt wird und daher nicht infrage gestellt werden darf. Sollte es eine Quelle geben, die eine abweichende Meinung vertritt, so wird diese sofort als Falschmeldung deklariert und darf auch inhaltlich nicht mehr in Betracht gezogen werden. Personen, die dann doch eine abweichende Meinung artikulieren, sind „indiskutabel" und können auf keinen Fall ernst genommen werden. Dieser Mechanismus spiegelt schon seit einigen Jahrzehnten die Realität an den Universitäten wider und hat sowohl über das Lehrpersonal als auch über die Medienschaffenden, die von diesem Mechanismus produziert werden, die gesamte Gesellschaft nachhaltig durchdrungen und synchron eingeschwungen. Es erfordert viel Energie, dieser – alles beherrschenden – Meinungsresonanz zu widerstehen, was jedoch notwendig ist, um durch kritisches Denken die wertvolle Problemlösungskompetenz und schließlich berufliche Handlungskompetenz zu entwickeln.

Diese Auswirkungen, die durch eine sich intensivierende Akademisierung hervorgerufen wurden, führen sowohl in der Politik, in den Institutionen als auch in größeren Unternehmen zu einem fortgesetzten Kompetenzverlust aufgrund einer nicht optimierten Personalpolitik. Es kann beobachtet werden, dass Positionen von Personen besetzt werden, die über immer geringere fachliche Kompetenzen oder mangelnde Reflexionsfähigkeit verfügen und damit sehr einfach zu einem Spielball übergeordneter Interessen werden, da keine persönlichen, aber auch keine übergreifenden Ziele, wie z. B. Loyalität zu einem Unternehmen oder zu einem Staat, herausgebildet wurden. Je weniger reelle Erfahrungen und Fähigkeiten eine Person vorweisen kann, desto einfacher lässt sich eine Beeinflussung realisieren. Unterstützt wird diese Entwicklung durch die kommerzialisierte Bildungsindustrie, wodurch Personalentscheidungen datentechnisch automatisiert werden. Dies führt dazu, dass Zertifikate, die auf einem Bildungsmarkt erworben werden, zum entscheidenden Einstellungskriterium werden. Es kann jedoch nicht davon ausgegangen werden, dass ein Zertifikat tatsächlich mit den benötigten Fähigkeiten und Kompetenzen einer ausgeschriebenen Arbeitsstelle korreliert. Bedauerlicherweise überwiegt auch hier das handlungsleitende Interesse der Verantwortungsvermeidung, indem vermeintlich harte Fakten wie eben ein vorhandenes Zertifikat als entscheidungsleitendes Argument herangezogen werden. Die „Unternehmen", d. h. die Universitäten, die Bildungszertifikate vermarkten, sind wie alle Akteure auf einem Markt in einen globalen Wettbewerb eingetreten, was dazu führt, dass möglichst viele Kunden gewonnen werden müssen, um den Umsatz entsprechend zu erhöhen. Ein Bildungsprodukt erfährt dann eine hohe Nachfrage, wenn die Balance zwischen dem Investment und dem darauffolgenden Return on Investment (RoI) für den Investor gegeben ist. Der Bildungsabschluss sollte also dazu dienen, dass der Absolvent erfolgreich auf dem Arbeitsmarkt ist, dies gelingt nur dann, wenn er einen möglichst guten Notendurchschnitt erreicht. Aus diesem Grund ist auch das zu erreichende Niveau an beherrschten Fähigkeiten und Fertigkeiten für die Erlangung eines solchen Bildungsabschlusses im erheblichen Maße von den Bedingungen auf dem herrschenden Markt abhängig. Der Markt kann nicht anders auf diese Situation reagieren, als die Zugangsvoraussetzungen für den Ausbildungsgang herabzusetzen und den Lernenden eine verbesserte Chance anzubieten, den anvisierten Bildungsabschluss auch zu erreichen. Ein gesteigerter Wettbewerb mit mehr Anbietern, also einer stets wachsenden Kapazität an Ausbildungsplätzen, muss zwangsläufig zu einer Absenkung des Niveaus führen. Das ist die Phase, in der sich der akademische Sektor inzwischen global befindet.

Dieses bereits bedeutende strukturelle Problem des liberalisierten globalen Bildungsmarktes wird noch durch 2 weitere äußere Faktoren in seiner Komplexität bereichert. Zum einen ist hier eine negative demografische Entwicklung zu erwähnen, vor allem in den derzeit noch reichen Ländern, wodurch die Zahl der zahlungskräftigen jungen Menschen zurückgeht. Dadurch wird wiederum der Druck auf die Hochschulen erhöht, Modelle zu entwickeln, wie die Anzahl der Studierenden immer weiter aufgestockt werden kann. Der vielleicht noch entscheidendere Treiber für den Wandel ist die Digitalisierung, die dazu einlädt, den Prozess der Bildung vollständig neu zu denken. Sobald es einem globalistischen Unternehmen gelingt, ein onlinebasiertes Bildungsprodukt zu definieren und anzubieten, welches zudem zu einem weltweit anerkannten Zertifikat führt, würde das bisherige, traditionelle und regionale Geschäftsmodell des Bildungskomplexes in sich zusammenbrechen. Das herkömmliche Businessmodell ist an ehrwürdige Gebäude gebunden, an Traditionen und Riten; diese spielen heute vielleicht sogar eine größere Rolle als der Lehrbetrieb und die Lehrqualität selbst. Denn der reine Aufbau von Wissen kann gerade im universitären Bereich wesentlich effektiver onlinebasiert verwirklicht werden.

Vom Standpunkt der Effizienz aus betrachtet, würde vieles dafürsprechen, die Einführung globaler Bildungsmechanismen zu begrüßen. Die besten Pädagogen und Psychologen wären in der Lage, Lernszenarien zu entwickeln, die direkt an die individuellen Interessen und Talente der einzelnen Menschen andocken und dafür sorgen, dass Lernen spielerisch, aufregend und positiv empfunden wird. Aber vielleicht wird der einzelne Mensch auch einfach an die – sich stets weiter optimierenden – Algorithmen angepasst. Die aktuelle Normierung der Menschen durch den globalen Bildungskomplex, der in einer Allianz globalistischer Unternehmen und ihnen zuarbeitenden multilateralen Organisationen, die bereits heute gut funktioniert, kann durch eine internationale Bildungsökonomie so perfektioniert werden, dass ein riesiger lukrativer Wirtschaftssektor entsteht. Das

Ziel der Herstellung einer weltweiten Verfügbarkeit von Smartphones mit Internetkonnektivität ist heute bereits nahezu abgeschlossen. Damit sind die technischen Voraussetzungen geschaffen, der lang angekündigten Wissensökonomie zum Durchbruch zu verhelfen. Globale Bildung ermöglicht es, Denkstrukturen zu trainieren und die Wahrnehmung der Menschen so zu vereinheitlichen, dass angepasste Bildungsprodukte nachhaltig vermarktet werden können. In einer Kette von der Verbreitung des Buchdruckes, des Radios über das Kino, das Fernsehen, das Internet, können heute nahezu alle Menschen erreicht und medial beeinflusst werden. Die Automatisierung der Bildung scheint hier eine zwangsläufige Konsequenz der Optimierungslogik zu sein. All diese Vorgänge ereignen sich in einem Umfeld wachsender Dynamik; epochale Veränderungen ziehen sich nicht mehr über mehrere Generationen hin, sondern manifestieren sich innerhalb weniger Jahre. Fiktion und Realität verschwimmen in einer mediendominierten, hektischen Lebenswirklichkeit. Die Macht der Informationen, die durch Bilder und Videos unmittelbar die emotionale Ebene der Gehirne okkupieren, können nicht mehr mit realen und zwischenmenschlichen Erfahrungen abgeglichen werden. Da diese Medienwelt die wahrgenommene Realität der meisten Menschen bestimmt, wird sich auch die Bildung zwangsläufig in diesen Komplex integrieren, wodurch sich die Wertschöpfungsketten der globalistischen Unternehmen signifikant erweitern und gleichzeitig optimieren lassen.

Strukturell hierarchisch aufgebaute Bildungssysteme, erscheinen in der digitalen Bildung wenig realistisch, definierte Zeiträume, in denen Grundschulen, Sekundarschulen oder Universitäten besucht werden müssen, werden mit der Zeit an Bedeutung verlieren. Lernfortschritte können in Zukunft individuell beobachtet und optimiert werden. Auch Gruppenarbeiten lassen sich durch digitale Lösungen effektiv initiieren und zielorientiert auswerten. Indem der komplette Lernfortschritt beobachtet und aktiv begleitet werden kann, entsteht ein Datenprofil, welches die Leistungsfähigkeit des Menschen entsprechend der definierten Parameter einordnen kann. Sich optimierende Algorithmen oder Regelkreise geben dem einzelnen Menschen eine direkte Hilfestellung dazu, welcher berufliche Werdegang die größten Erfolgsaussichten bietet. Da davon auszugehen ist, dass sich die technische Entwicklung weiterhin dynamisch vollzieht, wird eine zugrunde liegende Systematik des lebenslangen Lernens dem einzelnen dabei helfen, seine Wettbewerbsfähigkeit auf dem Arbeitsmarkt auf Dauer, also während des gesamten Arbeitslebens, zu erhalten. Dieses lebenslange Lernen kann dahin gehend verbessert werden, dass dem Individuum während seines Medienkonsums solche Inhalte mit erhöhter Priorität vorgeschlagen werden, die für die Optimierung als wichtig kategorisiert wurden. Auch können Inhalte vorgeschlagen werden, die für die Ausführung bestimmter Freizeitaktivitäten wichtig sind. Bildung, Arbeit, Konsum, Leben wird somit zu einer optimierten Einheit.

In dem sich derart entwickelnden Umfeld hat die Universität, als geschlossenes System, keine Existenzberechtigung mehr. Vielmehr könnten durch Berücksichtigung der vorhandenen Daten, welche eine Auskunft über das Potenzial der einzelnen Menschen geben, Forschungsteams so zusammengestellt werden, dass das Fachpersonal im Sinne einer Effizienzsteigerung derart kombiniert werden könnte, um das gesetzte Forschungsziel bestmöglich zu erreichen. Eine Verwertung der Forschungsergebnisse durch die Entwicklung entsprechender Produkte, kann auf ähnliche Weise in Kooperation mit den entsprechenden, global agierenden Unternehmen erfolgen. Damit wäre das postakademische Zeitalter erreicht, da sich die Produktion von theoretischem Wissen zuerst mit der Kraft der digitaltechnisch-evolutionären Logik verbinden wird. Die sich in einem dynamischen Prozess optimierende Verfügbarkeit, Interpretation und Anwendung theoretischen Wissens wird weiter an Verwertungspotenzial auf dem Arbeitsmarkt verlieren, da es keinen Exklusivitätsvorsprung für bestimmte Spezialisten auf ausgewählten theoretischen Ebenen mehr geben wird. Faktisches Wissen wird vielmehr zum allgegenwärtigen Gemeingut. An dieser Stelle der Evolution unserer technischen und zivilisatorischen Entwicklung erscheint es zwangsläufig, dass die Aufbereitung und Inwertsetzung theoretischen Wissens durch mehr oder weniger intelligente Algorithmen übernommen wird. Jedoch steht die Technikentwicklung noch vor größeren Herausforderungen, wenn es um die Verrichtung handwerklicher Tätigkeiten geht. In diesem

Spannungsfeld sind die Herausforderungen zu sehen, welche die Zukunft der Berufsbildung bestimmen werden.

Wie bereits beschrieben, ist Berufsbildung nicht gleich Berufsbildung. Während sich im deutschen Sprachraum die Lehrlingsausbildung zu einem dualen Berufsbildungssystem weiterentwickelte, wurde das sogenannte CBT-System, welches sich im Gegensatz zu dem Berufsverständnis der dualen Lehre mehr an der Welt der Algorithmen orientiert, im globalen Maßstab eingeführt. Finanziert wurde dies vor allem durch multilaterale Institutionen. Nun muss sich zeigen, ob sich die duale Berufsausbildung gegen den globalen Trend der Bildungsvereinheitlichung weiterhin durchsetzen kann. Die sogenannte Coronapandemie hat erneut illustriert, dass auch vermeintlich tiefsitzende, zivilisatorische Errungenschaften und Traditionen sehr schnell zerstört werden können. Insellösungen werden sicherlich nur in einem globalistischen Umfeld akzeptiert, wenn ein entsprechender Mehrwert entsteht und auch dokumentierbar ist. Dieser Mehrwert kann in 2 Dimensionen erfolgen, zum einen geht es dabei um die Qualifizierung der von den Arbeitgebern benötigten Fachkräfte, zum anderen aber auch um die Stabilisierung der Gesellschaft, indem der Lernende in seiner menschlichen Entwicklung gefördert wird.

Es steht außer Frage, dass sich die Arbeitsplätze der Zukunft immer schneller verändern werden, die Veränderung selbst könnte zu einem Charakteristikum für neue Berufe werden. Durch Automatisierung und Digitalisierung werden bisher etablierte Berufe verschwinden und neue Berufe, die wir uns heute noch gar nicht vorstellen können, werden entstehen. Schnelle Veränderung ist natürlich immer verbunden mit Verunsicherung; eine bejahende Grundeinstellung zu einem solchen, durch dynamischen Wandel geprägtem Umfeld hat positive Auswirkungen auf die wahrgenommene Lebensqualität. Hier wird sich nun zeigen, ob die Ausbildung *vom Menschen zum Menschen* weiterhin den Optimierungsroutinen der universellen Computeralgorithmen überlegen ist. Andere Aspekte werden beim globalistischen politisch-medialen Komplex keine Akzeptanz finden können. Aufgrund der sehr anspruchsvollen technischen Herausforderungen, feinmotorische Tätigkeiten innerhalb nichtstandardisierter Räume durch Roboter effizient durchführen zu können, ist davon auszugehen, dass es auch in einigen Jahrzehnten noch Handwerksbetriebe geben wird, die z. B. Installationen planen und durchführen oder auftretende Defekte beheben. Solche absolut notwendigen Tätigkeiten sind weiterhin von qualifizierten Fachkräften durchzuführen, die auch in der Kommunikation und Interaktion mit anderen Menschen geübt sind. Es ist davon auszugehen, dass solche Arbeiten in der Zukunft weiter an Komplexität zunehmen, da Ressourcen, wie z. B. Wasser oder Energie, so sparsam und effizient wie möglich eingesetzt werden sollen. Unternehmen, die diese Dienstleistungen erbringen, stützen sich auf kompetente Fachkräfte, die eben nicht nur über den Reflex verfügen, Wissen aus dem Internet abrufen zu können, sondern die auch in der Lage sind, die notwendigen praktischen Handgriffe professionell durchzuführen.

Für die Ausbilder in diesen Betrieben besteht nun die Herausforderung, die potenziellen Fachkräfte als Lehrlinge zu rekrutieren. Hier ist mit einer sich weiter verschärfenden Wettbewerbssituation mit den global vermarktbaren Bildungsmodulen zu rechnen. Diese standardisierten Bildungsmodule können in jeder gewünschten Lokation konsumiert werden, ebenso wie andere Medienangebote, welche sich immer enger an die geweckten Bedürfnisse der Konsumenten anschmiegen. Es wäre daher eine Illusion zu glauben, dass man das Interesse für eine Berufsausbildung erst ab einem bestimmten Altersdurchschnitt wecken kann. Hilfreich wäre es vielmehr, wenn die Idee des Erlernens eines Berufes, bereits zu Beginn der Bildungsaktivitäten der nachwachsenden Generation eine prominente und vor allem positive Rolle einnehmen könnte. Es kann jedoch nicht als gegeben angenommen werden, dass der politisch-mediale Komplex die Form der dualen Berufsausbildung weiterhin uneingeschränkt unterstützen wird. Dies wird vor allem davon abhängen, wie stark und wie schnell die globalistischen Vorgaben umgesetzt werden und ob die Autonomie der Wirtschaft und hier insbesondere, die der kleineren Unternehmen, weiter von den Entscheidungsträgern geduldet wird. Ausschlaggebend für den Erfolg der Ausbildung wird unzweifelhaft weiterhin der betriebliche Ausbilder sein, dieser muss die Ausbildung *vom Menschen zum Menschen,* entsprechend dem zugrunde liegenden, ganzheitlichen Ansatz ausführen, um dabei die Entwicklung einer autonomen und selbstbestimmten Persönlichkeit zu unterstützen.

Strategien müssen gefunden und gelebt werden, wie die fortschreitende globale Digitalisierung in die betriebliche Wirklichkeit effizienzsteigernd eingebunden werden kann. Dies wird nur dann gelingen, wenn der Ausbilder seine Rolle als Vorbildfunktion annimmt und diese auch authentisch ausfüllen kann. Ein Wettbewerbsvorteil wird sich vor allem dann für die jeweiligen, engagierten Betriebe ergeben, wenn sie es schaffen, sich so zu positionieren, dass sie für die Kunden Produkte und Dienstleistungen anbieten können, welche die Nachfrage in einem dynamischen Umfeld zielorientiert bedienen, was ohne die Nutzung neuester Technologien nicht möglich sein wird. Noch wichtiger für den wirtschaftlichen Erfolg wird dabei sein, dass die Fachkraft den Dialog mit dem Kunden sucht. Da immer mehr Lebensfelder von automatisierten Prozessen geprägt sein werden, wird das Bedürfnis nach zwischenmenschlicher Interaktion zu einem wettbewerbsrelevanten Bestandteil ökonomischer Prozesse werden. Dieses ganzheitliche Verständnis des Arbeitsprozesses, als die Verrichtung einer sinnhaften Tätigkeit, welche zum direkten Nutzen für einen Mitmenschen führt, versieht das eigene Tun mit einem Sinn, wodurch die Verbindung zwischen Geist und Verstand gestärkt wird. Während die Digitalisierung von der Logik der Optimierung und Effizienzsteigerung auf dem Verstand beruht, ist es der Geist, der es ermöglicht, Bedeutung und Sinn in das menschliche Miteinander zu bringen.

Die duale Idee der Bildung, also die Verteilung des Lernprozesses auf mindestens 2 Lernorte, lässt sich auf beliebige Berufe übertragen und sollte daher in Zukunft auch entsprechend genutzt werden. In der oben beschriebenen postakademischen Situation besteht die große Chance, Ausbildung so zu definieren, dass sie durch eine direkte Integration in die Arbeitsprozesse zu gestalten ist. Durch ein Arbeitsethos, der den Menschen in den Mittelpunkt des Geschehens stellt, kann ein Gegengewicht zu dem Bestreben der Digitaltechnik gesetzt werden, alle Vorgänge normieren und automatisieren zu wollen. Die Chancen der Digitalisierung sind dabei zu nutzen, ohne sich selbst in der eigenen Menschlichkeit vollkommen aufzugeben. Hilfsmittel sind zu nutzen, aber nur dann, wenn sie der Lebensqualität der Menschen dienen. Autonom agierende Fachkräfte, die in der Lage sind, die ökonomischen und gesellschaftlichen Zusammenhänge zu erkennen und nach

Chancen und Risiken abzuwägen, haben das Potenzial, die Möglichkeiten der Digitalisierung in einen Wettbewerbsvorteil zu konvertieren. Die Herausforderung wird sein, lokale Alternativen im Wettbewerb mit globaler Marktmacht zu fördern oder neu zu etablieren. Allerdings ist zu berücksichtigen, dass die globalen Interessen, sowohl durch multilaterale Institutionen als auch durch den politisch-medialen Komplex stark gefördert werden. Eine Bildung, die auf das Prinzip *vom Menschen zum Menschen* setzt, kann jedoch für den einzelnen sinnstiftend sein und damit auf die Gesellschaft rückkoppeln und ein Gegengewicht zu der immer kälter werdenden Welt etablieren, die sich durch Logik, Verstand, Algorithmen, aber vor allem durch Geld manifestiert.

Wie aber können zukünftige Lehrlinge gefunden werden, die bereit sind, den Weg einer Berufsausbildung zu gehen? Und vor allem: Wie können Ausbilder motiviert werden, ihr Wissen, ihre Fertigkeiten und ihre Lebenserfahrung weiterzugeben? Wie kann das vertrauensvolle Interagieren der Menschen miteinander so etabliert werden, dass es dazu dient, einer Gesellschaft Halt zu geben, indem integre Persönlichkeiten herangebildet werden. Persönlichkeiten, die in der Lage sind, kritisch und reflektiert zu denken, Probleme lösen können und die kreativ sind, indem sie Geist, Verstand und Bewegung gewinnbringend miteinander verschränken. Der Verstand kann bereits heute zu einem gewissen Teil von der Technologie simuliert und damit ersetzt werden und in manchen Aspekten übersteigen die Funktionalitäten bestimmter Applikationen bereits die Leistungsfähigkeiten des menschlichen Gehirns. Falls in einiger Zeit Quantencomputer tatsächlich funktionieren werden, wird die verfügbare Rechenleistung noch einmal um ein Vielfaches erhöht und es kann wohl davon ausgegangen werden, dass Daten dann dramatisch schnell verarbeitet und komplizierte Rechenformeln in ungeahnter Geschwindigkeit gelöst werden können. Dann könnte schließlich der Punkt erreicht werden, an dem mehr und mehr auch die körperliche Bewegung durch Roboter geschmeidig und sensorisch gesteuert realisiert werden kann, sodass letztendlich komplexere Arbeiten von autonomen Maschinen übernommen werden können. Jedoch kann die Ebene des Geistes, die der Kern des Menschen ist, durch die Technik niemals erreicht werden. Es ist letztendlich der Geist oder die Seele, die den Menschen zum

Menschen macht. Wird dem Menschen durch die permanente Verfügbarkeit technischer Rechenleistungen der Zwang genommen, seinen Verstand exzessiv dahin gehend trainieren zu müssen, um in einen selbst konstruierten Wettbewerb mit anderen Menschen einzutreten, mit dem Ziel, reicher, erfolgreicher, ökologischer, anerkannter als andere zu sein, könnte er sich auf die Regungen des eigenen Geistes zurückbesinnen, und damit dem Kern der Bedeutung des Lebens wieder mehr Geltung zukommen lassen. Hier kann der dualen Berufsausbildung in der Zukunft eine Schlüsselrolle zukommen, indem das Prinzip des Lernens *vom Menschen zum Menschen* in seiner gelebten Ganzheitlichkeit den Menschen dabei hilft, seine individuelle Rolle im Leben zu finden, indem eine wertschätzende Sensibilität im Umgang mit anderen Menschen eingeübt wird, die dabei hilft, das Wesen des eigenen Seins zu erfahren und einzuordnen. Indem auch deutlich wird, dass das eigene Handeln in einem größeren Zusammenhang gesehen werden muss und dass ein jeder die Verantwortung für das eigene Tun trägt. Damit wird das Leben herausgehoben aus der primitiven Existenz des gelenkten Menschen, der lediglich Produktionsfaktor und Konsument zu sein hat, vielmehr kann sich der Mensch darauf konzentrieren, wer er wirklich ist, woher er kommt, wohin er geht und wie er Harmonie und Zufriedenheit erreichen kann. Zumeist wird dies in der Gemeinschaft mit anderen Menschen verwirklicht. Ein ausgeglichener und wacher Geist, welcher durch die Berufsbildung gefördert wird, ist sich der Gesetze der Natur bewusst und ermöglicht es, Dienstleistungen und Produkte für die Menschen anzubieten, die deren Lebensqualität erhöht. Zugegebenermaßen ist dies nun ein sehr positiver Ausblick. In Abschn. 5.3 werden 2 Szenarien wiedergegeben, die beschreiben, wie sich die Berufsbildung in den nächsten Jahrzehnten entwickeln könnte. Die Szenarien illustrieren 2 gegensätzliche Pole in der Annahme, dass sich die Wirklichkeit irgendwo zwischen diesen beiden Polen einordnen wird.

5.3 Zwei mögliche Szenarien

1. Szenario: Optimierte Digitalisierung
Der Gesang der Vögel hatte sich in Georgs Traum eingeschlichen und war immer lauter und aufdringlicher geworden. Da schlug er die Augen auf und stellte schnell fest, dass das Tageslicht bereits in sein Zimmer eingedrungen war und die Szenerie beleuchtete. Unmissverständlich wurde ihm klar, dass der Arbeitstag begonnen hatte. Elli sagte sanft „Guten Morgen Georg", es war eine Stimme, die er schon so lange kannte, wie er denken konnte, die ihm so vertraut war wie seine Hand oder sein Bein. Georg war jetzt 17 Jahre alt und seit einem Jahr arbeitete er in einem Unternehmen, welches Hilfssysteme für Menschen plante, installierte und reparierte, die Unterstützung für die Bewältigung ihres Alltags suchten. Elli ging ungefragt den heutigen Tagesablauf für Georg durch. Er hatte noch 30 min Zeit für die Toilette und das Frühstück, dann musste er sich aufgrund der Verkehrslage auf den Weg zum ersten Kunden machen. Elli befand sich irgendwo in Georgs Kopf und konnte sich in seine Hörfunktionen einschalten. Auch das Vogelkonzert hatte Elli genutzt, um Georg zu wecken. Über die Jahre hatte sich herausgestellt, dass dieses Geräusch die effektivste Methode war, um Georg in der Art aufzuwecken, dass er möglichst schnell nach dem Schlafen seine volle Leistungsfähigkeit erreichen konnte.

Das Frühstück bestand aus einem optimierten Mix verschiedener, ausgewählter Bestandteile, die genau auf Georgs Stoffwechsel abgestimmt waren, allerdings hatte Elli in den vergangenen Tagen einige Veränderungen vorgenommen, da mutmaßlich aufgrund einer hormonellen Veränderung in Georgs Körper – seiner Entwicklungsphase entsprechend – seine Effizienz abgenommen hatte. Über verschiedene implantierte und in der Kleidung getragene Sensoren kann Elli jederzeit den körperlichen Zustand, in dem sich Georg befindet, analysieren und auch Hilfestellungen geben. Das Frühstück wird jeden Tag geliefert und von außen direkt in den Kühlschrank platziert. Auf diese Weise konnte in den vergangenen Jahren der weltweite Ressourcenverbrauch erheblich optimiert werden. Über eine Handbewegung wurde die Wand gegenüber seinem Esstisch zu einem Monitor und es erschien die bekannte Morgensendung mit den neuesten Nachrichten und auch etwas Unterhaltung. Als Georg dann nach wenigen Minuten sein Frühstück beendet hatte, räumte er das wenige Geschirr in die Spülmaschine und verließ sein Apartment nachdem er sich Jacke und Arbeitsschuhe angezogen hatte. Seine Wohnung stellte fest, dass sich kein Mensch mehr darin befand und schaltete selbstständig alle nicht mehr benötigten Einrichtungen und Lichter aus, um den Energieverbrauch möglichst gering zu halten. Entsprechend wurde auch die Heizung reguliert, da dem digitalen Wohnungsmanager bekannt war, dass sich der Bewohner außerhalb des Hauses befand und dass dieser entsprechend der Arbeitsroutine erst am Nachmittag wieder zurückkommen würde. Sollte sich etwas Außergewöhnliches ergeben, würde Elli in die Steuerung eingreifen.

Elli begleitet Georg schon sein Leben lang, sie war dabei, als Georg seine ersten Worte sprach, sie förderte ihn bei den ersten Malversuchen und erkannte, wie er am besten motiviert werden konnte, neue Dinge zu lernen. Elli war nie genervt oder ungerecht, war immer verständnisvoll und positiv. Dies machte auch für seine Mutter das Leben viel leichter, denn sie musste sich kaum um Georg kümmern und wusste ihn doch immer in guten Händen. Bis zu seinem 16. Lebensjahr hatte seine Mutter noch Zugang zu Elli und konnte sich Analysen über seine Performance, seine Talente und seine möglichen Zukunftspotenziale anschauen. Vor allem das Rechnen, bis zu einem bestimmten Niveau, hatte Georg immer viel Freude bereitet, Elli dachte sich – darauf aufbauend – mehr und mehr Spiele aus, die Georg dazu animierten, Kalkulationen durchzuführen, da er sich bei dieser Aktivität wohl fühlte, Bestätigung fand und Erfolgserlebnisse genoss. Das Lesen und Schreiben entdeckte Georg erst später als eine Fähigkeit, die auch positive Emotionen hervorbringen konnte, vor allem wenn dies zusammen mit Mathematik oder auch mit Naturwissenschaften eine gewisse Bedeutung bekam. Die allgemeine Bedeutung von Lesen und Schreiben nahm jedoch in letzter Zeit ab, da die meisten Informationen diktiert und dann auch wieder vorgelesen werden können. Eine ausgereifte sprachgesteuerte Suchfunktionalität ermöglicht es sehr effektiv, bestimmte Informationen, die gerade benötigt werden, zu finden. Über den in Elli integrierten Trackingalgorithmus gesteuert, kam Georg bereits in seiner frühen Kindheit insbesondere mit solchen Spielkameraden zusammen, die gruppendynamisch betrachtet, gut zu ihm passten und hilfreich für die Optimierung seiner Lernerfolge waren. Durch die permanente globale Analyse menschlicher Interaktionen bei Kindern wurde die Zusammensetzung von Spielgruppen so gestaltet, dass die größte Effektivität bezüglich der Herausbildung gewünschter Verhaltensweisen erzielt werden konnte. Da sich biologisch bedingt die Entwicklung der heranwachsenden Menschen unterschiedlich gestaltet, wurde das Design der Gruppen immer wieder neu justiert, wobei für einzelne Individuen die Herausbildung besonders enger Freundschaften im Sinne der Verbesserung der Lernergebnisse förderlich war. Der Anteil dieser Fälle nimmt jedoch proportional zur kontinuierlichen Verbesserung der Kommunikationsschnittstelle, welche von Georg *Elli* genannt wird, ab.

Die personelle Gestaltung dieser Lerngruppen war nicht unbedingt vom Alter der einzelnen Lernenden abhängig, sondern wurde bestimmt einmal vom individuellen Entwicklungsstand der Kinder, aber auch von deren analysierten Interessen. Unterschiedliches Interesse führt zur Herausbildung verschiedener Stärken, welche sich bei der Erreichung eines bestimmten Ziels als hilfreich erweisen können. Dieser so aufgebaute Regelkreis schwingt sich durch die Justierung der verschiedenen einflussbehafteten Faktoren immer mehr ein, mit dem Ziel die Leistungsfähigkeit als Gruppe, aber auch für jeden einzelnen zu erhöhen. Die spielerisch dargebrachten Lernsituationen waren angereichert durch motivierende Stimuli wie das Sammeln von Punkten oder die Präsentation der eigenen Leistung in Gegenwart anderer. Auch dieser wichtige Faktor wurde entsprechend seiner Wirksamkeit für den einzelnen optimiert. Das Set-up der Lerngruppen selbst, war unterschiedlich gestaltet; es gab bestimmte Orte, an denen der Lernvorgang moderiert wurde, vor allem dann, wenn es auch um das Lernen physischer Fertigkeiten ging. Dann wurden in den Einrichtungen, in denen die Lerngruppen zusammenkamen, die notwendigen Utensilien zur Verfügung gestellt und es war auch eine Aufsichtsperson vorhanden, die moderierende Funktionen übernehmen konnte. Wobei hauptsächlich die permanenten, implantierten Lernbegleiter die verschiedenen

Szenarien steuerten, dabei standen die Lernbegleiter natürlich untereinander in Verbindung und konnten feststellen, welche Auswirkungen die verschiedenen Interaktionen der Kinder auf den Lernerfolg der einzelnen Individuen hatten. Andere Lernsituationen, bei denen vor allem kognitive Inhalte im Vordergrund standen, konnten auch virtuell und damit ortsunabhängig durchgeführt werden. Auch hier wurden spielerische Reflexe dazu genutzt, um Lernfortschritte zu initiieren. Allerdings wird der beste Lernerfolg dann erreicht, wenn das Kognitive mit dem Körperlichen, also mit der Bewegung, verbunden wird, daher konzentriert sich die Optimierung des Lernens darauf, die Lernumgebung so aufzubauen, dass möglichst viele Sinne angesprochen werden.

Die Komplexität der Lernerfahrungen wurde auf diese Weise kontinuierlich gesteigert und es konnte festgestellt werden, wie Georgs Performance bei der Lösung von Problemen im globalen Vergleich einzuordnen war. Diese Daten wurden genutzt, um die identifizierten Stärken und damit verbundene Aspekte weiter zu fördern. Dabei konnten die Schwächen in Lernaufgaben so berücksichtigt werden, dass diese möglichst ausgeglichen werden konnten, ohne dass es zu großen Frustrationen und damit zur Demotivation der Lernenden kam, allerdings wurde auch der Umgang mit Misserfolgen eingeübt und Elli half Georg dabei, Strategien zu entwickeln, wie eine Reaktion auf solche negativen Erlebnisse aussehen konnte, die sich zumindest bisher nicht vermeiden ließen. Elli konnte jederzeit Kontakt mit den anderen, implantierten Lernbegleitern aufnehmen, falls es zu einer Situation kam, die zu starke negative Emotionen in einem der Kinder auslöste und was sich daher negativ auf die Effizienz des Lernens auswirken könnte.

Durch die beträchtliche Erhöhung der Rechenleistung und die Möglichkeit der Massendatenübertragung, wurden zunehmend komplexere Algorithmen entwickelt, welche das Verhalten der Menschen immer genauer zu analysieren in der Lage sind. Die globale Einführung dieser Instrumente kann durch Justierung einzelner Elemente, wie z. B. eine Erhöhung des Vergnügungsfaktors beim Lernen oder bei der Steigerung des Schwierigkeitsgrades spielerischer Lernaufgaben, herausfinden, welche Strategien den optimalen Bildungserfolg versprechen. Die Einbeziehung persönlicher, historischer

Daten, welche eventuell vorhandene individuelle Charaktermerkmale dokumentieren, sind zusätzliche Faktoren, die zielführend im Sinne bestmöglicher Lernergebnisse miteinbezogen werden. Der Tatsache Rechnung tragend, dass oft visuelle Eindrücke bei Menschen einen Einfluss darauf haben, welche Emotionen ausgelöst werden, stellt in diesem Zusammenhang die eigene optische Erscheinung einen nicht zu unterschätzenden Rückkoppelungsfaktor für die Mitmenschen dar. Diese individuellen Reaktionen hängen ebenso von bestimmten wahrgenommenen Konstellation in der Welt ab, determiniert durch die Interaktion von Personen in einer kontextabhängigen Umgebung. Diesbezüglich macht Elli konkrete Kleidungsvorschläge, deren Beschaffung auch unmittelbar durch die Versicherung des Kaufwunsches ausgelöst werden können. Bis zur Volljährigkeit muss diese Freigabe durch die erziehungsberechtigte Person bestätigt werden. Da die gemachten Vorschläge auf den gesamten Daten des Lernbegleiters basieren, kommt es kaum dazu, dass von der begleiteten Person die maßgeschneiderten Empfehlungen nicht berücksichtigt werden. Auch andere Konsumartikel wie Spiele oder bestimmte Lebensmittel können von Elli empfohlen werden, wobei auch hier eine Ausgewogenheit zwischen dem Vergnügen und dem Lernen berücksichtigt wird. Durch die Vernetzung mit anderen Lernbegleitern kann auch der Besuch von Freizeiteinrichtungen mit der gesamten Familie intelligent gesteuert werden, damit Überfüllungen vermieden werden und gleichzeitig Personen getroffen werden können, mit denen ein positiver Austausch zu erwarten ist.

Durch den globalen Abgleich der Datensätze mit der Kohorte, die sich in der Vergangenheit in einer ähnlichen Entwicklungsphase befand, kann der Lernbegleiter extrapolieren, welchen Verlauf der Prozess des Erwachsenwerdens nehmen wird. Eventuell festgestellte Abweichungen werden registriert und zu weiteren Optimierung des Algorithmus verwendet. Auf diese Weise können bereits im Vorfeld, vor der Manifestation von Eigenschaften, die einem optimalen Lernerfolg im Wege stehen, steuernde Maßnahmen ergriffen werden. Demnach kann eine Lerngruppe so zusammengestellt werden, dass bestimmte Persönlichkeitsmerkmale durch den Einfluss der Gruppe umtrainiert werden können. Entsteht z. B. ein Verhalten, welches auf jede Kritik – ob berechtigt oder unberechtigt – mit Trotz reagiert, können bereits im frühen Alter Mechanismen in die Persönlichkeit programmiert werden, die eine menschliche Interaktion positiv verknüpfen. Daraus kann zum Beispiel ein Interesse des anderen am eigenen Tun oder der eigenen Argumentation abgeleitet werden, wodurch unproduktive Streitgespräche vermieden werden können.

Durch den Datenstrom, den Georg sein Leben lang erzeugt hat, besitzt der global vernetzte Lernbegleiter die notwendigen validen Informationen, um empfehlen zu können, welche Tätigkeit innerhalb des Arbeitsmarktes am effizientesten durch die jeweilige Person ausgeführt werden kann. Ein Abgleich zwischen den zur Verfügung stehenden Positionen und den ermittelten Fähigkeiten und Neigungen einer potenziellen Arbeitskraft kann mühelos vorgenommen werden. Auch zeigt die Lernfortschrittskurve jederzeit an, ob eine weitere Lernförderung zu verhältnismäßigen Performancesteigerungen führen kann, also inwieweit z. B. das Talent für einen Einsatz als Wissenschaftler für eines der großen Unternehmen infrage kommen könnte. Die Fähigkeit, andere überzeugen zu können, das Vorhandensein eines Charismas, würde eine Empfehlung für den Medienbereich auslösen. Die Zeit des Lernens ist demzufolge auf die jeweilige Persönlichkeit optimiert, wodurch der Übergang in eine arbeitsmarktrelevante Tätigkeit dann geschieht, wenn dies aus rationalen Erwägungen heraus, am sinnvollsten ist. Bei Georg war mit 16 Jahren das Optimum erreicht, er selbst hatte nicht bemerkt, dass innerhalb der von ihm zu absolvierenden Lernsituationen mit wechselnden Teams, die verschiedenen relevanten Kompetenzprofile ausgetestet wurden und ein bewährter Algorithmus zu dem Ergebnis führte, dass eine *technische Tätigkeit* am ehesten seinen Interessen und Neigungen entsprach. Nachdem diese Bewertung getroffen worden war, wurde seine Entscheidungsfindung durch verschiedene, abschließende Lernsituationen vorbereitet und unterstützt. Seinem Alter entsprechend, war Georg empfänglich für aufregendere und abenteuerlichere Geschichten; so konnte er mithilfe von VR-Umgebungen spannende Episoden erleben, in welchen er als Held durch technisches Geschick Probleme lösen konnte. Am Ende eines solchen Abenteuers meldete sich eines der globalen Unternehmen bei ihm und bot ihm an, eine Tätigkeit aufzunehmen, die exakt in das simulierte Umfeld passte. Konkret handelte es sich um den Einbau und die Wartung von Geräten, die den Menschen dabei unterstützten, seinen Alltag zu bewältigen, vor allem, wenn ihm viele Dinge aufgrund seines Alters oder seiner Behinderung immer schwerer fielen.

Nachdem Georg die drei Stockwerke von seiner Wohnung zur Ausgangstür zurückgelegt und das Haus verlassen hatte, wartete dort bereits ein führerloses Personentransportfahrzeug. Er stieg ein und wurde von einer freundlichen automatischen Stimme begrüßt, die sich von Elli unterschied. Sobald die Tür geschlossen war, setzte sich das Fahrzeug in Bewegung. Georg dachte gar nicht mehr darüber nach, dass Elli dem Transportfahrzeug bereits die Zielkoordinaten zu seinem Einsatzort übermittelt hatte. Aus einer Funktionstasche holte Georg seine Datenbrille und setzte sie auf. Nach wenigen Augenblicken wurde ihm eine technisch beschreibende Videosequenz des Produktes gezeigt, welches er in der Wohnung des Kunden installieren sollte. Es wäre dann das erste Mal, dass er dieses Fabrikat in seinen Händen halten würde. Mit trainierten Gesten, die von der Datenbrille registriert wurden, konnte er das Gerät in seinem Sichtfeld in alle Richtungen drehen, fand aber nicht auf Anhieb, wonach er suchte. Daher fragte er Elli: „Wie wird denn das Gerät angeschlossen?" Die Antwort seines Lernbegleiters bestand im Einblenden einer anderen technischen Animation, wodurch Georg nun eine Schiene erkennen konnte, welche auf den Fußboden angebracht wurde, um das Gerät kabellos mit Energie versorgen zu können. Diese Frage Georgs wurde von Elli registriert, gespeichert und durch verschiedene Algorithmen klassifiziert, welche darauf ausgerichtet waren, Georgs Arbeitseffizienz zu messen, seine Abstraktionsfähigkeit einzuschätzen und seine Entwicklung über die Zeit festzustellen und zu bewerten. Schließlich befand er sich noch in einer Art Einarbeitungsphase. Georg selbst war sich dieser im Hintergrund ablaufenden datentechnischen Auswertungen nicht bewusst, denn dieses Thema war niemals Bestandteil seiner Lernsequenzen gewesen.

Das Gerät selbst hatte in etwa die Funktion eines autonom rollenden Haltegriffes, welcher den Bewohner dabei unterstützen sollte, sich weiterhin durch seine Wohnung bewegen zu können, auch wenn sich seine Mobilität altersbedingt immer weiter einschränkte. Bei Bedarf konnte dieses Gerät zusätzlich mit einem Sitz ausgestattet werden, für den Fall, dass die Fähigkeit zum selbstständigen Gehen temporär oder permanent nachließe. So konnte der Weg vom Bett ins Badezimmer, zur Küche oder zur Haustür weiterhin bewältigt werden. Schließlich rief Georg die Installationsunterlagen auf, die Datenbrille zeigte ihm sogleich die einzelnen Komponenten des Gerätes in Form von Bildern. Diese Bilder waren mit Hinweisen zur Befestigung von Bauteilen und dem Anschluss an das Elektronetz verbunden. Mit einer Geste konnte er die kritischen Elemente auswählen und eine Animation zeigte ihm schließlich, wie der Installationsvorgang durchzuführen war. Er konnte erkennen, welche Verbrauchsmaterialien, also z. B. welche Schrauben zu verwenden waren und auch welches Werkzeug zur Anwendung kommen sollte. Sowohl das zu installierende Gerät als auch die zur Installation benötigten Materialien und Werkzeuge wurden von einem separaten Fahrzeug zum Kunden geliefert und sollten gleichzeitig mit Georg am Zielort eintreffen. Die Transporte wurden unter Berücksichtigung der Verkehrssituation optimiert, mit dem Ziel, die Wartezeiten zu minimieren. Ermöglicht wurde dies dadurch, dass sich die führerlosen Fahrzeuge mit der effizientesten Geschwindigkeit bewegten. Die Grundlage hierfür war, dass dem System alle Zielorte bekannt waren und zugleich berücksichtigt werden konnte, welche zusätzlichen Transporte in den nächsten Minuten dazukamen und welche abgeschlossen wurden.

Schließlich erreichte Georg sein Ziel in einer Siedlung mit älteren Einfamilienreihenhäusern, vor denen es jeweils einen kleinen Vorgarten gab. Diese überschaubare grüne Zone machte vor dem Haus, in welchem er nun das Gerät installieren sollte, einen etwas ungepflegten Eindruck. Unkraut begann zwischen den, wohl einst akkurat geschnitten Büschen zu wachsen. Als sein Fahrzeug zum Stehen kam, bemerkte er, dass direkt hinter ihm ein etwas größerer Transporter ebenfalls parkte. Ohne seine Datenbrille abzunehmen, stieg Georg aus dem Fahrzeug aus, ging zur Eingangstür und aktivierte die berührungslose Klingelfunktion. Obwohl er keine Reaktion bemerkte, wurde in seiner Datenbrille eingeblendet, dass im Haus ein Signal ausgelöst worden war. Er wartete, aber es folgte keine Reaktion. Daher löste er die Klingelfunktion erneut aus. Wieder kam es zu keiner registrierbaren Antwort, das machte Georg ratlos, denn eine solche Situation hatte er bisher noch nicht erlebt. Nach seinem Verständnis wurden diese Termine immer akkurat mit dem Kunden koordiniert, daher sollte es nicht vorkommen, dass dieser nicht zu Hause war. Als eine Minute vergangen war und Georg gerade überlegte, ob er über Elli seinen Vorgesetzten verständigen sollte, meldete sich sein Lernbegleiter mit dem Hinweis, dass seiner Firma durch den Kunden die Berechtigung gegeben wurde, die Haustür nach einer Authentifizierung seiner Person zu öffnen. Diese Bestätigung wurde einfach durch Elli durchgeführt, der Lernbegleiter hatte sich mit dem Haussteuerungssystem verbunden und entsprechende datentechnische Zertifikate ausgetauscht. Jetzt wurden diese sicherheitsrelevanten Daten noch mit weiteren Instanzen ausgetauscht; der örtlichen Polizei wurde ein Datensatz übermittelt, mit den Informationen, wer, wann und mit welchem Ziel das Haus betreten möchte. Zugleich wurde eine Person des Vertrauens, welche der Bewohner des Hauses genannt hatte, mit den gleichen Informationen versorgt. Nach einer kurzen Wartezeit in welcher definierte Verifizierungsroutinen abliefen, öffnete sich schließlich die Eingangstür zum Haus.

Georg trat ein und seine Nase registrierte, dass die Luft sehr abgestanden und mit Aromen getränkt war, die er nicht zuordnen konnte. Doch diese Sinnesinformation geriet sofort in den Hintergrund, da die Datenbrille die Umgebung innerhalb des Hauses erkannte und in das aufgenommene Bild, das zu installierende Gerät hineinprojizierte. Der Vertriebskollege hatte bereits den elektrischen Verteilerschrank lokalisiert und in den Datensatz eingeführt, so wurde Georg bereits ein visueller Vorschlag unterbreitet, wo und wie er die benötigte Leitung verlegen sollte, um das Führungsband, welches das Gerät kontaktlos mit Energie versorgen sollte, an die Stromversorgung anzuschließen. Er beging die vom Umbau betroffenen Zimmer, bis auf das Schlafzimmer, denn dort war die Tür geschlossen, während die übrigen Zimmertüren offenstanden. Anschließend holte er das Gerät und die benötigten Utensilien aus dem Lastenfahrzeug. Dieses setzte sich nach der Entladung sogleich in Bewegung, denn die Logistiksoftware war darauf bedacht, die Fahrzeuge möglichst effektiv im Einsatz zu halten. Vor dem Ende der Arbeiten würde ein anderes Auto kommen, um die Werkzeuge und das übriggebliebene Verbrauchsmaterial zurück zum Lager zu transportieren. In der Datenbrille wurde Georg ein genauer Arbeitsplan eingeblendet, welcher ihm die einzelnen Schritte der Installation genau vorgab.

Zuallererst war das Band, welches für die kontaktlose Energieübertragung sorgte, zu verlegen. Hierbei musste der Untergrund mit einer gelieferten Flüssigkeit behandelt werden. In der Datenbrille wurde genau aufgezeigt, wie viel Georg von der Flüssigkeit aufzutragen hatte. Er wusste nicht, welche Aufgabe diese Chemikalie hatte, aber das interessierte ihn auch nicht, denn in der Datenbrille war in Form einer Uhr die Zeitvorgabe eingeblendet, welche er für diesen Vorgang einzuhalten hatte. Falls er schneller war, konnte er Bonuspunkte sammeln, aber nur wenn die Qualität vollständig den Vorgaben entsprach. Dies wurde durch das Feedback festgestellt, welches die verschiedenen Kameras, die in der AR-Brille eingebaut waren, an die Zentrale zurückmeldeten. Georg wusste nicht, ob am anderen Ende der Datenübertragungsstrecke, wo die Bilder ausgewertet wurden, ein Mensch oder ein Algorithmus seinen Dienst tat. Nach dem Auftragen der Flüssigkeit war das Band zu verlegen. Es erstaunte Georg, dass das Aussehen des Bandes ziemlich genau dem Fußboden in der Wohnung angepasst war und daher ein oberflächlicher Blick nicht sofort preisgab, dass hier zusätzliches Material aufgetragen worden war. Es dauerte einige Zeit, bis das Stromübertragungsband überall dort lag, wo es nach Kundenauftrag auch verlegt werden sollte. Allerdings fehlte noch das Stück zum Schlafzimmer, denn dort war die Tür noch immer geschlossen. Dabei war die Arbeit, die Georg hier zu verrichten hatte, mit einer gewissen Geräuschentwicklung verbunden. Ja, er bemühte sich sogar darum, möglichst laut zu sein, damit der Kunde, der ja zu Hause sein musste, endlich aufstand. Schließlich wollte er seine Arbeit in der vorgegebenen Zeit bzw. schneller als geplant beenden. Störungen mochte Georg nicht. Er war es gewohnt, dass geplante Abläufe möglichst effizient und ohne Änderungen realisiert werden konnten. So legte er das noch zu klebende Band in der Nähe des Schlafzimmers an die Wand und beschloss, den elektrischen Anschluss für das geklebte Stromübertragungsband herzustellen. Dazu musste er ein kurzes Stück Kabelkanal verlegen, eine zusätzliche Sicherung im Verteilerkasten anschließen und die Ver-

5 Vom Heute zum Morgen

bindungsleitung, die mit der richtigen Länge bereits vorkonfektioniert war, installieren.

Sein Unmut wurde größer, denn: Noch immer war keine Reaktion aus dem Schlafzimmer zu vernehmen… Einige Sekunden lang versuchte er irgendeinen Laut im Haus aufzunehmen, aber es war ganz still. Nur von draußen drangen Geräusche vorbeifahrender Autos herein. Wie bereits bei der verschlossenen Haustür zu Beginn seines Arbeitseinsatzes war dies die Fortsetzung einer Situation, die in dem geplanten Arbeitsablauf nicht vorgesehen war und daher für Unsicherheit sorgte. Die Arbeit war nun auch fast schon erledigt, er musste nur noch das Gerät, welches in gerade einmal 3 Teilen geliefert wurde, zusammensetzen und parametrieren. Allerdings war die optimale Einstellung des Gerätes nur im Beisein des Kunden möglich, denn dem System musste die optimale Höhe des selbstfahrenden Haltegriffes und dessen funktionstechnisches Verhalten, also die Steuerung, welche durch Sprachbefehle erfolgte, eingeprägt werden. Die Verbindung zur zentralen Steuerung würde automatisch erfolgen; dies war aus Servicegründen wichtig, damit eventuell auftretende Fehlfunktionen geradewegs ermittelt werden können, was anschließend, sollte aus der Distanz keine Lösung des Problems zu finden sein dazu führte, dass ein Techniker, also z. B. Georg, zu einem Kunden gerufen wurde, um Reparaturen durchzuführen. Bereits nach wenigen Minuten war das installierte Gerät betriebsbereit und Georg sah in seiner Datenbrille, dass sein Auftrag in 15 min erledigt sein sollte. Allerdings war noch immer kein Kunde aufgetaucht. Als er nach einiger Zeit des Überlegens seinen Blick auf das noch zu verlegende Stromübertragungsband richtete, zeigte seine Datenbrille an, dass dieses Stück noch bis ins Schlafzimmer zu verlegen war. Das wusste er auch selbst und es war gewiss nicht die Lösung seines eigentlichen Problems. Er überlegte, was er nun tun sollte; in Gedanken spielte er die verschiedenen Lernsituationen durch, die er bisher bearbeitet hatte, aber es fiel ihm keine solche Situation ein. Da nahm er seinen ganzen Mut zusammen und klopfte an die Schlafzimmertür, er hielt inne und lauschte, aber wieder gab es keinerlei Reaktion. Konnte er die Tür einfach öffnen? Eigentlich durfte er das nicht. Da bemerkte Elli aufgrund der Analyse der Informationen, welche die Datenbrille lieferte und der inzwischen abgelaufenen Zeit, die für den Auftrag kalkuliert war, dass es hier ein unerwartetes Ereignis gab. „Kann ich helfen?", meldete sich der Lernbegleiter mit einer Standardfloskel, welche Georg sehr genau kannte und fast schon erwartete, da es ihm die Sicherheit gab, bald eine Lösung für sein Problem finden zu können. Elli nahm wieder Kontakt zum Hausmanagementsystem auf und erhielt die Information, dass sich der Kunde noch im Haus befand, und zwar in seinem Bett. Vor einigen Minuten hatten Sensoren festgestellt, dass die Herzfrequenz des Auftraggebers immer unregelmäßiger wurde, daher war eine Meldung an den Notdienst gegangen, der innerhalb von 2 min erwartet wurde.

Georg war erleichtert, dass sich das Problem offensichtlich lösen ließ, allerdings würde er keine Chance mehr haben, den Auftrag in der vorgegebenen Zeit abzuwickeln. Exakt 2 min später kamen 2 Sanitäter ins Haus. Auch sie trugen Datenbrillen, die ihnen den direkten Weg zum Schlafzimmer zeigten. Sie hatten bereits einen Defibrillator dabei, da sie die Information hatten, dass das Herz des Patienten Gefahr lief, seine Funktion einzustellen. Die beiden Sanitäter beachteten Georg nicht weiter, denn sie wurden bereits über dessen Anwesenheit informiert. Zielstrebig begaben sie sich ins Schlafzimmer und begannen mit der Reanimation. Nach nur wenigen Minuten stellten sie fest, dass das Herz des Patienten wieder regelmäßiger zu schlagen begann, jedoch immer noch sehr schwach war. Schnell war eine Liege bereit, um den Geretteten in den Krankenwagen zu tragen und ins nächste Krankenhaus zu transportieren. Als die beiden Sanitäter den bewusstlosen Mann an Georg vorbeischoben, fragte dieser das Rettungspersonal, ob es denn nicht möglich sei, die Abnahme für das gelieferte und installierte Gerät durchzuführen, schließlich war er ja fast fertig mit seiner Arbeit. Allerdings erhielt Georg auf seine Frage keine Antwort. Er vermutete, dass er vielleicht zu leise gesprochen hatte und seine Bitte daher eventuell nicht verstanden worden war. Noch ehe er anders hätte reagieren können, war er allein im Haus. Da nun die Tür zum Schlafzimmer weit geöffnet war, entschloss er sich kurzerhand dazu, die gesamte Installation des Gerätes abzuschließen. Nach der Verlegung des übriggebliebenen Stromübertragungsbandes machte er mit dem Gerät noch einen Probelauf auf allen Wegstrecken, die im Kundenauftrag vorgegeben worden waren. Alles funktionierte zu seiner vollsten Zufriedenheit. Georg konnte natürlich die vorgeschriebene Übergabe an den Kunden nicht durchführen, da dieser ja nicht mehr anwesend war. Daher entschloss er sich, das Übergabeprotokoll an die Kommunikationsadresse des Kunden zu senden. Seinem Vorgesetzten meldete Georg zurück, dass es Probleme mit dem Kunden gab und er deshalb die Übergabe nicht durchführen konnte. Das Gerät sei jedoch fertig installiert und voll funktionsfähig. Damit war dieser Auftrag für ihn abgeschlossen und Elli informierte Georg visuell mithilfe der Datenbrille über seinen nächsten Kundeneinsatz. Es handelte sich dabei um eine routinemäßige Wartung an einer häuslichen Wasseraufbereitungsanlage bei einem kommerziellen Unternehmen, das sich etwa in einem Kilometer Entfernung befand. Draußen wartete bereits das Transportfahrzeug, welches das soeben verwendete Werkzeug und die noch vorhandenen Verbrauchsmaterialien aufnahm. Beim nächsten Kunden würde er wieder mit den speziell dort benötigten Materialien versorgt. Er zog die Eingangstür hinter sich zu, wodurch das Haus wieder verschlossen war. Elli meldete dem Hausmanagementsystem ohne Georgs Zutun, dass er das Gebäude verlassen hatte. Georg setzte sich in das bereits wartende, führerlose Fahrzeug und nutzte seine Datenbrille, um sich auf den nächsten Arbeitseinsatz vorzubereiten.

2. Szenario: Angepasste Duale Berufsbildung

Olga versuchte mit dem schon in die Jahre gekommenen Besen ein Abfallstück, das sich unter der Werkbank verkeilt hatte, hervorzuholen. Es wollte nicht so recht gelingen, sodass der Besen mehrere Male gegen den metallischen, hinteren Fuß des schweren Tisches klapperte. Dies veranlasste Ben – der mit dem Rücken zu dem Geschehen stand – dazu, sich umzudrehen und eine Bemerkung zu machen, dass er sich konzentrieren müsse und Olga daher etwas leiser sein solle. Die beiden Lehrlinge befanden sich in der Werkstatt ihres Ausbildungsbetriebes. Ben war im dritten und Olga im zweien Ausbildungsjahr. Vor Ben lag ein Gerät, welches als Assistenzsystem für die Unterstützung von Personen bei der Bewältigung ihres Alltags eingesetzt werden sollte. Einige Teile waren abgeschraubt und ein mobiler Computer lag neben der Steuerung. Auf dem Display wurden verschiedene Parameter angezeigt. Da hob Olga den Besen senkrecht in die Luft, mit den

Borsten nach unten und warf ihn Ben auf diese Weise zu. Er konnte das Kehrgerät gerade noch mit einem Reflex auffangen. „Eigentlich könntest du auch mal wieder die Werkstatt saubermachen", meine Olga lapidar. Ben lehnte den aufgefangenen Besen an die Werkbank und meinte, dass die Woche noch nicht vorbei sei und er erst nächste Woche wieder Dienst hätte. Schließlich wollte Olga wissen, was Ben denn genau an dem Roboterassistenzsystem machte, sie kannte dieses Modell, da sie vor wenigen Tagen ein solches Gerät bei einem Kunden gewartet hatte. Schließlich handelte es sich hier um eine dynamische Einstiegshilfe, z. B. in eine Badewanne, daher musste das Gerät immer perfekt funktionieren. Gerne erklärte Ben, dass er heute Vormittag, zusammen mit dem Lehrmeister dieses Gerät austauschen musste, da es zu sporadischen Fehlern kam. Seine Aufgabe war nun, eben diese Fehlfunktion zu lokalisieren, was natürlich nicht einfach war, denn das Problem tauchte eben nicht permanent auf. Daher konnte sich Ben nur auf die verbale Beschreibung des Kunden verlassen und versuchen, mögliche Schwachstellen zu identifizieren. Jetzt entwickelte sich zwischen Olga und Ben eine fachliche Diskussion zu dem Gerät, die beiden begannen zusammenzuarbeiten und überlegten sich Szenarien, um den vermeintlichen Fehler eingrenzen zu können.

Beide Lehrlinge hatten bereits während der Grundbildungszeit viel Interesse an Lösungen praktischer Aufgaben gezeigt. In praktischen Ausprobierzentren hatten sie bereits als Kinder mit anderen zusammen Geräte gebaut und programmiert, hatten an Wettbewerben teilgenommen, in welchen sie gegen andere Teams antraten, um verschiedene Problemlösungsstrategien auszutesten. Bei einigen dieser Lernevents waren sie sich tatsächlich auch schon persönlich begegnet, wie sie schnell feststellten, nachdem Olga ihre Ausbildung im gleichen Betrieb begann, in welchem Ben bereits das erste Lehrjahr absolviert hatte. Olga war einige Jahre jünger, hatte aber schon immer sehr viel Freude am Lernen und auch an der Interaktion mit anderen. Es fiel ihr sehr leicht, Wissen zu akkumulieren und vor allem bereits vorhandene Kenntnisse auf neue Konstellationen anzuwenden. Sie hatte bei sich selbst ein Talent entdeckt, durch richtige Fragen schnell Informationen erhalten zu können, die sie benötigte, um das tatsächliche Problem zu erkennen und es auch lösen zu können. Dies erschien ihr als der entscheidende Schritt bei der Bewältigung von Arbeitsaufgaben, denn hatte sie erst einmal erkannt, um welches Problem es sich handelte, konnte eine technische Lösung schnell entworfen und realisiert werden.

Für Ben war das individualisierte Bildungssystem auch eine Herausforderung, vor allem in jungen Jahren fehlte es ihm an Fokussierung. Er wollte sich ausprobieren, auch körperlich, wollte einfach nur Abenteuer erleben und Spaß haben. Daher legte er seinen Lernbegleiter oft zur Seite, vergaß ihn häufig einen ganzen Tag lang und erst beim gemeinsamen Abendessen mit der Familie stellte er fest, dass er mit seinem Lernfortschritt nicht zufrieden sein konnte. Es gab die eine oder andere Diskussion mit seinen Eltern und auch eine Rückmeldung an den Lernbegleiter, dieses Gerät in der Größe eines Mobiltelefons. Schließlich kam auch der Bildungsbeauftragte der Gemeinde regelmäßig ins Haus und es wurden einige Optimierungen an seinem Lernbegleiter vorgenommen. Der Avatar wurde angepasst und auch die Lernsituationen wurden entsprechend dem Feedback von Ben und seiner Familie verändert. Zusätzlich gab es einige Vorschläge, was er mit seinen Eltern und seinen beiden Geschwistern in der Freizeit unternehmen könnte; dabei sollten wohl Erlebnisse gefördert werden, die positive Wirkungen auf seine Lernmotivation zeigen sollten. Wenn er zurückblickte, konnte er sagen, dass er wirklich eine sehr schöne Kindheit hatte. Noch wohnte er zu Hause überlegte jedoch, bald eine eigene Wohnung zu suchen. Es sollte etwas näher zu seiner Freundin sein, die 17 und damit 2 Jahre jünger war als er. Ihr schwebte vor, sich mit wissenschaftlichen Themen zu beschäftigen; in intensiven Arbeitsgruppen setzte sie sich auch mit ethischen Fragen auseinander, z. B. wie sich das Zusammenleben der Menschen verbessern lässt, um ihre Lebensqualität und damit ihr Glück und ihre Zufriedenheit zu verbessern. Solche Themen fand Ben zwar interessant und im Laufe der vergangenen Monate hatte er sich auch eine Meinung zu diesen Fragen gebildet, allerdings fühlte er sich wohler, wenn er etwas Praktisches mit seinen Händen tun konnte. Er fühlte zudem einen inneren Bewegungsdrang, den er dadurch kompensierte, dass er sich in der Laufmannschaft des örtlichen Sportvereins engagierte. Vor 2 Jahren dann traf er seinen jetzigen Ausbildungsmeister während der Präsentation einer Projektarbeit, bei dem der Einsatz eines Roboterassistenzsystems zur Unterstützung körperbehinderter Menschen im Vordergrund stand. Während es bei diesen Lernprojekten vor allem um die Technik und das dahinterliegende Basiswissen, wie z. B. mathematische Kenntnisse ging, stand in der dualen Ausbildung insbesondere auch die Interaktion mit dem Kunden und mit den Kollegen im Vordergrund. Diese Form der Qualifikation durch die direkte Integration des Lernenden in den Arbeitsprozess hat sich inzwischen in allen Bereichen durchgesetzt. Begleitend zur praktischen Ausbildung am Arbeitsplatz fand noch eine Reflexion des Gelernten oder auch die Behandlung ergänzender Themen in virtuellen Sequenzen mithilfe des Lernbegleiters statt. Hier wurden auch Lerngruppen gebildet, die sich mindestens einmal pro Woche auch in der realen Welt trafen, um bestimmte Themen zu bearbeiten.

Neben Olga und Ben gab es in ihrem Ausbildungsbetrieb noch einen Lehrling im ersten Jahr. Dieser war gerade bei einer Lehrveranstaltung, wo er sich mit anderen, durchaus auch aus anderen Berufen traf, um gemeinsame Projekte zu bearbeiten. Dazu wurden alle vorhandenen digitalen Hilfsmittel verwendet, wenn es darum ging, das grundlegende, benötigte, technische Hintergrundwissen aufzubauen. Oftmals wurden dabei Probleme gelöst, welche das Miteinander der Menschen verbesserten. Das Unternehmen, welches sich vor allem auf die Planung, Installation und Wartung von Roboterassistenzsystemen spezialisiert hat, hatte neben dem Ausbildungsmeister, der zugleich Firmeninhaber war, noch 5 weitere, erfahrene Mitarbeiter, zusätzlich zu den 3 Lehrlingen. Das Team war bezüglich des Alters der Mitarbeiter und deren Spezialkompetenzen sehr gut diversifiziert. Besonders in den ersten beiden Lehrjahren wurden die Lehrlinge grundsätzlich zusammen mit einer der erfahrenen Fachkräfte eingesetzt. So konnte gewährleistet werden, dass neben den technischen Fähigkeiten und Fertigkeiten auch der äußerst wichtige Umgang mit den Kunden mehr und mehr praktiziert werden konnte. Besonders der Ausbildungsmeister betonte immer wieder, dass es für das Unternehmen vor allem darauf ankam, für den Kunden eine perfekte Dienstleistung zu erbringen. Die Technologie war hierbei lediglich ein Werkzeug; der eigentliche Mehrwert beruhte auf einer guten und wertschätzenden Beziehung zum Kunden und der Rückversicherung, dass der erbrachte Service die Lebensqualität der Menschen steigern konnte.

Vor allem Ben, aber auch Olga hatte inzwischen die Chance, viele unterschiedliche Menschen kennenzulernen; die Kunden ihres Unternehmens gehörten allen Gesellschaftsschichten an. Jede und jeder hatte einen besonderen Charakter, eine einmalige Persönlichkeit, daher wurde den Heranwachsenden mit der Zeit klar, dass es sich bei der Durchführung einer Kommunikation um einen sehr komplexen Vorgang handelte, der von erstaunlich vielen Faktoren abhing. Die Lehrlinge hatten stets den Eindruck, dass nie wirklich vorherzusagen war, wie ein Gespräch verlaufen würde, bei dem es sich nicht nur um den Austausch von Höflichkeiten handelte. Natürlich ging es beim Informationsaustausch mit dem Kunden auch um das zu installierende technische Gerät, das jedoch nur dann seinen Sinn erfüllen konnte, wenn es sich nützlich in die Lebensrealität der Menschen einfügen konnte. Die vom Ausbildungsunternehmen angebotenen Assistenzsysteme sollten den Anwender dabei unterstützen, die persönliche Autonomie möglichst lange zu erhalten. Dabei stand die Förderung der Möglichkeiten im Vordergrund, weiterhin aktiv am gesellschaftlichen Leben zu partizipieren. Der permanente Austausch mit den Kollegen und den Kunden, die unterschiedlichen Generationen angehörten, machte den Heranwachsenden deutlich, dass sie sich selbst in einer bestimmten Phase innerhalb des eigenen Lebenszyklus befanden. Es war nur eine Frage der Zeit, bis auch sie Hilfe benötigten, um sich innerhalb ihrer Wohnung und auch außerhalb weiterhin selbstbestimmt bewegen zu können; den Gesetzen der Natur und des Alterns konnte niemand entfliehen. Während für die beiden viele Zusammenhänge und Verhaltensweisen neu waren, bestimmte Situationen sogar das erste Mal durchlebt wurden und damit suboptimale Reaktionen provozieren konnten, waren erfahrene Menschen, wie z. B. ihr Ausbildungsmeister, in der Lage, die allermeisten Situationen schnell in einen passenden Kontext zu stellen, der zielführende Verhaltensstrategien ermöglichte. Nicht zuletzt aus diesem Grund empfanden es die Lehrlinge als bereichernd, von einem erfahrenen Menschen zu lernen. Denn in dieser Art der persönlichen Interaktion mit dem Kunden stand nicht nur die Rationalität oder die zwanghafte Abfolge vorgegebener produktionstechnischer Verarbeitungsschritte im Zentrum des Handelns; vielmehr wurde auch dem Geist, dem Herzen, eine prominente Rolle zugestanden. Die eingesetzte Technik erhielt ihre Bedeutung dadurch, dass sie dem Menschen diente und für sich allein ohne tatsächlichen Wert war. Dies war zu spüren, wenn ein Kunde die Geräte einsetzen konnte, um dadurch seine Lebensqualität zu verbessern. Die Lehrlinge beobachteten, dass der Ausbildungsmeister eine emotionale Verbindung zu dem Kunden aufnehmen konnte; neben der verbalen Kommunikation gelang es durch Empathie, *vom Menschen zum Menschen* nachzuempfinden, welche Aspekte der zu erbringenden Dienstleistung von herausragender Bedeutung waren. Dies waren wichtige Informationen zur Optimierung der Installationen und damit auch zur Steigerung der Zufriedenheit des Kunden. Es führte sogleich dazu, dass Folgeaufträge wahrscheinlicher wurden und in der Rückwirkung füllte sich auf diese Weise auch die Arbeit der Techniker mit Sinn, denn es ging nicht primär darum, Geld zu verdienen und einen – sowieso vergänglichen – Reichtum zu mehren. Aufgrund der im zwischenmenschlichen Bereich empfundenen Bestätigung, zur Zufriedenheit eines Menschen beigetragen zu haben, werden Energien freigesetzt, die motivierend wirken. Sie tragen dazu bei, kreative Ideen zu entwickeln, die wiederum unmittelbar zu einer erhöhten Wettbewerbsfähigkeit des Unternehmens führen, die sich nicht alleine auf monetäre Aspekte einengt.

Olga und Ben waren derweil in eine intensive technische Diskussion vertieft, sie hatten bereits die verschiedensten möglichen Konstellationen simuliert, die potenziell zu dem vom Kunden geschilderten Fehler hätten führen können. Doch hatten sie keine mögliche steuerungstechnische Ursache identifizieren können, die mit einer Reparatur zu eliminieren gewesen wäre. Die beiden bemerkten nicht, dass ihr Ausbildungsmeister bereits vor einigen Minuten aus seinem Büro in die Werkstatt gekommen war; er beobachtete seine beiden Lehrlinge und hörte ihnen interessiert zu, wie sie versuchten diesen sporadisch auftauchenden Fehler des Gerätes zu lokalisieren. Er konnte ihre Strategien, die sie beschrieben, nachvollziehen, da diese bestimmten Gesetzmäßigkeiten folgten, welche sie schon während der Lehre, zusammen mit ihm oder den Kollegen eingeübt hatten. Die beiden hörten einander zu, ergänzten sich, kritisierten einander auch und übten dabei, Kritik zu äußern, anzunehmen oder einer solchen auch zu widersprechen, falls sie unbegründet erschien. Immer wieder war es für den Ausbildungsmeister eine besonders befriedigende Erfahrung, wenn er erleben konnte, wie sich junge Menschen entwickelten, wie sich Persönlichkeiten herausbildeten, wenn diese nur die Freiheit hatten, ihren Platz innerhalb der Gesellschaft zu finden. Es entstand ein Netz aus Beziehungen die teils temporär, teils jedoch ein ganzes Leben lang hielten und eine Gemeinschaft bildeten. Er hatte es bereits oft erlebt, dass ehemalige Auszubildende ihn nach Jahren wieder einmal besuchten und alle waren voller Dankbarkeit; das spürte er sehr intensiv, denn gerade die Jahre des Erwachsenwerdens sind für ein jedes Menschenleben prägend. Es war schon ein sehr gutes Gefühl, eine positive Rolle in diesem Zusammenhang einnehmen zu dürfen und die Entwicklung vom Kind oder Jugendlichen zum Erwachsenen begleiten zu dürfen. Bei diesem Übergang bzw. der Loslösung von der Geborgenheit der Familie, hin zur Entwicklung einer eigenen nach Selbstständigkeit strebenden Persönlichkeit mit einmaligen Eigenschaften, Wünschen und Träumen ist es wichtig, ein positives Milieu zu schaffen, in welchem das Lernen in dem Sinne stattfinden kann, dass der Geist die äußeren Hüllen der menschlichen Existenz erreichen kann, um in Harmonie mit dem Verstand ein erfülltes Leben zu gestalten. Hier beginnt das kritische Denken, das Hinterfragen, die Autonomie als Individuum, aber gleichzeitig auch die Sensibilisierung für den anderen, das Verständnis dafür, in einer Gemeinschaft zu leben und dabei entscheidend die Frage nach dem Sinn zu stellen. In der Berufsausbildung wird nun das Tun, die Bewegung, mit dem Verstand und dem Geist derart verbunden, dass sich eine in sich ruhende und starke Persönlichkeit entwickeln kann, die gelernt hat, die eigene Rolle – basierend auf den Gesetzen der Natur – zu definieren, wodurch ein autonomes Selbst entsteht, welches sich gegenüber Manipulationen resistent zeigt und prinzipiell die Voraussetzungen dazu besitzt, das Miteinander der Menschen zu bereichern.

Nach einigen Minuten machte sich der Ausbildungsmeister bemerkbar und er erklärte den beiden Lehrlingen, dass er gerade eine Meldung von einem Hausmanagementsystem eines Kunden erhalten hat, bei dem sie in einer Stunde einen Termin wahrnehmen sollten. Der Auftrag lautete, einen selbstfahrenden Haltegriff zu installieren, welcher dem Bewohner ermöglichen sollte, bei Bedarf eine Hilfestellung zu erhalten, wenn der Gang von einem ins andere Zimmer erhebliche Mühe erforderte. Der Ausbildungsmeister wusste, dass der Kunde bereits über achtzig Jahre alt war und seine Frau erst vor einigen Monaten verloren hatte. Das Hausmanagementsystem des Kunden bearbeitete in seinem Kalender den Termineintrag mit den Handwerkern, stellte aber fest, dass der Bewohner noch in seinem Bett lag, was von der normalen Routine im Haus abwich. Da ein solcher Vorfall noch nicht als Notfall deklariert worden war (denn warum sollte man nicht einfach einmal einen Mittagsschlaf im Bett halten dürfen), wurde der Notdienst noch nicht alarmiert. Entsprechend einer allgemeinen Serviceroutine hat das Managementsystem aufgrund des Termineintrags die eingetragene Kontaktperson informiert und eben auch den Handwerker. Bei der Kontaktperson handelte es sich um die Tochter des Kunden, die jedoch in einer anderen Stadt wohnte. Als der Ausbildungsmeister noch die Situation schilderte und begann, das zu installierende Gerät zu erklären, kam auch schon – wie erwartet – die Nachricht der Tochter, die ihn bat, möglichst schnell bei ihrem Vater vorbeizuschauen. Dafür hatte sie ihm auch die Freigabe für die Haustür gegeben; sie kannten einander bereits durch die detaillierte Besprechung des Auftrages, die vor einigen Wochen im Haus des Kunden stattfand. Beide Lehrlinge wollten den Ausbildungsmeister begleiten, dieser stimmte zu und Olga sagte rasch noch einem Kollegen ab, mit welchem sie an diesem Nachmittag noch eine Wartung an einem Treppenlift durchführen wollte.

Draußen vor dem Hof wartete bereits ein autonomes Fahrzeug, welches sich schnell mit den 3 Personen in Bewegung setzte. Der Ausbildungsmeister fragte seine Lehrlinge, ob er denn auch den selbstfahrenden Haltegriff zur Kundenadresse beordern sollte. Beide überlegten einen Moment lang und kamen zu unterschiedlichen Ergebnissen. Schließlich meinte der Ausbildungsmeister, dass er den Kunden bereits hat kennenlernen dürfen und er nicht annehme, dass es ihm wirklich schlecht geht; wäre dies der Fall, dann hätte das Hausmanagementsystem sofort einen Krankenwagen gerufen. Er entschied sich daher, das zu installierende Gerät anliefern zu lassen, auch um damit zu zeigen, dass alles seinen Gang geht und es keinen Grund zur Beunruhigung gibt. Das autonome Fahrzeug bewegte sich mit gelassener Effizienz durch den Stadtverkehr, der Meister nutzte die

Zeit, um den Lehrlingen einen Überblick über die Räumlichkeiten zu geben, in welchen sie das Assistenzsystem einbauen sollten. Alle setzten dazu ihre Datenbrillen auf und konnten sich auf diese Weise mithilfe ihrer Avatare virtuell in den Räumen bewegen. Olga identifizierte den Anschlusspunkt für die Elektroversorgung und meinte, es wäre das Beste, das Assistenzsystem an eine separate Sicherung anzuschließen. Der Ausbildungsmeister pflichtete ihr bei und bestätigte, dass der Schutzschalter mit den anderen Materialien durch einen parallelen Transport angeliefert wurde.

Sie erreichten das Reihenhaus des Kunden. Mit ihnen erreichte auch das Transportfahrzeug sein Ziel, welches das Assistenzgerät, die benötigten Werkzeuge und das Verbrauchsmaterial anlieferte. Der Ausbildungsmeister erklärte den Lernenden den speziellen Vorgang, der in dieser Situation ausnahmsweise möglich war, um das Haus betreten zu können, ohne dass der Bewohner bewusst die Tür öffnete. Die 3 stiegen aus dem Fahrzeug und bewegten sich auf die Haustüre zu. Der kleine Vorgarten, den sie zu durchschreiten hatten, war liebevoll gepflegt, diese Gartenarbeit wurde von einer Nachbarschaftsgruppe organisiert, die vor allem Bewohner unterstützten, die Schwierigkeiten hatten, anfallende Arbeiten selbstständig zu erledigen. Der Meister hatte dieses Detail von dem Kunden erfahren, der traurig davon erzählt hatte, dass sich seine Frau bis kurz vor ihrem Tod auch in dieser Gruppe engagiert hatte. Da Ben als erster die Haustür erreichte, löste er die berührungslose Klingel aus; sie warteten und wiederholten das Signal, da keine Reaktion erfolgte. Der Meister erhob dann seine Stimme und rief den Namen des Bewohners mit der Information, welcher Firma sie angehörten. Sie lauschten, aber im Haus war kein Laut zu vernehmen. Der Ausbildungsmeister holte seinen Lernbegleiter aus der Tasche, autorisierte diesen und nahm Verbindung mit der Tochter des Kunden auf. Als diese am Display zu sehen war, informierte er die Frau darüber, dass sie sich jetzt vor dem Haus ihres Vaters befanden und nun eintreten würden. Die Kamera des Gerätes würde eingeschaltet bleiben, damit die Tochter genau wisse, was im Haus vor sich ging. Das Hausmanagementsystem gab – gesteuert und autorisiert durch die Tochter – die Haustüre frei. Die Luft, die ihnen entgegentrat, traf zuerst Olgas Nase, verschiedene Gerüche durchmischten sich mit den

Aromen aus der Natur des Vorgartens und doch erschien es ihr, als wäre die Atmosphäre im Haus schwer, mit irgendetwas belastet, was sie aber nicht genau definieren konnte. Ben hatte eher den Eindruck, dass im Haus schon viel zu lange nicht gelüftet worden war. Die beiden Lehrlinge ließen ihrem Ausbildungsmeister den Vortritt. Dieser rief erneut den Namen des Bewohners, doch noch immer gab es keine Reaktion … Er setzte kurz die Datenbrille auf, um sicherzugehen, dass er sich im Haus orientieren konnte, hinter der Haustür begann ein kurzer Flur, der auf eine Treppe zuführte, worüber man sowohl in den Keller als auch ins obere Geschoss gelangen konnte. Mehrere Türen standen offen, welche einen Blick in die Küche und in das Wohnzimmer ermöglichten, eine Zimmertür war jedoch geschlossen. Dahinter befand sich das Schlafzimmer.

Der Ausbildungsmeister positionierte den digitalen Lernbegleiter derart, dass die Tochter genau sehen konnte, dass er nun an diese eine geschlossene Tür klopfte und erneut den Namen des Kunden rief. Jetzt hörten alle ein Geräusch, es war nicht besonders laut, aber auf jeden Fall eine menschliche Regung. Die Tür wurde vom Handwerksmeister geöffnet, die Kamera des Lernbegleiters und auch die 3 Personen registrierten den Mann, der auf dem Bett lag. Er zeigte sich etwas überrascht und sagte: „Mir ist gerade ein wenig schwach", es wirkte wie eine Entschuldigung. Olga ging, ohne zu überlegen, auf ihn zu und nahm die Hand des Mannes in ihre eigenen. Sogleich versuchte er sich aufzurichten und der Ausbildungsmeister unterstützte ihn dabei, dass er sich aufsetzen konnte; das Kopfkissen im Rücken. Die Stimme der Tochter meldete sich aus dem Lernbegleiter und meinte, dass sie nun doch erleichtert sei, dass es dem Vater gut gehe. Als der alte Mann nun auf dem Bett saß, auf dem Display des Lernbegleiters seine Tochter sah und spürte wie Olga seine Hand hielt, rollten ihm einige Tränen über die faltigen Wangen. Er konnte nichts sagen und musste es auch nicht, das spürte er. Seine Gedanken drehten sich um seine Frau, die ihm vorausgegangen war und um das Leben nach diesem traumatischen Ereignis, das auf einmal so einsam geworden war. Ohne viele Worte meinte der Meister, dass er jetzt mit Ben das bestellte Gerät installieren würde und Olga und die Tochter, die über den Lernbegleiter zugeschaltet war, sich noch etwas um den alten Mann kümmern solle, damit dieser, nach abgeschlossener Arbeit, das Gerät ausprobieren könne. Ben fühlte sich entsprechend motiviert und schritt froh zur Tat. Er führte professionell die notwendigen Arbeiten mit Unterstützung der Datenbrille durch, während der Meister einen wichtigen Kundenanruf entgegennahm und eine Reklamation mit einem Lieferanten diskutierte. Dennoch beobachtete er aufmerksam, wie Ben die Arbeiten durchführte. Als es um die Herstellung des Elektroanschlusses ging, griff er kurz ein, indem er Ben eher beiläufig fragte, was denn grundsätzlich beim Arbeiten an elektrischen Anlagen zu beachten sei. Natürlich wusste Ben die 5 Sicherheitsregeln, dabei fiel ihm aber auch ein, dass er vergessen hatte, die Unterverteilung, in die er den Sicherungsautomaten einsetzen wollte, spannungsfrei zu schalten.

Die Tochter hatte ihrem Vater versprochen, ihn am nächsten Morgen für ein paar Tage zu besuchen, dies lehnte der alte Mann erst einmal ab, denn er wollte auf keinen Fall zu einer Last werden. Sie meinte jedoch, dass sie sowieso in der Nähe wäre, um einen Kunden zu besuchen. Trotzdem wusste er nicht, ob er sich nun darüber freuen sollte oder nicht. Olga hielt immer noch seine Hand, denn sie hatte das Gefühl, dass es für ihn wichtig war. Es war, als würde sich eine tiefe Verbindung aufbauen, auf einer Ebene, welche in eine Dimension führte, die schnell vom Geröll des hektischen Alltags verschüttet werden konnte. Schon bald, nachdem das Gesicht der Tochter auf dem Bildschirm des Lernbegleiters verschwunden war, brach es aus dem alten Mann heraus, er begann erst von seiner Frau zu erzählen, wie er sie kennengelernt hatte, andere Ereignisse drängten sich ihm auf, die sich zwar nicht an einem Zeitstrahl orientierten, ihm dennoch wichtig waren. Olga hörte nur zu und fühlte sich ihm verbunden, da ihre beiden Seelen sich miteinander verknüpften, dies benötigte keine überflüssigen Worte. Sie konnte nicht genau sagen, wie lange es gedauert hatte, bis ihr Ausbildungsmeister in der offenen Tür stand und verkündete, dass die Installation beendet sei und man jetzt an das Ausprobieren des Gerätes gehen konnte. Da animierte Olga den alten Mann aufzustehen und sie gingen zusammen zu dem selbstfahrenden Haltegriff, der sich an dem verlegten dünnen Band entlang bewegen konnte und den Befehlen des Bedieners gehorchte. Olga setzte ihre Datenbrille auf, um die Instruktionen aufzurufen, wie die Höhe des Gerätes optimal für den Kunden eingestellt werden konnte. Neben einigen grundlegenden Parametrierungen, welche sie direkt mithilfe der Datenbrille und bestimmten Gesten vornehmen konnte, erfolgte die allgemeine Steuerung über die Stimme des Benutzers. Hier mussten einige Übungssequenzen gesprochen werden, damit das Interface die Stimme perfekt erkennen und interpretieren konnte. Schließlich reagierte der selbstfahrende Haltegriff auch auf Bewegungen, die mit einem bestimmten Druck auszuführen waren. Auch damit wurde das System, entsprechend der Handhabung des alten Mannes, vertraut gemacht. Olga fand schnell die richtigen Worte und die ideale Strategie, wie sie dem Kunden am effektivsten die Handhabung des neuen Gerätes erklären konnte; es fiel ihr sehr leicht, sich auf dessen Denkweise einzustellen, ohne ihn zu überfordern, gleichzeitig jedoch alle wichtigen Punkte zügig durchzugehen. Immer wieder rückversicherte sie sich, dass der alte Mann auch die einzelnen Steuerungsmerkmale verstanden hatte und gezielt einsetzen konnte. Vor allem war es für den Nutzer auch möglich, auf eine einfache Art und Weise nach Hilfe zu fragen; erst dann war das Gerät in der Lage, eine Kommunikation mit den Unterstützungsroutinen aufzubauen. Konnten die Probleme nicht gelöst werden oder gab es keine vorkonfektionierten Lösungsroutinen, konnte der Benutzer über ein Codewort direkt das Hilfszentrum erreichen. Diese Funktion testeten sie auch aus und waren dann mit einer freundlichen Person verbunden, deren Gesicht auf dem Display erschien, welches an dem selbstfahrenden Haltegriff angebracht war. Der Ausbildungsmeister verfolgte die Kundenunterweisung durch Olga sehr genau; er war stolz auf seine Auszubildende, wie schnell sie doch in der Lage war, sich mit höchster Empathie in die Situation der Kunden hineinzuversetzen. Er konnte spüren, wie sehr der Kunde dieser jungen Frau vertraute, da hier eine unverfälschte Kommunikation vom Menschen zum Menschen stattfand, eine Kommunikation, die nicht allein auf Sprache und dem Austausch von Worten beruhte. Ben wollte sich eigentlich damit beschäftigen, mithilfe seiner Datenbrille einen Multimediabricht zu erstellen, um bei der nächsten Lerngruppenzusammenkunft die Installation und Inbetriebnahme des Roboterassistenzsystems zu präsentieren. Er ließ sich jedoch immer wieder von der Kundenschulung ablenken, die Olga gerade durchführte. Die Stimmung wurde immer lockerer und am Ende der Unterweisung brachen beide, also Olga und der alte Mann, in ein herzhaftes Lachen aus. Ben wollte wissen, was denn der Witz war, aber keiner mochte es ihm verraten. Als sie wenig später, wieder in einem autonomen Fahrzeug saßen, welches sie zurück zur Werkstatt brachte, fragte Ben noch einmal, worüber sie denn so gelacht haben. Olga lächelte nur und gab keine Antwort, sie musste selbst überlegen, was denn der eigentliche Anlass gewesen war; eigentlich gab es gar keinen. Da Ben weiter auf eine Antwort wartete warf der Ausbildungsmeister ein: „Wie es aussieht, hat sich ein Mensch wieder geistig ins Leben zurückgemeldet und ich denke, wir haben zusammen dazu beigetragen, dass unser Kunde durch das funktionsfähige Assistenzsystem wieder mobiler wird und natürlich war Olgas Kundenschulung enorm wichtig. Schließlich verkaufen wir den Leuten nicht einfach irgendwelche Produkte, sondern erbringen eine Dienstleistung vom Menschen zum Menschen." Es war dem Ausbildungsmeister immer wichtig, den Lehrlingen mitzugeben, dass die Arbeit nur dann sinnstiftend sein kann, wenn sie dem Wohle der Menschen dient und wenn die Harmonie zwischen Geist, Verstand und Tun gewahrt ist.

6

Schlussbemerkung

Die meisten Menschen, die jemals auf diesem Planeten gelebt haben, waren sicherlich davon überzeugt, dass sie in einer besonderen Zeit lebten, die von dramatischen Veränderungen und damit von beträchtlicher Unsicherheit geprägt war. Die Entwicklung neuer und mächtiger Technologien lässt diesen Wandel heute jedoch in bisher nicht bekannter Geschwindigkeit, global und befeuert mit enormer propagandistischer Macht, über die Erde fegen. Die Bildung, vor allem die der Heranwachsenden, wurde schon immer von den Mächtigen als ein ganz entscheidendes Instrument zur Steuerung der Massen angesehen. Dieser Pfeiler unseres bisherigen Lebenskonzeptes, befindet sich unter einem enormen Anpassungsdruck. Globalistische Medien mit ihrer konzentrierten Macht, massenpsychologisch zu wirken, optimieren die Formung oder Bildung der Menschen mehr und mehr. Auch in der Berufsbildung wurden in den vergangenen Jahrzehnten Systeme entwickelt, welche die Ausrichtung hin zu Rationalisierung, Normierung und Massensteuerung weiter verstärken. Im Gegensatz hierzu ist die traditionelle Lehrlingsausbildung zu sehen, welche darauf beruht, dass ein ganzheitliches Lernen, nur dann stattfinden kann, wenn eine Weitergabe von Wissen, Können und Arbeitsethos *vom*

Menschen zum Menschen stattfindet. Damit steht auch in Verbindung, ob der Mensch sich als Wesen definiert, das über einen Geist verfügt und somit einen Sinn in seiner Existenz zu erkennen vermag oder ob er sich lediglich als reine biochemische Maschine definiert, die nach dem eindimensionalen Prinzip Eingabe – Verarbeitung – Ausgabe, wie im Fall von Digitaltechnik, funktioniert.

Die Automatisierung, die durch den Einsatz der Digitalisierung immer weiter an Fahrt aufnimmt, wird neben dem Bildungskomplex auch alle Bereiche der Wirtschaft erfassen, wodurch bisherige Lebensmodelle an Stabilität verlieren werden. Wir sind heute bereits mitten in diesem Prozess, wie jeder erkennen kann. Gleichzeitig eröffnen die bahnbrechenden Erfindungen der vergangenen Jahrzehnte, globalistischen Medienoligopolen die Möglichkeit, massenpsychologische Erkenntnisse gezielt einzusetzen, um Partikularinteressen im globalen Maßstab zu befördern. Vielfach hat die Geschichte bewiesen, dass es eine Herausforderung für jeden Menschen ist, sich gegen die Masse, also die Gemeinschaft, in der er lebt, zu stellen. Urängste mögen dabei auch eine Rolle spielen, denn außerhalb der Gruppe, als isolierter Einzelgänger, war das Überleben des Individuums immer gefährdeter. Eine Gruppe bestand bis vor wenigen Generationen aus einer überschaubaren Anzahl von Personen und baute vor allem auf die Familie oder die Sippe auf. In der Familie war das Leben in seiner Gänze eingebettet. Hier schloss sich der Kreis von der Geburt bis zum Tod. Das Werden des Menschen war natürlich begleitet von den Generationen, die Weitergabe von Kenntnissen, Fertigkeiten und Kompetenzen war permanenter Bestandteil des Lebens, man könnte auch sagen, dass das heute so moderne lebenslange Lernen, ein Vorgang ist, der mit der Existenz des Menschen unmittelbar verbunden ist und mit ihm in Einklang steht. Auch hier kann eine Parallele zur Lehrlingsausbildung gezogen werden. Das Lernen konnte bereichert werden, indem man nicht nur in der eigenen Gemeinschaft lernte, sondern seinen Horizont buchstäblich erweiterte, indem der Lernende sich Lehrmeister aus anderen Orten und Regionen suchte, die ihre Handlungsschritte nach einer abweichenden Logik durchführten, neue, alternative Materialien verwendeten, besondere Kundenwünsche berücksichtigten. Der Lernprozess blieb jedoch weiterhin in der Realität der zu erlernenden

6 Schlussbemerkung

Tätigkeit eingebettet. Das Tun ist im Einklang mit dem Verstand, welches die Methoden, Werkzeuge und natürlich die Materialien einsetzt, aber auch mit dem Geist, welcher sich hineinversetzen kann in die Bedürfnisse und Wünsche des Menschen, der ein Produkt oder eine Dienstleistung in Auftrag gegeben hat.

Die beiden in Abschn. 5.3 geschilderten Szenarien aus einer nicht allzu fernen digitalisierten Zukunft sollen einen Eindruck vermitteln, wie sich unser Leben in den nächsten Jahren verändern könnte, je nachdem, welchen Pfad an der vor uns liegenden Weggabelung wir in Kürze einschlagen werden. Die globalen Massenprozesse, welche in der Gegenwart bereits den Alltag aller Menschen bestimmen, erscheinen vielen wie eine Naturgewalt, die man hinnehmen muss wie den Regen oder den Sturm. Es ist der oberflächliche Verstand, der offensichtliche Gesetzmäßigkeiten in den zeitlichen Ablaufprozessen vorgibt, die jedoch in Wahrheit nicht existieren. Geformt wird dieses Zerrbild durch eine Allianz zwischen einem synchronisierten, politisch-medialen Komplex und den globalen Wirtschaftseinheiten, die durch ihre Omnipräsenz die Lebenswirklichkeit der Menschen beherrschen. Information und Unterhaltung ist für die allermeisten nicht mehr unterscheidbar, Wahrheit ist lediglich eine Verfügungsmasse, deren Ausformung den Meinungsmachern überlassen ist, die in einem unheimlichen, globalen Gleichklang nach Gutdünken Emotionen schüren und die Individualität nach den Gesetzmäßigkeiten der Masse aus dem menschlichen Sein tilgen. Die Grenzen zwischen virtueller und physikalischer Realität werden fließend, da der Blick in die Welt immer nachhaltiger über virtuelle Technologien erfolgt, ein Vorgang, bei dem Rückwirkungen nicht ausbleiben können. Wir befinden uns bereits in einem Prozess, bei dem der menschliche Einfluss bezüglich der Produktion von Informationen, durch einen verstärkten Einsatz von Algorithmen immer weiter zurückgedrängt wird. Zwar zeigt die aktuelle Epoche eindringlich, wie mächtig eine globalistische Beugung der wahrgenommenen Wirklichkeit realisiert werden kann; den Gesetzen der Optimierung folgend, wäre eine Nachrichtenproduktion durch programmierte Routinen der zwangsläufig nächste Schritt.

Es war das Postulat einer umfassenden und persönlichkeitsfördernden Bildung, das immer wieder in allen Kulturen zitiert wurde.

Denn so sollte ein Mensch geformt werden, der in der Lage ist, autonome Gedanken und Ideen hervorzubringen, als mündiger Bürger die Geschicke der Gemeinschaft, eines Staates, mitzugestalten, mit dem Ziel die Gesellschaft mehr und mehr zu verbessern. Doch statt die Menschen darin zu befähigen, die Wirklichkeit nicht nur gefiltert durch den einfach zu manipulierenden Verstand wahrzunehmen, sondern auch die Stimme des individuellen, unkorrumpierbaren Geistes zu vernehmen, wurde der Bildungskomplex mehr und mehr zu einem Spielball der politisch-medialen Partikularinteressen. Der Berufsbildungsbereich bietet an dieser Stelle in seiner Ausprägung als Lehrlingsausbildung noch eine Ausnahme, denn in dieser Konstellation steht noch immer *der Mensch* im Zentrum des Lernvorganges. Es ist davon auszugehen, dass sich die technische Entwicklung fortsetzen wird, was bedeutet, dass die Digitalisierung den Menschen bei fast allen Aktivitäten unterstützen und begleiten wird. Die Frage die sich stellt ist: Wird die Digitalisierung das Wesen des Menschen an die Logik der Algorithmen anpassen, wie dies im ersten Szenario beschrieben wurde, oder wird es gelingen die technischen Hilfsmittel eben als solche zu begreifen, sie in einer positiven Weise einzusetzen und an die Bedürfnisse der Menschen anzupassen und nicht umgekehrt? Beide Alternativen erscheinen möglich. Der aktuelle, globale, gesellschaftliche Diskurs lässt vermuten, dass das erste Szenario dasjenige ist, welchem der politisch-mediale Komplex zugeneigt zu sein scheint. Der Beweis wurde damit erbracht, dass globale Ängste sehr effektiv geschürt werden können. Sie beruhen auf virtuellen Informationen in Form von ausgewählten und gestalteten Bildern, in Kombination mit Aussagen sogenannter Prominenter und vorgeblicher Wissenschaftler. Diese virtuellen Realitäten können bestehen, da durch massenpsychologische Mechanismen verhindert wird, dass global bestätigte Aussagen hinterfragt werden. Durch das Weiterreichen und Skizzieren des in die Irre führenden Ansatzes der heutigen Wissenschaft, dass eine Aussage dadurch bestätigt werden kann, dass man auf sogenannte *Quellen* verweist, die wiederum auf Quellen verweisen, entsteht eine in sich verharrende pseudowissenschaftliche, sich mit sich selbst beschäftigte Zirkulation, die im Grunde genommen *gegen* die Wissenschaft gerichtet ist. Gegen die wahrhaftige Wissenschaft, die sich als Suche nach

6 Schlussbemerkung

wirklichen Erkenntnissen versteht und dabei die Kunst des Hinterfragens, also auch des *Anzweifelns sogenannter Quellen* beherrscht, wird heute als Störung der Ordnung identifiziert und erbarmungslos bekämpft. Eine Abstraktionsfähigkeit, also die Fähigkeit, den berühmten Schritt zurücktreten zu können, um eine Sachlage wertneutral, logisch und ganzheitlich neu betrachten zu können, benötigt einen Geist, welcher den Verstand reglementiert und ihn einer Prüfung unterzieht. Nur so kann Manipulation erkannt und entlarvt werden. In dem Lernen *vom Menschen zum Menschen,* innerhalb eines reellen Arbeitsprozesses gelingt es, diese in jedem Menschen vorhandene Fähigkeit zu stimulieren. Nur so gewinnen auch die Werte an Bedeutung, welche wir bisher als erstrebenswert erachteten. Ein liebevolles Miteinander, das Leben in einer Gemeinschaft, in der Verständnis füreinander gelebt wird, in der Solidarität an sich einen Wert darstellt und nicht jede Tätigkeit mit Geld aufzuwiegen ist, in der aber auch jeder dazu bereit ist, seinen Beitrag zu leisten. Es ist dieses Gemeinschaftliche, welches das Leben für den Menschen lebenswert macht, der gegenseitige Austausch, der nur dann befriedigend ist, wenn dieser auch die geistige Ebene miteinschließt. Die zahlreichen Hilfsmöglichkeiten, die digitalisierte Assistenten anbieten, können wie eine Isolierschicht für den Geist des Menschen wirken und damit die eigentliche Bedeutung der menschlichen Interaktion in eine oberflächliche, virtuelle, manipulierbare Emotion konvertieren. Sie können aber auch das Leben bereichern, indem sie positiv eingesetzt werden und z. B. biologisch bedingte Hemmnisse, zum Nutzen der Gemeinschaft, zu überwinden helfen. In Bezug auf die Berufsbildung ist daher das Trainieren der bedeutungsvollen Interaktion der Menschen untereinander, kombiniert mit dem sinnhaften Tun, also mit der Bewegung, der absolut entscheidende Pluspunkt. Natürlich können auf diese Weise auch bestimmte Fertigkeiten erlangt oder wichtiges Fachwissen aufgebaut werden, doch ist es die Herausbildung einer autonomen und individuellen Persönlichkeit, welche im Zentrum des Ausbildungsvorganges steht. Denn es ist eben diese starke Persönlichkeit, die in der Lage ist, sich stets an immer wieder neue gesellschaftliche und technische Gegebenheiten anzupassen.

Die akademische Ausbildung wird in dieser sich digitalisierenden Welt seine Bedeutung bald verlieren, da das zugrunde liegende Lehrkonzept, welches darauf beruht, dass ein Professor vor vielen Studenten eine Vorlesung hält, die sich zu diesem Zwecke an einen bestimmten physikalischen Ort begeben müssen, schon heute überholt ist und wie ein Relikt aus der Vergangenheit wirkt. Dieser heraufziehende Paradigmenwechsel ist nun der kritische Zeitpunkt, an dem das Konzept der dualen Ausbildung aus der Nische des traditionellen Berufsbildungssektors herauswachsen muss, um das klassische Bildungsnarrativ zu werden. In allen Bereichen des menschlichen Zusammenlebens bietet es sich an, die Ausbildung vom Menschen zum Menschen in den Mittelpunkt zu stellen. Der Schüler lernt von seinem Meister, wie er das Wissen, welches jederzeit und überall vorhanden ist, bewerten und sinnvoll zur Lösung eines Problems nutzen kann, um damit das Leben der Menschen zu verbessern. Der Meister ist dabei ein Individuum, das voll im Leben steht und sich in der Gesellschaft bewährt hat. Es handelt sich also nicht um einen Lehrer, der allein schon durch seinen Werdegang eine Normierung erfahren hat. Das Lernen innerhalb realer Arbeitsprozesse, in welchem alle Generationen eingebettet sind, ermöglicht es dem Lernenden, die notwendige Kompetenz in Bezug auf ein menschliches, geistvolles Miteinander aufzubauen. Auf diese Weise werden die in den Menschen vorhandenen, ethischen Grundregeln universal verinnerlicht, aber auch das autonome und kritische Denken gefördert.

Es kann jedoch nicht davon ausgegangen werden, dass dieses Menschenbild mit den Interessen global agierender Unternehmen und den wenigen Oligarchen, die diese steuern, kompatibel ist. Vielmehr liegt der Schluss nahe, dass der Bildungsbereich als entscheidender strategischer Faktor in einer durchdigitalisierten globalen Ökonomie betrachtet wird. Der Wettlauf hat längst begonnen, denn wer es schafft, die Bildung zu beherrschen, hat Zugriff auf die Konsumenten, er kann Trends frühzeitig erkennen, aber natürlich auch lenken. Einstellungen und Denkmuster können eingeübt und Verhalten gesteuert werden. Zudem gerät Bildung selbst zu einem vermarktbaren Gut, was ideal in zahlreiche Wertschöpfungsketten eingebaut werden kann. Wir werden daher erleben, dass die Digitalisierung massiv in den

Bildungskomplex eindringen wird. Sind die technischen Möglichkeiten erst einmal geschaffen, wird es schnell und zwangsläufig zu einer globalen Standardisierung kommen. Konsequenterweise können auf diese Weise mehr und mehr Lernvorgänge virtuell gestaltet werden, was unzweifelhaft auch zu guten und verbesserten Lernergebnissen führen kann, vor allem in Gebieten, in denen Lehrkräfte eher schlecht ausgebildet und wenig motiviert sind. Zudem lassen sich sehr wirkungsvoll globalistische Bildungsziele verwirklichen, welche durch den gestaltbaren Masseneffekt, d. h. indem bestimmte Denkmuster sich global wiederholen und sich somit immer wieder selbst bestätigen und über diesen Mechanismus in die propagierte sogenannte neue Realität führen. Die Idee der Lehrlingsausbildung stellt zu diesem Automatismus eine qualitative Alternative dar, denn die Algorithmen und roboterisierten Systeme werden in den nächsten Jahrzehnten noch nicht in der Lage sein, die komplette Lebenswirklichkeit, so wie sie sich heute noch darstellt, zu übernehmen. Damit öffnet sich ein Zeitfenster in welchem mithilfe des Konzepts der *Ausbildung vom Meister zum Lernenden* zu einem Bildungsverständnis zurückgefunden werden kann, in welchem die Förderung des einzelnen Menschen mit seinen individuellen Talenten fokussiert wird. Das Lernen wird dabei aus dem künstlichen und bald virtuellen Umfeld herausgelöst und in die Wirklichkeit transferiert. Durch das Lernen *vom Menschen zum Menschen* kann die bei vielen verlorengegangene Reflexionsfähigkeit wieder nachhaltig erneuert werden. Die Harmonie von Geist, Verstand und Hand führt zu Aufrichtigkeit und macht es dem einzelnen möglich, Manipulationsversuche zu entlarven, indem starke Persönlichkeiten entstehen, die nicht blind auf Aussagen von sogenannten Experten vertrauen und unreflektiert in den Chor der Masse einstimmen. Diese Menschen, die durch eine Lehrlingsausbildung gegangen sind, lernen jedoch nicht nur das kritische Denken und das Hinterfragen von vermeintlich alternativlosen Entscheidungsvorlagen. Sie sind auch die Fachkräfte, die den Unternehmen entscheidende Wettbewerbsvorteile liefern, indem Innovationen entstehen können, die sich nicht alleine auf den Verstand verlassen, sondern die tatsächlichen Bedürfnisse der Menschen berücksichtigen, wodurch sich die

Profitabilität derjenigen Unternehmen erhöht, welche die Lehrlingsausbildung motiviert und mit Engagement umsetzen.

Das postakademische Zeitalter wird dadurch charakterisiert sein, wie Bildung gestaltet wird. Überlassen wir die entscheidenden menschlichen Entwicklungsphasen von der Kindheit zum Erwachsenwerden einer globalistischen, standardisierenden Bildungsindustrie, welche ihrer Logik entsprechend, formbare und beeinflussbare Herdenwesen hervorbringt, die leicht und effektiv durch den globalistischen politisch-medialen Komplex gesteuert werden können, oder gelingt es, die komparativen Vorteile einer dualen Ausbildung zu erhalten und auf alle Qualifikationen auszuweiten? Es könnte die ökonomische Überlegenheit der Lehrlingsausbildung gegenüber digitalisierten Bildungsansätzen sein, die darüber entscheidet, ob die Menschen als selbstbestimmte, kritisch denkende und zur Liebe fähige Individuen weiterbestehen und *wahrhaftig leben* oder ob sie durch massenpsychologische Strategien, die in alle Lebensbereiche gänzlich einsickern, in einer mehr oder weniger virtuellen Realität nur mehr *existieren*.

GPSR Compliance
The European Union's (EU) General Product Safety Regulation (GPSR) is a set of rules that requires consumer products to be safe and our obligations to ensure this.

If you have any concerns about our products, you can contact us on

ProductSafety@springernature.com

In case Publisher is established outside the EU, the EU authorized representative is:

Springer Nature Customer Service Center GmbH
Europaplatz 3
69115 Heidelberg, Germany

www.ingramcontent.com/pod-product-compliance
Lightning Source LLC
LaVergne TN
LVHW020346260326
834688LV00045B/1565